本书为安徽省教育厅人文社科重点研究项目（项目批准号：SK2021A0480）及安徽科技学院2020博士稳定人才项目成果。

留守经历大学生的
心理健康状况及影响因素研究

秦红霞　著

LIUSHOU JINGLI DAXUESHENG DE
XINLI JIANKANG ZHUANGKUANG
JI YINGXIANG YINSU YANJIU

北京师范大学出版集团
BEIJING NORMAL UNIVERSITY PUBLISHING GROUP
安徽大学出版社

图书在版编目(CIP)数据

留守经历大学生的心理健康状况及影响因素研究 / 秦红霞著. -- 合肥：安徽大学出版社，2025.5.
ISBN 978-7-5664-2884-4

Ⅰ. G444

中国国家版本馆 CIP 数据核字第 2024BY1589 号

留守经历大学生的心理健康状况及影响因素研究　　秦红霞　著

出版发行：	北京师范大学出版集团 安 徽 大 学 出 版 社 (安徽省合肥市肥西路 3 号 邮编 230039) www.bnupg.com www.ahupress.com.cn
印　　刷：	合肥创新印务有限公司
经　　销：	全国新华书店
开　　本：	710 mm×1010 mm　1/16
印　　张：	15.75
字　　数：	258 千字
版　　次：	2025 年 5 月第 1 版
印　　次：	2025 年 5 月第 1 次印刷
定　　价：	58.00 元

ISBN 978-7-5664-2884-4

策划编辑：刘婷婷		装帧设计：李　军　孟献辉	
责任编辑：刘婷婷		美术编辑：李　军	
责任校对：李晨霞		责任印制：陈　如　孟献辉	

版权所有　侵权必究

反盗版、侵权举报电话：0551—65106311
外埠邮购电话：0551—65107716
本书如有印装质量问题，请与印制管理部联系调换。
印制管理部电话：0551—65106311

前 言

著名的教育家苏霍姆林斯基曾经说道:一个人的童年及少年时期是怎样度过的,由谁带路,周围世界中哪些东西进入他的头脑和心灵,这些都决定着他将成为一个什么样的人。

自20世纪80年代以来,中国进入一个经济和社会快速发展与转型的时期,随之产生了大规模的人口流动和迁徙现象。2000年第五次全国人口普查的数据显示,全国流动人口规模在1亿以上,其中70%的人口属于青壮年劳动力,这就导致了我国家庭结构中特有的"留守家庭"现象。而"留守家庭"中的未成年子女,因留在户籍所在地,无法长期与父母生活在一起,故被称为"留守儿童"。随着流动人口规模的不断扩大,"留守儿童"群体的数量迅速增长。段成荣和周福林(2005)对2000年第五次全国人口普查的数据进行统计分析发现,全国14岁以下的留守儿童有2290.45万,其中6周岁以上的学龄儿童占留守儿童总数的65.28%,农村儿童占留守儿童总数的86.5%,其主要集中在重庆、四川、江西、安徽及湖南等经济欠发达地区。这一数据在2010年第六次全国人口普查时上升到6102.55万,其中6~14岁学龄期儿童占到了留守儿童总数的48.31%(全国妇联课题组,2013)。部分留守儿童由于长期不和父母生活在一起,得不到父母在生活上的照料和行为上的管教,更缺乏与父母之间的情感互动,因而其在成长中出现了诸多内在的心理问题和外在的行为问题。从2002年开始,多家主流媒体报道了农村留守儿童的生存状况及教育问题,学术界随之对留守儿童的心理发展及教育问题陆续开展了大量的理论研究和实证研究。众多研究表明,农村留守儿童心理健康发展水平低于非留守儿童(段成荣,周福林,2005;黄艳苹,李玲,2007;全国妇联课题组,2013;严虎,陈晋东,2013),易出现心理适应不良问题,具体表现为孤独感强,情绪不稳定,焦虑和抑郁的比例明显高于非留守儿童,有严重的自卑感,自尊水平低,人际关系敏感,性格内向(罗静,王薇,高文斌,2009)。

全国妇联课题组(2013)的调查结果显示,留守儿童群体中的绝大部分完成了义务教育,并且有一部分人进入各级各类高校。一项针对近年来留守经历大学生心理健康发展的元分析研究结果显示,留守经历大学生群体占到被调查大学生的30%左右;通过SCL-90各因子合并效应量的加权数差分析可以看出,留守经历大学生的整体心理健康水平显著低于非留守经历大学生(庞锐,彭娟,2018)。与留守经历对成年早期大学生的心理发展是否存在持续的影响以及存在什么样的影响相关的研究课题,近年来逐渐受到高校教育工作者的重视。

已有研究和笔者的实践结果均表明,留守经历对部分大学生产生了持久的影响。虽然有部分研究显示留守经历大学生具有独立性强、适应性强、善于接受现实、有较高的成就动机、目标定向明确、意志坚强、积极乐观、善于学习、善于调控情绪、善于寻求社会支持等积极的心理品质(徐建财,邓远平,2008;温义媛,2011),但多数研究表明,留守经历大学生的心理健康状况在整体上差于非留守经历大学生(刘海霞,王玖,林林,等,2015;杨雪岭,冯现刚,崔梓天,2014;杨影,蒋祥龙,2019;詹丽玉,练勤,王芳,2016;李静,晏祥辉,2021;卢欣怡,黄泽娟,陈玉兰,等,2022)。在笔者工作的某地方应用型本科院校里,有留守经历的大学生占在校生人数的40%左右。大一新生的心理普查表明,存在严重心理问题的学生中半数以上为农村生源。通过进一步的面谈和评估发现,存在心理困扰且需要重点关注的学生中六成以上有留守经历。除此之外,笔者在工作实际中也多次遇到留守经历大学生主动寻求心理咨询帮助的案例。虽然他们的心理问题各不相同,但其所表现出的低自尊、安全感缺乏、人际敏感、人际疏离及与家人之间的关系不良等心理问题存在一定的普遍性。其中两位女生所描述的其与母亲之间的情感纠葛令人既心酸又心痛，她们的情绪经常处于易激惹和低落消沉的状态，对他人缺乏信任，并有自杀意念和自残行为。她们认为父母对自己来说是"熟悉的陌生人""爱她（母亲）又恨她"。一位平时在别人眼里既坚强又独立的学生干部在说到自己初中和高中6年爸妈都不知道自己在什么地方上学时潸然泪下，并说自己常常感到深深的孤独。有一位在大一时积极参与社团活动并表现优秀的社团干部，因一场谈了一个月就分手的恋爱而陷入重度抑郁状态。长期的留守经历使他和父母之间缺乏情感交流，对父母缺乏情感依赖，在失恋后其难以找到情感支撑。

由此可见，多数研究认为，留守经历对一部分大学生的心理健康产生了持久而深远的消极影响，他们对自我的接纳及对自己与父母和他人之间的关系存在诸多消极的认知。这些对自我及对他人的消极认知使他们容易被负面情绪及人际关系所困扰，进而阻碍他们取得更好的学业成绩及发展适应社会的能力，甚至危及他们的生命安全。高校在教育和管理这一群体的过程中，既要关注其当下的心理健康状态，也要关注留守过程中影响其心理健康发展的远近端环境因素、个体内在特征因素，以及诸因素对其心理健康发展产生影响的心理机制，据此制定科学的、有针对性的教育和管理措施及心理干预策略来提升这一群体的心理健康水平，这对有效地推动高校的心理育人功能的发挥与促进社会和谐发展来说意义重大。

本书在详细梳理已有文献的基础上，分析了当前留守经历大学生群体的心理健康总体状况及相关影响因素，并基于申继亮等在2015年提出的"农村留守儿童心理发展的生态模型"以及依恋理论、家庭系统理论、生态系统理论和图式治疗理论，通过对全国9个省、自治区、直辖市11所高等院校中的1560名在校大学生进行问卷调查及对调查数据进行整理分析，阐述了留守经历大学生群体心理健康的总体状况及表现特点、留守经历大学生群体心理健康状况的亚群体类型及表现特点、留守经历中远近端环境因素(主要包括儿童期创伤、亲子依恋和负性生活事件)，以及个体内在特征因素(早期适应不良图式)对留守经历大学生心理健康的影响机制，最后基于研究结果设计并实施了针对存在人际关系敏感及相关早期适应不良图式的留守经历大学生的留守经历大团体心理辅导方案，为高校针对这一群体制定教育管理措施提供建议。

  本书的出版得到了北京师范大学心理学部博士生导师许燕教授的全程指导以及同门的帮助，本书的数据收集等工作也得到了多位好友的大力支持，衷心感谢一路走来所有帮助和支持过我的人，愿爱与感恩在每一个人的内心里长存。

秦红霞
2024 年 10 月 10 日

目 录

第一章　留守经历大学生心理健康发展研究概述 ………… 1
　第一节　留守经历大学生及其心理健康发展状况 ………… 1
　第二节　与留守相关的理论和研究 ………… 8
　第三节　影响留守经历大学生心理健康发展的相关因素及研究 ………… 14
　第四节　早期适应不良图式及相关研究 ………… 22

第二章　YSQ-S3 在中国大学生样本中的信效度检验 ………… 46
　第一节　YSQ-S3 在中国大学生样本中的信效度检验的研究思路 ………… 46
　第二节　YSQ-S3 在中国大学生样本中的信效度检验的研究方法 ………… 48
　第三节　YSQ-S3 在中国大学生样本中的信效度检验的研究结果 ………… 50
　第四节　讨论与反思 ………… 56

第三章　留守经历大学生心理健康发展的状况 ………… 58
　第一节　留守经历大学生心理健康发展状况的研究思路 ………… 58
　第二节　留守经历大学生心理健康发展状况的研究结果 ………… 64
　第三节　讨论与反思 ………… 92

第四章　留守过程中的各因素对大学生心理健康的影响 ………… 106
　第一节　留守过程中的各因素对大学生心理健康影响的研究思路及研究方法 ………… 106
　第二节　留守过程中的各因素对大学生心理健康影响的研究结果 ………… 115

第三节　讨论与反思 …………………………………………… 154

第五章　改善留守经历大学生心理健康状况的团体干预 ………… 174

第一节　改善留守经历大学生心理健康状况的团体干预的研究思路…
………………………………………………………………… 174

第二节　改善留守经历大学生心理健康状况的团体干预方案的设计…
………………………………………………………………… 180

第三节　改善留守经历大学生心理健康状况的团体干预结果 …… 184

第四节　讨论与反思 …………………………………………… 191

参考文献 ……………………………………………………………… 196

附录 …………………………………………………………………… 219

第一章 留守经历大学生心理健康发展研究概述

第一节 留守经历大学生及其心理健康发展状况

一、留守经历大学生的概念界定

"留守经历"这一概念最早出现在2006年张莉华发表的《具有"留守经历"大学生的心理分析》一文中。在这篇文章中,作者首次使用"具有'留守经历'大学生"指代有农村"留守儿童"经历的大学生。在随后相关的研究中,研究者使用了"有留守经历大学生"(王玉花,2008)、"曾为留守儿童的在校大学生"(谭杰华,2008)"留守大学生"(杨曙民,李素敏,李建秀,等,2008)、"有'留守经历'大学生"(胡江辉,李潜,赵文健,等,2008)、"曾留守大学生"(黄姗,2013)等称谓。虽然研究者们使用的称谓不同,但这些称谓都是用来指代有"留守儿童"经历、现就读于各级各类高等院校的在校大学生。在2011年以后的文献中,研究者更多地趋同于使用"有留守经历大学生"或"留守经历大学生"的概念。因此出于趋同性和简洁性的考虑,本书使用"留守经历大学生"这一概念用来指代有"留守儿童"经历的在校大学生。但学界在"留守儿童"的界定标准上一直存在分歧,不同研究者因参照的"留守儿童"的界定标准不同,因而在对"留守经历大学生"群体进行具体界定时存在以下几点不同。

第一,在对"外出父母数量"标准进行界定时,存在是儿童"父母一方"还是"父母双方"外出才算"留守"的分歧。虽然在有关"留守儿童"的早期研究中,有研究者认为,母亲的情感温暖对个体的心理发展具有很强的影响力,因此仅父亲外出可以不被认定为儿童留守的情况(许海文,2008)。但更多的研究者则认为,家庭教育是一个系统的整体,父亲、母亲在儿童的身心发展中发挥着不同的功能,任何一方在儿童成长中的"缺位"都会给个体的成长带来诸多的影响;随着年龄的增长,父亲在位对个体心理发展的影响逐渐增强,父子依恋有助于个体心理适应性的发展(Boldt, Kochanska, Yoon & Nordling, 2014)。据此研究者们普遍认为,只要父母一方外出就可以界定儿童处于"留守"状态(郝振,崔丽娟,2007)。由此,在"留守经历大学生"的相关研究中,研究者大都采用儿童"父母一方或双方外出"都属于"留守"情况的界定标准,本书也采用了这一界定标准。

第二,在"留守的年龄范围"标准的界定上,因已有研究在确定"留守儿童"时,在"留守儿童的年龄范围"的界定上存在较大的分歧,所以在确定"留守经历大学生"划分和筛选标准时,有关年龄界定的差异也表现突出。目前有代表性的年龄界定标准有"14周岁及以下"(王玉花,2008;郑明娟,2021)、"不满16周岁"(温义媛,曾建国,2012)、"17岁以前"(刘慧瀛,王婉,2017)、"18岁以前"(杜曦,2014;卢欣怡,黄泽娟,陈玉兰,2022)及"未成年时"(杨小青,许燕,2011)等。不同的年龄界定范围导致不同的研究所筛选出的"留守经历大学生"群体存在差异,从而难以对同类研究的结果进行对比。因此本书出于以下两个方面的考虑,将"留守经历大学生"的年龄界定标准规定为"16周岁以前"。

其一,已有的多数研究将"留守经历大学生"的年龄标准界定为"16周岁以前"。以"留守经历"为主题词在中国知网上进行检索,截至2022年12月31日,共检索到870篇文献,再以"大学生"为主题词检索到符合要求的文献有403篇。通过对这些文献进行整理我们发现,对"留守经历"进行了明确界定的文献有178篇,其中将"留守期间的年龄"界定为"16周岁以前"的有91篇,约占总数的51.12%。

其二,考虑到在2016年国务院下发的《关于加强农村留守儿童关爱保护工作的意见》中,关于未成年人的父母或者其他监护人"不得让不满十六周岁的儿童脱离监护单独居住生活"的规定,研究者认为将留守儿童的年龄划定为"16周岁以前"既符合法律精神,也符合我国国情,因此,将"留守儿童"定义为"父母双方外出务工或一方外出务工另一方无监护能力,不满十六周岁"的未成年人。出于和已有研究一致及为后继研究提供参照的考虑,本书采用"16周岁以前"有留守儿童经历这一标准作为筛选"留守经历大学生"的年龄标准。

第三,在对"父母外出持续时间"进行界定时,已有研究出现了"一个月"(李晓敏,高文斌,罗静,2010)、"六个月"(温义媛,曾建国,2010;杜曦,2014;张娜,2016;卢欣怡,黄泽娟,陈玉兰,2022)、"一年"(刘海霞,王玖,林林,等,2015;詹丽玉,阮晓菁,2017)、"五年"(张培宁,2016;曹杏田,2018)、"十年"(杨曙民,李建秀,原冬霞,2015)等标准。研究者在对这一标准进行界定时,大多缺乏相应的理论说明或实证支持。郝振和崔丽娟(2007)通过实证研究发现,留守半年的儿童在自尊、心理控制源以及社会适应能力上都和一般儿童有着显著的差异,因此,其建议将儿童与父母持续分离"半年"作为"留守"状态的判定标准,后来的研究者大多采用了这一标准。出于对本书研究结果和已有研究存在可比性的考虑,本书采用了这一界定标准。

第四,在"留守经历大学生"地域范围的界定上,因为大多数研究将"留守儿童"等同于"农村留守儿童",所以在大多数关于"留守经历大学生"的研究中,研究者将这一群体的地域范围限定为农村。无论是关于"留守儿童"的研究,还是关于"留守经历大学生"的研究,研究者最关注的是父母缺位下的家庭系统对儿童成长所产生的影响。那些由于父母外出工作或学习而与父母长期分离的儿童,其家庭系统的完整性同样受到了影响,因此本书认为符合这一情况的城镇学生也应被划入"留守经历大学生"这一群体。

综上所述,本书将"留守经历大学生"界定为,在16周岁之前,有过父母一方或双方外出务工、经商或学习一次性持续半年以上的时间,自己留在家乡随父母一方或由父母之外的他人代为照看或独自生活的、现就读于各级各类高等院校的在校大学生。

二、留守经历大学生的心理健康发展状况

学界对于留守经历大学生这一群体的关注主要源于考察留守经历对个体的长期发展是否产生影响,特别是对其心理健康发展状况是否产生持久的影响。综观已有留守经历大学生心理健康发展的相关研究发现,研究者多采用量化研究的方法,通过考察留守经历与非留守经历两组大学生在反映其心理健康发展总体水平的指标及其他相关指标(如主观幸福感、抑郁及焦虑情绪、自杀意念、人际关系、自我认知、人格发展状况等)上的差异来比较和描述留守经历大学生的心理健康发展状况,所得结果主要分为三类。

第一类是留守经历大学生的心理健康发展状况整体上差于非留守经历大学生。如多项研究采用 SCL-90 量表对有无留守经历大学生的心理健康水平进行比较分析发现,有留守经历大学生在 SCL-90 各因子上的得分及总分均显著高于非留守经历大学生,心理问题的检出率显著高于非留守经历大学生(刘海霞,王玖,林林,等,2015;杨雪岭,冯现刚,崔梓天,2014;杨影,蒋祥龙,2019;詹丽玉,练勤,王芳,2016;李静,晏祥辉,2021)。有学者通过对 10 余项采用 SCL-90 量表开展同类研究的结果进行元分析发现,留守经历大学生心理健康的总体水平明显低于非留守经历大学生,这主要表现在强迫、人际敏感、抑郁和焦虑等因子上(庞锐,彭娟,2018)。采用其他测量大学生心理健康水平的工具,如"大学生人格问卷(UPI)"(陈熔宁,赵静波,赵久波,2017;邢利芳,2017)、"中国大学生心理健康量表"(韩元平,赫中华,韩白玲,等,2018)、"大学生心理健康普查问卷"(程云霞,姜俊玲,2021)对有无留守经历大学生的心理健康水平进行比较,所得结果与 SCL-90 量表的测量结果基本一致,即留守经历大学生心理健康的总体水平显著低于非留守经历大学生。

除此以外,在其他反映个体心理健康水平的相关指标上,已有研究发现,与非留守经历大学生相比,留守经历大学生的生活满意度、主观幸福感体验水平更低(何冬丽,2012;励骅,昕彤,2016;梁业梅,2018;王玉花,2008;周春燕,黄海,刘陈陵,等,2014),抑郁、焦虑等消极情绪水平更高(郭冬梅,王义利,刘金虎,等,2019;李晓敏,代嘉幸,魏翠娟,等,2017;王玉花,2008;杨小

青,许燕,2011;依赛男,张珊珊,2018),积极情绪水平更低(李艳兰,刘丽娟,杨军,2019),特别是农村大学生更易出现抑郁状况(和红,曾巧玲,王和舒琦,2018),自杀意念更强(干瑜璐,杨盈,张兴利,2017;刘慧瀛,王婉,2017)、自伤行为发生率更高(陈飞,黄静,张连生,2017)。在人际交往方面,留守经历大学生体验到的孤独感(谢其利,宛蓉,张睿,2015)、疏离感(李艳兰,高国华,2015)、社交焦虑(胡钰雪,2017;吴丹,2015;周碧薇,钱志刚,2019)及面众恐惧(付颖,2016)水平更高,人际信任度(郭茂林,孙璐,龚福宝,等,2017)和心理安全感(胡钰雪,2017;王凯玉,2017;吴丹,2015)水平更低,人际关系敏感度更高(刘慧瀛,王婉,2017),在人际交往中缺乏主动性(徐建财,邓远平,2008),间接攻击、敌意和攻击倾向更明显(李雪,蒋园园,袁坤,等,2020)。在自我认知方面,留守经历大学生的自尊水平(李晓敏,罗静,高文斌,等,2009;王凯玉,2017;谢其利,宛蓉,张睿,2015)、对自我的核心评价(谢其利,2017)更低,缺乏自我灵活性(徐礼平,王平,2009),缺陷感更强(杨玲,龚良运,杨小青,2016),角色冲突和角色懈怠水平更高(刘丽娟,2018)。在人格发展方面,留守经历大学生更易表现出内向、孤独及情感冷漠的特点,男生在这方面更为明显(温义媛,曾建国,2010),并且在乐观性(李艳兰,蔡水清,罗贵明,2018)、爽直和利他性(韩元平,赫中华,韩白玲,等,2018)、心理韧性水平(杨雪岭,冯现刚,崔梓天,2014)方面,留守经历大学生的得分也更低,在智慧、勇气、仁爱、公正、节制和超越等积极人格品质上的得分显著低于非留守经历大学生(李艳兰,刘丽娟,杨军,2019)。

第二类是留守经历大学生的某些心理品质优于非留守经历大学生的。如徐建财和邓远平(2008)采用"卡特尔16种人格因素问卷"对某大学2006级的6738名大学生进行问卷调查,结果显示,相较于非留守经历大学生,留守经历大学生(1024名)虽然表现出人际交往缺乏主动性、负性情绪体验更强等特征,但也表现出独立性强、适应性强及善于立足实际考虑问题等积极的一面,这一结果在另外两项研究中得到了进一步的验证(李兵,吴红梅,周斌,2010;王敏,程靓,2016)。温义媛、申蘂和严若艺(2010)采用卢谢峰编制的"大学生适应性量表"对江西省3所一般本科院校的1553名大学生(其中有留守经历者518人)的社会适应性进行调查发现,相较于非留守经历大学生,有留守经历的男大学生在职业选择适应和生活自理适应方面表现得更好。进一步对 14 名 SCL-90 总分小于 100 分且社会适应总分大于 210 分的留守经历大学生进行深度访谈发现,他们具有善于接受现实、有较高的成就动机、目标定向明确、意志坚强、积极乐观、善于学习、善于调控情绪、善于寻求社会支持 8 项积极的心理品质(温义媛,2011)。曹杏田、伯玲和殷波(2017)采用自编的"曾留守大学生积极心理品质量表"对安徽省 6 所高等院校的 381 名留守经历大学生进行调查发现,留守经历大学生的积极心理品质总体得分及在正义与合作、乐观与期望 2 个维度上的得分显著高于平均得分。韩元平等(2018)采用"中国大学生人格量表"对某大学的 536 名本科生(其中有留守经历者 240 人)进行调查发现,留守经历大学生在严谨性上的得分显著高于全国常模水平;贾勇宏(2019)在《中国青年报》上发表的一篇题为《留守一代进入大学后:"寒门精英"亟需关爱和帮助》的报道中提到,他所带领的课题组对 4596 名全日制普通本科在校生进行问卷调查,结果显示,留守经历农村大学生认为留守经历给自己带来了很多积极的影响,如生活独立性强、勤俭节约、成熟懂事、懂得珍惜和感恩、容易满足、豁达、有爱心和同理心。顾胡庆(2019)采用自编的"情绪管理能力问卷"对甘肃省兰州市某全日制全国统招高校中 954 名本科生的调查发现,留守经历大学生(360 名)的情绪管理总体水平较高,且情绪管理能力得分显著高于非留守经历大学生;杜曦(2014)通过对 6 名留守经历大学生的深入访谈资料进行分析发现,留守经历大学生在抗逆力方面表现出善于进行积极的认知和调节行为的特征;李晟(2021)对某本科院校的 200 名在校大学生进行调查分析发现,留守经历大学生的心理弹性得分显著高于非留守经历大学生,而两组学生自我效能及社会适应的得分差异无统计学意义。

第三类是有无留守经历的大学生在心理健康发展状况上并不存在差异。如温义媛和曾建国(2010)采用艾森克人格问卷(EPQ)和 SCL-90 症状自评量表对随机抽取的江西省 3 所本科院校的 893 名大学生进行调查(其中有留守经历者 432 人)发现,留守经历大学生除了在人际敏感维度上的得分显著高于非留守经历大学生,其在 SCL-90 其他因子的得分和总分上与非留守经历大学生之间的差异均不具有统计学意义,即有无留守经历大学生在心理健康的总水平上不存在显著的差异。陈孜等(2012)采用"气质和特质量表(TCI)"对四川省12所高校里的1279名大学生(其中有留守经历者437人)进行调查发现,有无留守经历大学生在TCI的7个维度上均不存在显著的差异,因此得出早期的留守经历并未对个体的人格发展产生影响的结论。杨小青和许燕(2011)对广西5所高职院校30多个专业的933名高职生(其中有留守经历者238人)进行调查发现,有无留守经历高职生主观幸福感上的差异不显著,有留守经历高职生只在总体情感指数方面显著低于非留守经历高职生,另外的两项研究也得出了同样的结论(张娜,2016;张娜,胡永松,王伟,2019)。也有研究者对留守经历大学新生在入学4个月的时间里的社会适应能力进行了跟踪调查,发现留守经历大学生的社会适应能力只在入学之初与非留守经历大学生之间存在显著的差异。随着时间的推移,这种差异逐渐变小,4个月后的第三次调查结果显示,两者之间已无显著的差异(于丹,2017)。

三、已有研究的不足

综观已有关于留守经历大学生心理健康发展的相关研究发现,由于研究者的研究视角、所采用的研究方法和手段、选用的测量工具、对"留守经历大学生"群体的界定标准及取样范围等有所不同,所以研究结果不尽相同。虽然已有研究从多方面呈现了留守经历大学生的心理健康状况,但仍存在以下两点不足。

第一,已有研究对留守经历大学生的心理健康状况进行调查分析时的取样缺乏代表性。已有的多数研究仅选取某一地区的一两所高校或几所高校的大学生进行调查,可能由于调查存在取样偏差而导致研究结果具有片面性。因此,本书在取样范围上试图涵盖全国不同区域的各级各类高校,从而使研究对象具有代表性。

第二,已有研究是通过对留守经历大学生与非留守经历大学生两大群体在心理健康总体水平上的差异进行比较这一视角来阐述留守经历大学生的心理健康状况。这样的研究视角虽然能在总体上反映留守经历大学生这一群体的心理健康状况,但忽略了群体内部心理健康的个体差异和可能存在的异质性亚群体,从而不利于我们对这一群体的心理健康状况进行全面的了解及作出合理的评价。因此,本书试图从群体比较和个体内部异质性两个角度全面地分析留守经历大学生群体的心理健康状况。

第二节　与留守相关的理论和研究

相较于对留守经历大学生心理健康状况的关注,研究者更为关注留守经历为什么会对个体的心理健康发展产生影响,以及留守中的哪些因素影响了个体的心理健康发展。依据不同的理论,研究者针对上述问题开展了广泛的研究。下面我们将分别从依恋理论、家庭系统理论、生态系统理论出发来梳理已有研究对上述问题的回答。

一、依恋理论及其与留守相关的研究

Bowlby(1969)的依恋理论认为,亲子依恋主要形成于个体的生命早期,儿童有与主要照顾者(通常是父母)之间形成安全理想的依恋关系的倾向,但这种倾向会受到儿童对照顾者在养育过程中所表现出的可获得性及对儿童需求反应的敏感性的评估的影响。如果主要照顾者在养育过程中表现出可亲近性,能敏锐地感知儿童的需要并适当地给予满足,那么儿童将与主要照顾者之间形成安全的依恋关系,反之则会形成不安全的依恋关系。在不安全的依恋关系中,儿童会将自己与主要照顾者在互动过程中所遭遇的不良早期经历储存在大脑中,使之成为功能失调的内部工作模型,并延续至成年。这一内部工作模型在个体后继的生活中会被其遇到的压力情境所激活,进而影响个体的认知、情绪及行为,指导个体处理与依恋对象的关系,并对之后个体与依恋对象的关系产生重要影响。这将破坏个体在未来与他人产生亲近感的需求,阻碍其调节痛苦情绪的内在心理机制的发展,其出现精神病理学问题的风险会增加。已有研究证实,不安全的依恋类型是个体成年后出现心理病理性症状的危险因素(Agerup, Lydersen, Wallander & Sund, 2015)。

在对行为不良儿童进行心理治疗的过程中,Bowlby发现,与重要他人长

久地分离是个体形成不安全依恋的危险因素,甚至会对儿童的心理发展产生毁灭性的影响,而与父母这一个体成长过程中的重要他人长期分离正是留守儿童所具有的最典型特征之一(唐有财,符平,2011)。已有研究表明,留守儿童的亲子依恋水平普遍低于非留守儿童,且亲子分离时,儿童的年龄越小,其亲子依恋水平越低。这说明与父母过早地分离对亲子间形成安全的依恋关系产生不利影响(彭运石,胡昆,王玉龙,2017),这一影响会延续到个体的成年期。已有研究表明,留守初中生的亲子依恋水平显著低于无留守经历的初中生,这主要表现为留守初中生的亲子疏离水平更高(彭阳,盘海云,2023)。而不安全依恋关系既直接影响留守儿童的外化行为,又可以通过影响其心理弹性,进而影响其内化行为(石绪亮,李晓萌,蒋丙钟,等,2023),也可以显著影响留守初中生的抑郁情绪(齐音,张帆,郭岚宁,等,2023),类似的结果在留守经历大学生群体中也有体现。已有研究表明,留守经历大学生的依恋焦虑和依恋回避水平显著高于非留守经历大学生,其不安全依恋类型占比更高,而不安全依恋类型对留守经历大学生的主观幸福感具有显著的负向预测作用(郭茂林,孙璐,王彩云,2018;何冬丽,2013;李翠,2018;李晓敏,高文斌,罗静,等,2010;王玉花,2008)。那些属于不安全依恋类型的留守儿童或留守经历大学生,会将在留守过程中父母长期不在身边以及父母不能给予自己情感上的满足内化为自己不重要、不值得被爱等消极的自我核心信念。这些消极的自我核心信念会导致他们在遇到困难时不愿意向身边的人寻求帮助,易出现退缩行为,易感受到来自外界的压力,对潜在的支持抱不信任的态度,不愿意寻求别人的帮助,易体验到孤独感(王玉花,2008),面对负性应激事件时情绪调节能力差(王玉龙,袁燕,唐卓,2017)。相反,那些对父母具有安全依恋感的孩子,虽然与父母长期分离,但因为安全的亲子依恋关系为他们提供了一个安全的"基地",所以他们在面对外部挑战和压力事件时,会感受到更多的社会支持和情感慰藉,能发展出良好的情绪调节能力,从而在成长过程中保持健康的心理(王玉龙,姚治红,姜金伟,2016)。

由此可见,从依恋理论的视角出发,研究者认为留守过程中与父母长期分离会增加留守儿童的不安全依恋感。这种不安全依恋感集中体现为个体易形成对自我及自我与他人关系的消极内部工作模型,而这种消极的内部工作模型会进一步影响个体应对生活事件的方式及与他人交往的方式，进而验证或强化其对自我及自我与他人关系的消极认知，使其在成年后依然表现出不安全的依恋类型的特性，这会对心理健康发展产生消极影响。从这一理论视角出发所开展的研究虽然抓住了留守过程中亲子长期分离这一关键因素，但忽略了父母之外的其他主要照顾者及整个家庭系统在儿童成长过程中所发挥的作用。因此，我们可以从家庭系统理论的视角出发来全面地认识和理解留守经历对个体心理健康发展所产生的影响。

二、家庭系统理论及与留守相关的研究

家庭系统理论（family systems theory）认为家庭是一个完整的情绪单位，每个家庭成员都是这一结构中的要素，都在家庭系统功能的实现中发挥着重要的作用；家庭系统中的任何一部分脱离家庭系统，都将对家庭功能的实现产生影响，进而对家庭成员的身心健康产生深远的影响（Miller, Ryan, Keitner, Bishop & Epstein, 2000）。国外已有研究表明，整个家庭系统的稳定与和谐对个体的身心健康发展有重要的影响，家庭系统越平衡、越稳定，家庭成员的身心就越健康（Beavers & Hampson, 2000）；如果家庭系统中的平衡被打破，如儿童期父母的缺位，特别是生物学父亲的缺位会成为青春期儿童抑郁的危险性因素（Culpin et al., 2014）。

家庭功能一方面表现在家庭成员的关系结构、家庭成员间的交往质量、家庭成员的亲密度，以及家庭对日常压力性事件反应的灵活性和适应性（Beavers & Hampson, 2000）上；另一方面表现为家庭能否为个体提供适当的物质条件和精神支持，从而帮助个体在生理、心理和社会性等方面实现健康地发展，以及在家庭遭遇突发性事件（如灾害、疾病、意外等）时，家庭成员间能否保持明确一致的态度，能否采取有效的应对措施（Skinner, Steinhauer & Sitarenios, 2000）。由此可见，家庭功能作为影响个体心理健康发展的远端环境因素主要是通过家庭成员间的关系、家庭为个体发展所提供的物质条件和精神支持等体现出来，进而影响个体的心理健康发展。已有研究发现，家庭功能与亲子依恋间存在正相关关系（邓林园，方晓义，伍明明，等，2013），并对亲子依恋与情绪健康具有调节作用（Demby, Riggs & Kaminski, 2017）。

对于父母一方或双方常年外出务工的留守儿童来说,其家庭系统中父母亲情的相对缺失会导致家庭功能特别是家庭情感功能的丧失,这将给他们的身心健康发展带来诸多不利的影响(申继亮,2008)。已有研究表明,留守儿童家庭的总体功能及情感介入、行为控制、角色与沟通等功能均显著弱于非留守儿童家庭,也即父母长期在外务工使整个家庭的功能难以完全实现,而家庭功能的不健全会直接影响亲子间的依恋关系,进而对留守儿童的孤独感和问题行为产生影响(陈京军,范兴华,程晓荣,等,2014;朱贝珍,2017)。由于父母常年在外,他们对儿童行为的监管减少,在儿童成长过程中所起的支持和引导作用被弱化,这对留守儿童的健康成长产生不利影响(Wen & Lin,2012)。如果在亲子分离时,家庭功能依然能得到有效的发挥,这 不利影响即会得到缓解。彭运石、胡昆和王玉龙(2017)研究发现,家庭功能显著地负向调节了留守过程中分离年龄与母子依恋间的关系,留守过程中家庭功能发挥得越好,母子依恋受分离年龄的影响就越小。周春燕等(2014)研究发现,父亲的情感温暖在儿童留守经历与主观幸福感之间起显著的正向调节作用,对父亲的情感温暖感受水平较低的大学生,留守经历对其主观幸福感具有显著的负向预测作用;对父亲的情感温暖感受水平较高的大学生,留守经历对其主观幸福感则不具有显著的负向预测作用。詹启生和武艺(2016)的研究表明,父母的情感温暖与理解会通过亲子沟通这一中介对留守经历大学生的情绪调节策略产生影响。亲子之间的有效沟通有利于维持家庭系统中适应性和亲密度之间的平衡,从而使家庭功能得以正常发挥(王树青,张文新,陈会昌,2006)。

由此可见,家庭系统主要是通过家庭功能的实现程度来对个体心理健康发展产生影响的,家庭功能作为影响个体心理健康发展的远端环境因素,其往往是通过近端环境因素中的亲子依恋及家庭为个体发展所提供的物质条件和精神支持来对个体的心理健康发展产生影响的,亲子沟通是支持留守状态下家庭功能得以更好地实现的重要途径。无论是家庭功能这一远端环境因素,还是亲子依恋等近端环境因素,作为影响个体发展的外部环境因素,其往往并不能直接作用于个体的心理发展(陈京军,范兴华,程晓荣,等,2014),这是因为个体的心理发展是外部环境因素和个体内在特征因素共同作用的结果。外部环境因素不仅包括家庭系统中的环境因素,也包括个体所在的各个系统的环境因素。可见,我们应从更广阔的生态系统理论的视角出发来考察留守经历对个体心理健康发展的影响。

三、生态系统理论及与留守相关的研究

Bronfenbrenner(1979)的生态系统理论(ecological systems theory)认为,个体的发展是个体自身与由周围环境构成的生态系统相互作用的结果,这一生态系统的结构是一个由内向外、由小及大的网络结构,具体包含微系统(microsystem)、中间系统(mesosystem)、外部系统(exosystem)和宏系统(macrosystem)四个层次。微系统指儿童直接接触且对儿童的发展具有直接影响的机构和团体,包括家庭、学校、社区和同龄人等;中间系统指在不同的微系统之间,如家庭和教师之间,孩子的同龄人和家庭之间建立的相互联结的环境系统;外部系统指儿童不会直接接触但对其发展具有间接影响的外部社会环境系统,如父母工作的环境等;宏系统指影响儿童发展的总体的社会文化环境,以及被嵌入这些文化环境的微系统和中间系统的价值取向、行为文化及亚文化等,如家庭的地理位置、社会经济地位等。四个系统相互关联,其中任何一个系统发生改变都会影响到其他的系统。

在留守儿童成长的生态系统中,最先受留守经历影响的是其家庭微系统,父母一方或双方在家庭功能中长期处于缺位状态,亲子长期分离导致家庭微系统中亲情相对缺失,使留守儿童在成长过程中面临更多的压力和挑战,这会对影响其身心发展的其他系统产生影响(申继亮,刘霞,2015)。已有研究发现,由于常年在外务工,留守儿童的父母与学校和教师间的沟通较少,这导致家庭对学校教育的辅助功能的丧失(范小萍,汪国瑞,葛元骏,2014)。同时,由于看护人文化水平普遍较低和疏于对儿童进行教育及管理,因而部分留守儿童出现学业困难的情况和违纪行为,这不但会导致其被同龄人疏远和孤立,导致其朋辈支持系统的功能减弱,而且使其在生活社区中遭到歧视和排斥,甚至导致整个社会出现对留守儿童群体"污名化"的倾向(陈晓东,吕强,2020;董辉,张凤莹,2017)。这种家庭微系统中的情感缺失和外部系统中的不接纳与污名化导致留守儿童易出现敏感自卑、委屈难过及孤独和忧虑等

情绪问题(刘霞,赵景欣,申继亮,等,2007)。

基于生态系统理论及人与环境交互作用理论,申继亮和刘霞(2015)构建了"农村留守儿童心理发展的生态模型"(如图1-1所示)。

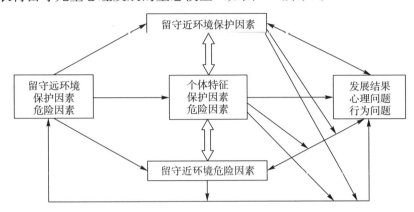

图1-1 农村留守儿童心理发展的生态模型

在"农村留守儿童心理发展的生态模型"中,申继亮和刘霞(2015)提出,留守对个体心理健康发展的影响是个体在留守过程中,外部的远端环境因素和近端环境因素与个体的内部特征因素通过各种方式相互作用的结果。这里的远端环境因素"主要由一些社会结构因素或主要生活事件构成",如留守状态本身、留守类型(单亲外出或双亲外出)、照看类型、留守时间、家庭所在地及家庭的社会经济地位等;近端环境因素则由儿童的一些直接的日常经历、与他人的互动或关系模式、角色以及具有鲜明特征的其他人构成,是儿童直接面对和接触的因素,如亲子关系、同伴关系及日常事件等。留守的远端环境因素对个体的心理和社会发展既可能发挥直接作用,也可能发挥间接作用,但由于远端环境因素在某种程度上只是描述个体社会结构特征的标签,因而其对留守儿童心理和社会发展的结果缺乏解释力。具有解释力的因素是近端环境因素,其对留守儿童心理和社会发展的结果所起的间接作用往往更为关键。

已有多项关于留守儿童的研究都在不同程度上验证了这一模型中的部分理论假设。如赵景欣和刘霞(2010)通过对河南地区410名留守儿童的调查研究发现,作为远端压力因素的留守状况对留守儿童的反社会行为不具有显著的预测作用,而对其具有显著预测作用的是留守儿童所感受到的日常烦恼这一近端压力因素,并且留守儿童日常生活中的积极事件、亲子亲和水平及养育者对其的行为管理在日常烦恼对反社会行为及抑郁情绪的影响中起到一定的保护作用。有研究发现,留守儿童与非留守儿童在孤独感上并不存在显著的差异,但留守儿童内部在日常烦恼水平上所表现出的不同的亚群体之间在孤独感上存在显著的差异。其中较高水平的日常烦恼组留守儿童体验到了更多的孤独感(申继亮,2008),但日常烦恼对留守儿童孤独感与抑郁的影响又受到留守儿童对此的认知和评价的影响。对留守过程中的日常烦恼的消极评价越高的留守儿童,其孤独感和抑郁水平越高(赵景欣,申继亮,2011)。除此以外,亲子间紧密的情感联结对留守儿童心理适应性的提升也起到了一定的作用。亲子亲和以及积极的逆境信念能显著地减少留守儿童的孤独感,亲子亲和还可以对同伴拒绝与留守儿童的问题行为起调节作用(赵景欣,刘霞,张文新,2013)。

由此可见,在影响留守儿童心理发展的近端环境因素中,亲子关系及日常压力事件是其中两个重要的因素。留守过程中的日常烦恼是留守儿童所面临的压力性事件的集中反映,会直接影响留守儿童的情绪健康和问题行为。亲子关系不但是家庭微系统中家庭功能实现与否的集中体现,而且直接影响留守儿童形成什么样的关于自我及自我与他人关系的信念。在儿童留守过程中面对不利处境(如日常烦恼和被同伴拒绝等)时,安全的亲子依恋关系对个体心理健康发展起到了一定的积极作用。但在日常事件和亲子关系对留守儿童心理健康的影响中,留守儿童的逆境信念及对留守日常烦恼的认知和评价等个体内在特征因素又在其中起到一定的缓冲作用。

第三节 影响留守经历大学生心理健康发展的相关因素及研究

由申继亮和刘霞(2015)的"农村留守儿童心理发展的生态模型"及相关研究结果可知,留守过程中外部的远端环境因素、近端环境因素与个体内在特征因素通过各种方式相互作用,最终影响留守个体的心理健康发展。据此,本书对留守过程中的远端环境因素、近端环境因素及个体内在特征因素影响个体心理健康发展的相关研究进行梳理。

一、远端环境因素对留守经历大学生心理健康发展的影响

留守过程中影响大学生心理健康发展的远端环境因素主要由一些社会结构因素或主要的生活事件构成,如留守状态本身、留守类型(单亲外出或双亲外出)、照看类型、留守时间、家庭所在地及家庭的社会经济地位等。已有研究依据性别、是否独生及生源地等人口学因素及留守的起始年龄、留守时长、留守类型、留守过程中与父母联系及团聚的频率等留守状态因素对留守个体的心理健康发展所产生的影响进行了考察。

在人口统计学因素方面,已有研究发现,留守经历男大学生在总体上比留守经历女大学生有更明显的心理健康问题(韩黎,王洲琳,张继华,2017;刘海霞,王玖,林林,等,2015)。这可能是因为留守经历女大学生有更高水平的积极心理品质,在成长过程中经历更少的学习压力、受惩罚等负性生活事件,拥有相对有力的社会支持(韩黎,王洲琳,张继华,2017;曹杏田,2017)。在社交焦虑方面,留守经历女大学生表现出更高的焦虑水平(梁洁霜,张珊珊,吴真,2019),这可能与其人际敏感性和反刍思维水平更高有关。在是否为独生子女方面,相关研究结果显示,独生留守经历大学生和非独生留守经历大学生在心理健康总体水平上无明显的差异(韩黎,王洲琳,张继华,2017)。但也有研究结果显示,与非独生子女大学生相比,童年期的留守经历对独生子女大学生的负面影响更大(WU H J,CAI Z Y,YAN Q,et al.,2021)。在生源地方面,刘海霞等(2015)对312名留守经历大学生的调查发现,农村留守经历大学生比城市留守经历大学生的心理健康水平低,表现出更多的躯体化动作、人际敏感、抑郁、焦虑、偏执等症状。

在留守状态因素上,多项研究结果显示,不同留守状态的留守经历大学生的心理健康状况存在差异。第一,在开始留守的年龄上,已有研究普遍认为,儿童开始留守时的年龄越小,其成年后的抑郁、焦虑水平越高,自尊水平越低,人际困扰越多(李晓敏,罗静,高文斌,等,2009;和红,曾巧玲,王和舒

琦,2018),主观幸福感越低(梁业梅,2018),与自杀相关的行为越多(喻超,李宜萍,2018),对儿童后期的心理健康发展产生的负面影响越大(詹丽玉,练勤,王芳,2016),特别是初中阶段开始留守生活对儿童的人格影响更为深远(温义媛,2009)。如李晓敏等(2009)研究发现,父母在3~7岁时离开的个体的焦虑水平最高;父母在13岁以后离开的个体的焦虑水平最低。何冬丽(2012)对975名大学生(其中有留守经历者273名)进行研究也发现,留守年龄为15~17岁组的主观幸福感水平比0~5岁和6~14岁两组高。梁业梅(2018)的研究表明,在6岁以后开始留守的大学生,其主观幸福感水平要显著高于6岁以前开始留守的大学生。喻超和李宜萍的研究(2018)则表明,在6岁以前开始留守的大学生,其绝望、自杀意念及有过自杀未遂经历的比例显著高于其他年龄组。张振宇(2023)的研究则表明,大学生留守经历开始的时间对其健康的长期影响不是线性的,而是呈现出一种"早—晚阶段"的规律;相对于其他阶段,高中阶段开始留守对大学生心理健康的消极影响更大。

第二,在留守时长上,有研究者认为,留守时间越长,留守经历大学生往往经历更多的负性生活事件,生活技能水平相对更低,而生活技能水平的下降易导致其生活适应水平和生活满意度下降(徐隽,2017;杨曙民,李建秀,原冬霞,2015),从而导致其抑郁、社交焦虑情况严重,自杀意念强(韩黎,王洲琳,张继华,2017;梁洁霜,张珊珊,吴真,2019),情绪调节困难,易出现自伤行为(张连生,朱双双,常薇,2018),更易表现出自卑、敏感、孤僻和退缩等人格特征(卢勤,2010)。随着留守时间的增加,其主观幸福感呈逐渐减少的趋势(梁业梅,2018)。但也有研究表明,留守时间长短对留守经历大学生的学校适应水平无显著的影响(张艳敏,胡成洋,李凤丽,等,2018)。第三,在留守类型及照看类型上,已有研究表明,隔代监护和单亲监护的大学生容易出现心理适应问题,母亲一方外出打工比父亲一方外出打工对大学生人格的影响更大(温义媛,2009),由祖辈和父母一方以外的其他人监护的留守经历大学生,其与自杀相关的行为较多(喻超,李宜萍,2018);父亲外出的留守经历大学生的主观幸福感水平相对较高,而父母均外出的留守经历大学生的主观幸福感水平较低(何冬丽,2012;梁业梅,2018);母亲外出时间越长的大学生易出现抑郁状况(和红,曾巧玲,王和舒琦,2018)。第四,在与外出父母的联系频次及与父母团聚的频次上,已有研究表明,父母与孩子团聚的频次越少,对孩子良好人格的形成越容易产生负面影响(温义媛,2009);父母和孩子联系的频次越少,留守儿童成年以后的抑郁、焦虑水平越高,自尊水平越低,人际困扰越多(李晓敏,罗静,高文斌,等,2009)。

除了以上留守状态因素外,家庭经济因素也是影响留守经历大学生心理健康发展的远端环境因素之一,雷燕采用SCL-90量表对某高职院校2个年级6635名学生(其中有留守经历者1090名)进行调查发现,家庭经济困难的留守经历大学生在人际关系敏感、抑郁、焦虑、敌对、偏执、恐怖、精神病性及其他因子上的得分显著高于非贫困留守经历大学生(雷燕,2015)。陈熔宁、赵静波和赵久波(2017)采用"大学生人格问卷(UPI)"对广东省某高校3395名大一新生进行调查发现,家庭经济条件一般和较好的留守经历大学生的心理健康水平高于家庭经济条件较差的留守经历大学生。张艳敏(2017)通过调查分析发现,家庭人均收入越低的留守经历大学生,其学校适应状况越差。

综上所述,留守过程中的远端环境因素对个体心理健康发展的影响主要表现为,开始留守的年龄越小、留守的时间越长、父母和孩子的联系频次越少、团聚频次越少的留守经历大学生,其心理健康状况更差;"双留守"比"单留守"对个体的心理健康发展所造成的负面影响更大,而"单留守"中的母亲一方外出比父亲一方外出对个体的心理健康发展的负面影响更大。

二、近端环境因素对留守经历大学生心理健康发展的影响

由生态系统理论及相关研究可知,留守过程中影响个体心理健康发展的近端环境因素主要指儿童的一些直接的日常经历、与他人的互动或关系模式、角色,以及具有鲜明特征的其他人,这些是儿童直接面对和接触的因素。在影响留守儿童心理发展的近端环境因素中,亲子关系及日常压力事件是其中两个重要的因素,而日常压力事件又是给儿童带来创伤体验的主要应激源,因此下文将分别梳理儿童期创伤及亲子依恋对留守经历大学生心理健康发展的影响。

(一)儿童期创伤对留守经历大学生心理健康发展的影响

在留守过程中,父母双方或一方长期不在儿童身边,一方面会导致儿童的情感需求难以得到满足,另一方面会导致儿童因缺乏足够的照料而在日常生活中易遭遇负性生活事件。负性生活事件既可直接影响其后继的心理健康水平,也可通过影响其人格、应对方式等来影响其心理健康。已有多项研究证实,与非留守经历大学生相比,留守经历大学生遭遇了更多的负性生活事件(韩黎,王洲琳,张继华,2017;李晓敏,代嘉幸,魏翠娟,等,2017),更可能成为校园侵害的对象(张金健,陈红,2019),儿童期更易遭受情感及躯体上的虐待和忽视(秦红霞,许燕,杨颖,等,2019;潘贵霞,李兵,王静,等,2019;XIE Z M,et al.,2021;依赛男,张珊珊,2018)。一项针对吉林省2所高校989名农村大学生(其中有留守经历者327名)的研究发现,留守经历大学生中有31.49%的人在童年期遭受过情感虐待,这一比例显著高于留守经历大学生(梁洁霜,张珊珊,吴真,2019)。而在另一项研究中,留守经历大学生儿童期的创伤经历检出率高达63.90%,且其遭受的创伤的类型主要为情感和躯体上的忽视(张春阳,徐慰,2022)。以上研究同时证实,留守经历大学生的儿童期创伤水平对其当前的心理健康状况(潘贵霞,李兵,王静等,2019)、抑郁和焦虑情绪(秦红霞,许燕,杨颖,等,2019;依赛男,张珊珊,2018),以及人际安全感(何玉琼,刘剑波,龚靖波,等,2017)和社交焦虑(梁洁霜,张珊珊,吴真,2019)具有显著的预测作用。童年期的创伤也会导致留守经历大学生易出现述情障碍和自杀风险(XIE Z M,et al.,2021)。心理韧性(潘贵霞,李兵,王静,等,2019;张春阳,徐慰,2022)或认知调节策略(依赛男,张珊珊,2018)等会间接地对留守经历大学生的心理健康产生影响。留守经历大学生除了在儿童期遭遇过更多的负性应激事件外,在当前的生活中,他们也会面临更多的负性生活事件。韩黎等(2017)对3所位于重庆市和四川省的高校的879名大学生(其中有留守经历者396人)进行调查分析发现,留守经历大学生在负性生活事件各维度上的得分均显著高于非留守经历大学生,负性生活事件对其抑郁水平具有显著的预测作用,负性生活事件对其的影响主要是通过自尊和心理韧性的中介作用产生的。

(二)亲子依恋对留守经历大学生心理健康发展的影响

根据生命历程理论可知,生命早期阶段的亲子分离体验会对亲子关系产生深远的影响。依恋理论也认为,个体童年期的亲子分离会阻碍亲子间安全依恋关系的形成,并影响其青少年期及成年期的亲子依恋状态(张秋凌,邹泓,2004)。这一结论已在部分研究中得到证实,如张珊珊和张野(2020)对辽宁省4所农村高中的1165名高中生(其中有留守经历者651名)进行调查发现,留守经历高中生的父子疏离、母子疏离水平显著高于非留守经历高中生。另外两项研究也表明,在留守经历大学生中,恐惧型和焦虑型的不安全依恋类型占比偏高,不安全的依恋水平对个体的心理韧性及亲密关系均产生了负性影响(金雪,2020)。留守经历大学生的依恋焦虑和依恋回避水平显著高于非留守经历大学生,其不安全依恋类型占比更高,而不安全依恋类型对留守经历大学生的主观幸福感具有显著的负向预测作用(郭茂林,孙璐,王彩云,2018;何冬丽,2013;李翠,2018;李晓敏,高文斌,罗静,等,2010;王玉花,2008)。那些属于不安全依恋类型的留守儿童或留守经历大学生,会将父母长期不在身边,以及父母不能给予自己情感上的满足内化为自己不重要、不值得被爱等消极的自我核心信念。这些消极的自我核心信念导致他们在遇到困难时不愿意向身边的人寻求帮助,易出现退缩行为,更易感受到来自外界的压力,对潜在的支持抱不信任的态度,易体验到孤独感(王玉花,2008),面对负性应激事件时情绪调节能力差(王玉龙,袁燕,唐卓等,2017)。相反,那些对父母具有安全依恋感的孩子虽然与父母长期分离,但因为安全的亲子依恋关系为他们提供了一个安全的"基地",所以他们在面对外部挑战和压力事件时,会感受到更多的社会支持和情感慰藉,能发展出良好的情绪调节能力,从而在成长过程中拥有健康的心理(王玉龙,姚治红,姜金伟,2016)。

虽然已有研究较多地关注留守经历大学生的亲子依恋水平,但其主要是从成人依恋的视角对他们进行考察的,目前少有研究关注处于成年早期的留守经历大学生与父母之间的亲子关系状态,以及这一状态与其当前心理健康状况的关系。仅有少数几项研究对留守经历大学生的亲子关系及其与心理健康的关系进行了探讨,如周春燕等(2014)的研究表明,留守经历大学生对父亲情感温暖的感受水平显著低于非留守经历大学生,父亲的情感温暖在留守经历与主观幸福感之间起到显著的正向调节作用。在对父亲情感温暖感受水平较低的大学生中,留守经历对其主观幸福感具有显著的负向预测作用;而对父亲情感温暖感受水平较高的大学生来说,留守经历对其主观幸福感则不具有显著的负向预测作用。刘凌和吴蕾(2023)从生命历程研究视角出发,对有留守经历的"80后"青年进行访谈后发现,童年的亲子分离感知会延续至其成年早期,童年的亲子分离感知强化了个体与父母之间的低频沟通模式,塑造了低亲密度的亲子关系;在成年期,受访者虽然与父母之间的日常互动增多,亲子距离感被弱化,但亲子关系并未有大幅度的改善。类似的结果出现在因移民(Conway, C. A., Roy K., Choque G., et al., 2020)或生活变故(如父母离婚、去世、入狱)(Blake, A. J., McNeish, D., Chassin, L., 2022)等导致的亲子长期分离的情境中。

三、个体内在特征因素对留守经历大学生心理健康发展的影响

在个体内在特征因素方面,已有研究表明,留守经历大学生的逆境信念(谢其利,2015)、自尊水平(王凯玉,2017;邹维兴,谢玲平,2016)、自我核心评价(谢其利,2017)、自我效能感(詹丽玉,练勤,王芳,2016)、心理韧性(杨雪岭,冯现刚,崔梓天,2014;岳鹏飞,胡汉玉,方媛,2019)及心理资本(汪品淳,励骅,姚琼,2016)等对其心理健康的不同方面均存在显著的预测作用,且以上个体内在特征变量均在外部环境因素对心理健康的影响中起中介或调节作用。如谢其利(2015)的研究表明,留守经历大学生的逆境信念对其孤独感具有负向预测作用,并在朋友支持、其他支持与孤独感的关系中起部分中介作用;而对自我的核心评价则在领悟社会支持对心理健康的影响中起完全中介作用。杨雪岭、冯现刚和崔梓天(2014)的研究表明,留守经历大学生的心理韧性在留守经历与心理病理症状间起部分中介作用,但岳鹏飞、胡汉玉和方媛(2019)的研究则表明,心理弹性在留守经历对个体心理健康产生影响的结果间起调节作用。除此以外,已有研究还发现,心理韧性和自尊在负性生活事件对留守经历大学生抑郁的影响中起完全中介作用,这一中介作用还受到留守经历的影响(韩黎,王洲琳,张继华,2017);心理韧性也在儿童期虐待

对心理健康的影响中起部分中介作用(潘贵霞,李兵,王静,等,2019)。

由此可见,留守经历大学生的心理健康发展状况主要受留守过程中远端环境因素、近端环境因素,以及个体内在特征因素的综合影响。远端环境因素主要通过近端环境因素或个体内在特征因素对心理健康产生间接的影响。在近端环境因素中,日常压力事件(包括远近期的负性压力事件,如儿童期创伤和负性生活事件)和亲子关系是影响留守经历大学生心理健康发展的重要因素,且个体内在特征因素往往在近端环境因素对心理健康发展的影响中起中介或调节作用。

四、已有研究的不足

综观已有关于留守经历大学生心理健康发展影响因素的研究,虽然这些研究探讨了诸多影响留守经历大学生心理健康发展的内外部因素,但其仍存在以下两点不足。

第一,已有研究反映留守经历大学生个体内在特征的变量较为单一和表层,缺乏对综合性及与留守经历关联性强的变量进行考察。已有研究所选用的个体内在特征变量多为自尊、核心自我评价、心理韧性、感恩、安全感等较为表层和仅能反映个体某单一内在特征的变量,且这些变量与留守这一特殊的成长经历缺少密切的关联性。因此,本书选取能综合反映个体内在特征,且与留守经历密切相关的因素——早期适应不良图式作为考察留守经历大学生内在特征因素的核心变量。这一核心概念近年来才被引入国内,目前国内对其开展的相关研究还较少,本书将在下文中对围绕这一核心概念所开展的相关研究作详细的梳理。

第二,已有的不同研究虽然对留守过程中的诸多因素在影响留守经历大学生心理健康发展中的作用进行了考察,但缺少将留守过程中的外部远近端环境因素和个体内在特征因素同时纳入一个系统内,对其进行综合考察,以揭示这些因素相互作用的机制。因此,本书将依据申继亮等提出的"农村留守儿童心理发展的生态模型",综合考察留守过程中的外部环境因素和个体内在特征因素、外部环境因素中的远端环境因素和近端环境因素,以及近端环境因素中的远近期日常事件和亲子关系对留守经历大学生心理健康发展的综合影响及各因素对心理健康产生影响的作用机制。

第四节 早期适应不良图式及相关研究

一、早期适应不良图式的含义

"图式"(schema)一词是康德在《纯粹理性批判》中提出的,主要用来说明先天的知性形式(纯概念、范畴)和后天的感性经验(直观、感觉)为什么及怎样进行连接的问题。康德认为,我们的大脑中存在着一种先验图式,它是想象力的一种先验产物,这一产物能帮助我们对外部世界进行感知,其既具有知性范畴的本质,又类似于感性经验(伊·康德著,韦卓民译,2000)。"认知图式"(cognitive schema)这一概念最早由 Bartlett 正式提出,并被定义为"人们对所有类型的知识进行心理表征的组织结构"。随后,皮亚杰在其发生认识论中对图式理论作了进一步的阐述。皮亚杰提出,图式即"主体对于某类活动的相对稳定的行为模式或认识结构",也即"同一活动在多次重复和运用中共同具有的那个东西"(石向实,1994)。它是在先天遗传所获得的无条件反射的基础上,在主体与外在环境相互作用的过程中逐渐发展和丰富起来的,其本质是主体通过动作对客体的适应。它既是主体对外在刺激作出反应和对外在事物进行认知的前提及基础,又是主体对事物进行认识的形式和智力手段。它是动作经验在大脑中的保持,具有概括性、稳定性和可重复性,可以帮助我们对同类事物或不同状态下的同一事物作出恰当又经济的反应,从而缩短反应的时间和节省作出反应所需要的精力(刘翔平,郭文静,邓衍鹤,2016)。

上述的图式理论主要集中于认知心理学和教育心理学领域,关注的是在知识的获得和运用过程中,大脑是如何对其进行表征的。认知行为治疗理论的开创者 Beck 首次将"认知图式"引入心理治疗领域。Beck 认为,个体的认知层次体系是从最表层的自动思维到最深层次的认知图式;认知图式是个体对自我及他人、目标、期望、过去记忆等感知到的信息进行认知、加工所形成的组织结构(Beck & Dozois,2011),它是帮助个人对经验进行分类和解释的认知模式,对应的是个体信念系统中的中间信念和核心信念;这些认知结构或图式形成和发展于生命的早期,在成年后被压力事件所激活,制约着个体的情感、行为及思维模式,通常被当作理解个体生活经验的主要组织原则(Beck,Rush,Shaw & Emery,1979)。

Young 及其同事发展了 Beck 的认知图式理论,将个体在经验基础上所形成的认知图式确定为各种早期适应不良图式(early maladaptive schemas,EMSs),并认为这些图式中的一部分可能是人格障碍、不严重的人格问题及许多慢性轴Ⅰ障碍等精神疾病产生的病理学基础。Young 等认为,早期适应不良图式形成于个体的生命早期,主要是个体基本的和普遍的心理需求长期得不到满足而形成的一系列关于自我及自我与他人关系的主题和模式,这些主题和模式代表的是个体在生活经验中逐渐获得并被整合到个人认同感中的自我挫败的情感体验与认知图式。个体在以后的生活中,为了对自我和世界保持稳定的看法,当某一图式被与其相关的情境激活时,为了应对由此引发的痛苦的情绪体验,个体会采用适应不良的应对策略,从而使图式得以持久化。因此图式将在个体的一生中持久地存在着,指导个体对情境信息进行处理,阻止个体成年后的情感需求得到满足,增加个体在以后的生活中出现心理病理症状的风险(Young,Klosko & Weishaar,2003)。

与 Beck 所提出的认知图式概念相同的是,Young 保留了早期认知图式概念中的核心内容,即图式是个体在对经验进行认知、加工的基础上所形成的对自我及自我与他人关系的信念。但与 Beck 不同的是,Young 侧重于关注早期经历在图式形成和发展中的作用,主要关注的是个体由于处境不利的早期经历及核心情感需求未得到满足而形成的消极图式,这些图式既包括认知成分,也包括情绪和身体感觉。

Young 为了对人格障碍或与人格障碍相关的核心心理主题进行概念化而提出了"早期适应不良图式"的概念。早期适应不良图式指的是一种由记忆、情感、认知和身体感觉组成的广泛而普遍的关于自我和自我与他人关系的主题与模式,这种主题和模式主要是在童年或青少年时期发展而成的,并贯穿人的一生,同时在很大程度上其是功能不良的(Young et al.,2003)。由此定义可以看出,早期适应不良图式具有以下几个特点。

第一,早期适应不良图式主要形成于生命早期。Young 提出,早期适应不良图式是在个体童年和青少年时期开始形成与发展的,是儿童对外在环境的现实表征,是儿童早期生活中情绪和情感基调的反映。虽然儿童对周围环境的氛围及他人对待自己的方式的感知往往是正确的,但他们对其进行了错误的归因,从而导致了对自我和自我与他人关系的消极认知图式。

第二,早期适应不良图式主要是在有害的早期经历中形成并发展的。早期适应不良图式形成的主要原因一方面是个体在早年的成长环境中遭遇了遗弃、虐待、忽视、拒绝、批评或是对爱的严重剥夺等创伤经历,另一方面则是个体被过度地保护和被放纵。无论是创伤经历,还是被过度地保护和被放纵,这些对个体的心理健康发展都是有害的。如果这些有害经历在童年期和青少年期有规律地反复出现,那么其最终会导致普遍性的不良图式形成。

第三,早期适应不良图式具有弥散性和破坏性。早期适应不良图式是一系列广泛的、普遍的关于自我及自我与他人关系的主题和模式,是个体于成长早期,在与他人互动的过程中的记忆、情绪、认知和躯体感觉的概括化。图式一旦形成,就会很容易地被与早年生活经历类似的情境所激活,从而占据个体生活的方方面面。图式越强大、图式被当前情境激活时,个体所体验到的负性情绪越强烈,负性情绪持续的时间也会越长,对个体的伤害也越大。已有研究一致证实早期适应不良图式与各种精神障碍和心理问题有关,如情绪障碍(抑郁和焦虑)、药物滥用、饮食障碍、精神障碍和人格障碍等(2012;Sundag,Ascone,De Matos Marques,Moritz & Lincoln,2016)。

第四,早期适应不良图式具有持久性。受人类认知一致特性的推动,图式一旦形成即会引发个体痛苦,但因为这种感觉会让个体感到熟悉和舒适,从而导致个体会一直被激活图式的事件所牵引,甚至在成年后的生活中会无意识地重构在早年生活经历中促使图式形成的有害情境。与此同时,为了应对图式被激活所带来的消极情绪体验,个体会采用适应不良的应对策略来应对现实情境,从而使图式持久化。多项纵向研究的结果显示,早期适应不良图式会在一段时间内稳定地存在并对个体的适应性行为产生持续的影响(Blissett & Farrow,2007;Renner,Lobbestael,Peeters,Arntz & Huibers,2012)。

二、五大图式类别及18种早期适应不良图式

Young根据个体在早年成长经历中未被满足的五大类情感需求,将早期适应不良图式划分为五大图式类别(schema domain),共包含18种早期适应不良图式(Young et al.,2003)。

第一大图式类别是分离和拒绝(disconnection & rejection,D & R),涉及个体对爱、安全、养育、共情、情感分享和表达、社会归属、自发性、赞扬和尊重等需求的期望不会以一贯的方式得到满足。这一图式类别的个体的原生家庭往往具有情感上的分离和限制、冷漠、缺乏共情、排斥、批评、克制、孤独或虐待等特征,这导致个体在同龄人群体中没有归属感,并缺乏情感共鸣。这一大图式类别具体包括情感剥夺(emotional deprivation,ED)、遗弃/不稳定(abandonment/instability,AI)、不信任/虐待(mistrust/abuse,MA)、缺陷/羞耻(defectiveness/shame,DS)和社交孤立/疏离(social isolation/alienation,SI)五个图式。①情感剥夺图式反映的是个体预期对来自他人的一般性情感支持和联系的需求不会得到充分的满足,具体包含养育剥夺、共情剥夺和指导与保护剥夺三种形式。②遗弃/不稳定图式反映个体存在夸张的恐惧,认为让自己感到最依赖、最安全、与自己联系紧密和帮助自己的人会突然地、永远地抛弃自己或会离开自己很长一段时间,或他们无法在自己需要他们的时候给自己提供帮助,并认为他们不可能持续地、无条件地给自己提供情感上的支持和保护。③不信任/虐待图式反映个体总是预期别人会伤害、虐待、羞辱、欺骗、操纵或利用自己。④缺陷/羞耻图式反映的是个体感觉自己在某些重要方面(如能力)是有缺陷的、糟糕的、无用的,在重要他人面前是不可爱的、不受欢迎的。⑤社交孤立/疏离图式反映的是个体总是感觉自己是与众不同的,是被周围人孤立的,自己不属于任何群体,缺乏归属感。

第二大图式类别是自主性及能力受损(impaired autonomy & performance,IA&P),涉及个体对自己的独立性、自主性、生存及成就等方面存在怀疑和过低的预期,个体经常体验到被抛弃和被孤立的恐惧,以及有这个世界是危险的强烈感觉。这一图式类别的个体的原生家庭通常存在父母卷入过多、过度保护子女、高度控制子女、过分关注不现实的危险、对孩子的

成功不给予奖励、破坏孩子的自信心,以及当孩子表达自己的需要和感情时不给予适当的回应的情况。自主性及能力受损图式类别具体包括依赖/无能力(dependence/incompetence,DI)、对伤害或疾病的易感性(vulnerability to harm or illness,VH)、纠结/未发展的自我(enmeshment/undeveloped self,EU)及失败(failure,FA)四个图式。①依赖/无能力图式反映个体认为在没有别人的帮助下,自己就无法独立地处理自己的日常事务(例如照顾好自己、解决日常问题、行使良好的判断力、处理新的任务、作出好的决定等),这样的个体通常表现得无助或焦虑,特别是在新的环境中,这类表现更明显。②对伤害或疾病的易感性图式反映个体过分担心灾难会随时发生,且人们无法阻止灾难发生。③纠结/未发展的自我图式反映的是个体与重要他人(通常是父母或伴侣)之间过分地亲密、有过多的情感卷入,从而牺牲了自己完全的个性化及正常的社会发展,缺乏自我的身份感,感到空虚、挣扎,感觉人生没有方向。④失败图式反映的是个体认为自己始终是愚蠢的、无能的、没有才华的、地位较低的、失败的。与缺陷/羞耻图式不同的是,失败图式的不安全感主要集中在成就和成功上,而与个体在缺陷/羞耻图式中体验的不被他人爱和不受欢迎的核心感觉有所不同。

第三大图式类别是限制受损(impaired limits,IL),反映的是个体对自身内部限制不足,难以尊重他人的权利、与他人合作、向他人作出承诺,也难以控制自己的冲动情绪,难以设定和实现符合现实需要的长期目标,其原生家庭对子女是溺爱和放纵的,是缺乏界限和规则意识或总是充满优越感。这一图式类别具体包括特权/夸张(entitlement/grandiosity,EG)及自控/自律不足(insufficient self control/self-discipline,IS)两个图式。①特权/夸张图式反映个体认为自己比别人优越,应该享有某些特权,不应受人际交往互惠原则的约束,常常坚持认为自己可以做任何自己想做的事情,而不考虑行为的现实性、合理性、社会的接纳性及对他人的伤害性。②自控/自律不足图式反映个体很难做到为了实现自己的目标学会接受挫折或控制自己过激的情绪反应。拥有这一图式所描述的特性的人往往表现冲动,对自己的情绪"失去控制"或表达不当,难以做到延迟满足,难以专注地完成一项能给自己带来长远利益却无聊且无趣的任务。

第四大图式类别是他人导向(other-directedness,OD),反映的是个体为了从他人那里获得爱与认可、与他人保持关系、避免被他人报复,从而对他人的愿望表现出过分的关注和作出情感反应,并"牺牲"自己内心的诉求和正常的情感需要来压制自身的愤怒及本来的意愿。这一图式类别具体包括屈从(subjugation,SB)、自我牺牲(self-sacrifice,SS)及寻求称赞/认可(approval seeking/recognition,AS)三个图式。①屈从图式反映个体过分害怕因维护自己的权利或表达自己真实的情感所带来的负面结果(如他人的愤怒、批评、报复或抛弃),而迫不得已地顺从他人,并认为自己的欲望、观点和感情对他人来说是无效的或不重要的,具体表现为需要屈从(压制个体合法的喜好、权利、需要和欲望)和情绪屈从(个体觉得自己的感情会被他人所轻视、忽视、批评或不认真对待,或者认为表达情绪会受到他人的某种惩罚或拒绝,因而过分地压抑自己的情绪)。②自我牺牲图式反映个体过分注重在日常生活中以牺牲自己的需要为代价来满足他人的需要,以防止给他人带来痛苦,避免产生自私感和内疚感,或维持与他人的关系。这类人拥有一种隐含的信念,即人在道德上或伦理上照顾他人比照顾自己更重要。长此以往,这会导致一种感觉,即自己的需求得不到充分的满足,以及对自己照顾的人产生怨恨。③寻求称赞/认可图式反映个体过分强调获得他人的赞扬、认可、关注或接纳,并将自己的自尊感建立在他人反应的基础上。这类人有时过分强调地位、外貌、社会接纳、金钱或成就,但强调拥有这些的目的是获得他人的认可、钦佩或关注,而不是获得权力。这类人通常太在意别人会赞同什么或对被他人拒绝表现得过分敏感,并会为了被接纳和被认可而改变自己的真实意愿,进而经常作出违背自己真实意愿或是令自己不满意的重大的生活决定。

第五大图式类别是过于警惕和压抑(over vigilance and inhibition,OV&I),反映个体过分强调自己生活的许多方面须遵循严格的、内化的规则和对成就有着过高的期望,并通常以"牺牲"自己的快乐、自我表达、放松、亲密关系或健康为代价。这类个体的原生家庭对孩子是要求高的、批评的,甚至是惩罚性的,并期望孩子在大部分时间里"牺牲"自己来照顾他人。这导致个体在从事纯粹为自己的积极或愉快的活动时,会产出内疚或自私的感觉。这一图式类别具体包括消极/悲观(negative/pessimism,NP)、情感抑制

(emotional inhibition,EI)、苛刻标准/吹毛求疵(unrelenting standard,US)及惩罚(punitiveness,PU)四个图式。①消极/悲观图式反映个体对日常生活中的消极方面(如死亡、人际冲突、潜在的错误或背叛,以及可能出错的事情等)表现出一贯的关注,同时尽量忽略积极或乐观的方面,通常还会预期自己在工作、经济或人际关系中严重出错,或悲观地认为即使现在一切顺利,然而一切终将变得糟糕。②情感抑制图式反映的是个体过分压抑自己的情感,过度控制自己的行为及与别人的言语交流,以避免不被他人认可或产生自己难以控制的冲动行为,避免体验羞耻感。③苛刻标准/吹毛求疵图式反映的是个体存在一种潜在的信念,即一个人必须在行为和表现上努力达到高度内化的标准。个体这么做通常是为了避免被批评或被羞辱,由此带来的典型的结果就是个体难以减轻压力感,以及苛刻地要求他人和批评自己。这通常有以下四个方面的表现:一是完美主义,即对细节过分关注,或过于低估自己在规则方面的表现;二是许多僵化的规则和"应该"充斥在个体生活的方方面面,如脱离实际的道德、伦理、文化或宗教要求;三是对时间和效率过于关注,以便能够完成更多的事情;四是有被驱使在多领域取得很高成就的感觉。④惩罚图式反映的是个体遵循"犯错误就应该受到严厉惩罚"的规则,并表现出对那些没有达到自己高期望或严苛标准的人(尤其是自己)的愤怒和无法容忍,很难原谅自己或他人所犯的错误。此类个体因为不愿意考虑可使罪责减轻的措施,不允许自己和他人不完美,或对他人缺乏同理心,所以往往会对自己认为应该受到惩罚的人(包括自己)表现出侮辱、蔑视或贬低的行为。

　　Young 指出,在以上所有的图式中,有四个图式表现得最为强大且破坏性最强,即情感剥夺、遗弃/不稳定、不信任/虐待、缺陷/羞耻。这四个图式主要是在早期核心家庭不稳定、不安全,以及充满虐待或忽视的环境中形成的(Young et al.,2003),而这些处境不利因素正是留守儿童在成长过程中易遭遇的(范兴华,2012)。

三、早期适应不良图式的测量

　　为了在图式治疗中对患者的早期适应不良图式进行测量,Young 及其同事开发了 Young 图式问卷(Young schema questionnaire,YSQ)。YSQ 分为长版(YSQ-LF)和短版(YSQ-SF)两种形式。YSQ-LF 包含 205 个条目,测量了 16 种早期适应不良图式(Young & Brown,1990),其内部一致性信度和重测信度在非临床样本中得到了很好的验证(Schmidt,Joiner,Young & Telch,1995)。YSQ-SF 是在长版的基础上,采用因素分析法从每种图式中提取前 5 个因子载荷最高的条目编制而成的,全量表共 75 个条目,涉及除寻求称赞/认可、消极/悲观和惩罚以外的其余 15 个早期适应不良图式(Young,1998)。目前,这一版本已有多种语言的译本,这些不同的译本在西方样本中均有稳定的因子结构和良好的信度与效度(Oei & Baranoff,2007)。多项研究证实,YSQ-SF 与 YSQ-LF 具有相似的区分效度,两者的内部一致性信度 α 系数无显著的差异(Waller,Meyer & Ohanian,2001),而短版在临床和非临床研究环境中使用起来更为方便,解决了长版问卷不适用于非临床样本研究的问题(Young et al.,2003)。有研究发现,在韩国、澳大利亚(Baranoff,Oei,Cho & Kwon,2006),以及中国大学生(Cui,Lin & Oei,2011)等样本中,13 个因子和 14 个因子比 15 个因子的拟合效果更好。也有研究证实,在中国的临床和非临床样本(张丽霞,冀成君,范宏振,等,2015)中,15 个因子的 YSQ-SF 总体拟合效果良好。

虽然 YSQ-SF 已在多个研究中被使用,且都达到了较好的心理测量学标准,但其只包含 18 种图式中的 15 种,缺少寻求称赞/认可、消极/悲观及惩罚三个图式。而已有研究表明,这三个图式与个体的情绪问题及人格障碍密切相关(Bach,2017;Calvete,Orue & González,2013)。除此以外,YSQ-SF 采用主题聚集式排列方式编排问卷项目,易造成响应偏差,因而受到人们的质疑。为解决此问题,Young(2006)对 YSQ-SF 进行了修订,形成了第三版 YSQ,即 YSQ-S3(Young Schema Questionnaire-Short Form 3rd Edition)。这一版本共包含 90 个条目,涵盖18 个早期适应不良图式,每个早期适应不良图式分量表由 5 个条目组成,采用随机排列的方式编排项目,有效地防止了响应偏差的产生。截至目前,YSQ-S3 的心理测量学特性已在 10 种不同的语言文化背景中接受了检验。在芬兰(Saariaho,2009)、法国和加拿大(Hawke & Provencher,2012)、德国(Kriston,2013)、葡萄牙(Rijo & Gouveia,2008)、西班牙(Calvete,Orue & González,2013)、丹麦(Bach,

2017)、罗马尼亚（Trip, 2006）、泰国（Sakulsriprasert et al., 2016）及韩国（Seung et al., 2015）的临床和非临床样本中,18 个因子的问卷结构总体的内部一致性和一阶因子结构均得到了检验。以上研究还发现 YSQ-S3 对群体差异具有良好的鉴别效度,即那些临床症状较重的被试在 YSQ-S3 上的得分显著高于临床症状较轻的被试,且 18 种图式与心理病理学症状之间在概念上具有趋同性。但在土耳其文化背景下的研究中,研究人员根据主成分分析法,只确定了 18 个因子中的 14 个因子（Soygüt, Karaosmanoglu & Cakir, 2009）。虽然以上研究关于 YSQ-S3 18 个因子的一阶因子结构得出了较为统一的结论,但对其二阶因子结构的分析与 Young 最初的理论设想不一致。有研究发现其中的三到四个图式类别可以更好地解释早期适应不良图式的二阶因子结构（Calvete, Orue & González, 2013; Sakulsriprasert et al., 2016）,也有研究支持五个图式类别的二阶因子结构（Soygüt et al., 2009）。根据已有研究结果,Young（2014）对 YSQ-S3 的二阶因子结构作了调整,具体如表 1-1 所示。

表 1-1　不同研究中的 YSQ-S3 的二阶因子结构

	Young（2003）五因素结构	Young（2014）五因素结构	Sakulsriprasert 等（2016）四因素结构	Calvete 等（2013）三因素结构
情感剥夺（ED）	D&R	D&R	D&R	D&R
遗弃/不稳定（AI）	D&R	IA&P	D&R	IA&P
不信任/虐待（MA）	D&R	D&R	D&R	D&R
社交孤立/疏离（SI）	D&R	D&R	D&R	D&R
缺陷/羞耻（DS）	D&R	D&R	D&R	D&R
失败（FA）	IA&P	IA&P	IA&P	IA&P
依赖/无能力（DI）	IA&P	IA&P	IA&P	IA&P
对伤害或疾病的易感性（VH）	IA&P	IA&P	IA&P	IA&P
纠结/未发展的自我（EU）	IA&P	IA&P	IA&P	IA&P
屈从（SB）	OD	IA&P	IA&P	IA&P

续表

	Young(2003) 五因素结构	Young(2014) 五因素结构	Sakulsriprasert 等(2016) 四因素结构	Calvete 等(2013) 三因素结构
自我牺牲(SS)	OD	ES	ES	FACTOR Ⅲ
情感抑制(EI)	OV&I	D&R	D&R	D&R
苛刻标准/吹毛求疵(US)	OV&I	ES	ES	FACTOR Ⅲ
特权/夸张(EG)	IL	IL	IL	FACTOR Ⅲ
自控/自律不足(IS)	IL	IL	IL	IA&P
寻求称赞/认可(AS)	OD	UC	ES	FACTOR Ⅲ
消极/悲观(NP)	OV&I	UC	ES	FACTOR Ⅲ
惩罚(PU)	OV&I	UC	ES	FACTOR Ⅲ

注：D&R 代表分离和拒绝图式类别，IA&P 代表自主性及能力受损图式类别，OD 代表他人导向图式类别，OV&I 代表过于警惕和压抑图式类别，IL 代表限制受损图式类别，ES 代表过度标准图式类别，UC 代表未分类图式类别。

综上所述，YSQ-S3 是一种具有良好心理测量学特征的测量工具。在西方国家中，YSQ-S3 正逐步取代 YSQ-SF，但亟待有在更多文化背景下、针对不同性质的样本的研究来验证其一阶因子结构和二阶因子结构的合理性。此外，目前还没有研究对 YSQ-S3 在中国文化背景下的心理测量学指标进行检验。

四、早期适应不良图式的干预

图式治疗（schema therapy，ST）开发之初是用来弥补传统认知行为疗法（cognitive behavior therapy，CBT）在治疗某些人格障碍及解决导致轴 Ⅰ 障碍的严重人格问题中所存在的不足，是 Young 等在原有认知行为疗法的基础上，同时吸收依恋理论、客体关系理论、完形理论及建构主义理论等多种理论而创建的一种广泛的、整合的心理治疗模型。图式治疗的目标是修复来访者的早期适应不良图式，以及改变导致图式持久化的适应不良的应对风格（Young et al.，2003）。

图式治疗主要分为两个阶段,即图式的评估教育阶段和图式的改变阶段。在图式的评估教育阶段,治疗师帮助来访者认识和理解自身存在的主要的早期适应不良图式及其表现,同时帮助来访者理解儿童期或青少年期的不良经历是其图式形成的主要原因,引导其认识图式与当前其所面对的问题之间的联系。在图式的改变阶段,治疗师综合运用认知策略、体验策略、行为模式击溃技术帮助来访者修复自身适应不良的图式,教会来访者用更有效的行为模式来应对图式被激活后的不良情绪体验及适应不良的应对方式。这两个阶段循序渐进、相辅相成,并且无论是在图式的评估教育阶段还是在图式的改变阶段,治疗师与来访者之间的治疗关系都是促使来访者发生改变的重要因素(Young et al.,2003)。

图式治疗模型主要是研究者针对边缘型人格障碍(borderline personality disorder, BPD)患者提出的。多项研究证实,图式治疗对BPD患者症状的缓解及图式的改善具有良好的临床治疗效果(Farrel, Shaw & Webber,2009),同时对其他人格障碍(Bernstein et al.,2012; Renner, Arntz, Leeuw & Huibers,2013)、轴Ⅰ和轴Ⅱ障碍(Giesen-Bloo et al.,2006)、慢性抑郁、焦虑、进食障碍及夫妻关系等方面的症状(Young et al.,2003)具有显著的治疗效果。与专注于移情的心理治疗(transference-focused psychotherapy, TFP)、常规的心理治疗技术(treatment as usual, TAU),以及传统的认知行为治疗相比,图式治疗不但效果更好,而且患者在治疗过程中付出的时间更少、经济成本更小,治疗过程中的脱落率也更低(Farrel et al.,2009; Giesen-Bloo et al.,2006)。

目前图式治疗主要有个体图式治疗(individual schema therapy, ST)和团体图式治疗(group schema therapy, ST-g)两种形式。相对于个体治疗,团体治疗具有经济、高效的优势。因为在团体图式治疗的过程中,患者可以向团体中的其他人学习修复适应不良图式的经验,成员之间可以相互练习新的适应行为、应对技能,以及拥有替代学习的机会等(Farrel et al.,2009),从而缩短整个治疗的周期,并获得更好的治疗效果。团体图式治疗还具有脱落率更低及节省治疗师资源等多项优势(Dickhaut & Arntz,2014; Farrel et al.,2009)。

Farrel等(2009)提出了一套治疗边缘型人格障碍的团体图式治疗方案。这一方案由30个治疗单元组成,包括情绪识别训练、边缘型人格障碍的心理教育、遇险策略管理训练及图式改变四个方面的内容。Farrel等(2009)采用完全随机化的实验设计,将32名BPD患者随机分配到实验组和对照组。实验组在接受每周一次的个体治疗的同时,还要接受30个单元的团体图式治疗;对照组仅需接受每周一次的常规个体图式治疗。结果发现,实验组在所有症状的改善上均好于对照组,且在个体图式治疗过程中没有发生被试中途脱落的情况,而对照组的脱落率为25%。Dickhaut和Arntz(2014)的研究也得到了类似的结果。Farrel等开发的团体图式治疗形式已被证实具有诸多个体图式治疗和其他治疗形式所没有的优点,但其存在30个治疗单元的治疗周期长的缺点。相比而言,Vreeswijk和Broerson(2006)所开发的短程团体图式认知行为疗法(short-term group schema cognitive behavioral therapy,SCBT-g)则得到了更多的心理治疗师的认可,并被证实对进食障碍和边缘型人格障碍有很好的疗效(Susan,Emma,Michiel & Caroline,2010;Vreeswijk et al.,2014)。与团体图式治疗相比,短程团体图式认知行为疗法的结构性更强,更关注图式模式的起源,更强调心理教育和认知技术的运用;而ST-g更注重图式模式本身,更强调体验技术的运用(Renner et al.,2013;Sally A. Skewes et al.,2015)。Renner等(2013)认为,治疗周期较短且强度较低的SCBT-g方案可能特别适用于年轻人,因为年轻人的核心基础图式尚未完全形成,所以年轻人不太刻板,更容易作出改变。SCBT-g由20个治疗单元组成,包括每周一次共18次的团体会谈和两次每次90分钟的强化会谈。整个治疗过程一般分为三个阶段:第一个阶段主要开展心理教育,第二个阶段主要运用认知策略,第三个阶段主要关注对激活图式的触发事件的识别及有效的应对策略的训练,以防止图式在以后的生活中再次被激活(Vreeswijk & Broersen,2006)。Renner等(2013)采用SCBT-g对26名依据DSM-IV诊断患有B组和C组人格障碍或伴有人格障碍部分症状的18~29岁年轻患者进行干预,结果显示,SCBT-g在改善这些人的整体症状和减少潜在的易感性方面具有良好的效果。Vreeswijk等(2014)采用SCBT-g对63名患有不同精神疾病的门诊患者进行干预,结果显示,患者所有的精神症状及图式的严重情况均得到了有效的改善。

与国外对图式治疗在临床患者和非临床人群中所开展的广泛研究相比，国内对早期适应不良图式的干预研究还处于起步阶段，仅有少数几项研究触及了这一主题。崔丽霞及其研究团队最早将图式治疗理论引进国内，并开展了图式治疗在非临床大学生样本中的团体干预和个体干预研究。相关研究结果显示，团体干预和个体干预都有效地降低了大学生早期适应不良图式的水平，并且有效减轻了大学生对亲密关系的恐惧（崔丽霞等，2011；蔺雯雯，2008；罗小婧，崔丽霞，蔺雯雯，2011）和人际关系困扰（陈博，2009）。除此以外，张丽霞等（2015）首次在国内将图式治疗运用于临床样本的干预研究。该研究团队针对72名强迫症患者，对比了结合图式治疗的药物治疗和单纯的药物治疗对强迫症患者的治疗效果。该研究团队对干预后第5周和第10周的两组被试在耶鲁布朗强迫症量表（Y-BOCS）上的得分进行比较后发现，综合接受图式治疗和药物治疗的研究组比单纯接受药物治疗的对照组在Y-BOCS上的得分下降得更明显，即药物治疗结合图式治疗比单纯地用药物治疗对强迫症患者来说更有效。

由此可见，无论是采用团体干预的形式还是采用个案干预的形式，无论是针对临床样本还是针对非临床样本，图式治疗都有效地减轻了被治疗者的心理病理症状，增强了其人际和社会适应功能。但国外的相关研究在干预形式上主要采用了以个体干预为主，在干预对象上以患有人格障碍及轴Ⅰ障碍的临床样本为主。而目前国内这一领域的相关研究在总体上数量稀少，亟待学者们开展更多相关研究以验证图式治疗对不同性质群体的干预效果，特别是验证图式治疗对早年有过与父母长期分离经历的留守经历大学生群体的干预效果。

五、早期适应不良图式形成的影响因素

Young等在图式治疗理论中提出，儿童期未被满足的核心情感需要、源于核心家庭的有害的童年经历是个体早期适应不良图式形成的主要影响因素（Young et al.，2003）。其中未被满足的核心情感需要主要包括五种：与重要他人（一般指父母）间形成亲密关系和安全依恋的需要，自主性得以发挥、

自身能力得到展现及产生内在自我认同感的需要,自由地表露情感和表达需求的需要,自由玩耍的需要,自我掌控与受现实约束的需要。Young 等(2003)认为,这五种核心情感需要在所有儿童的成长过程中都存在,不同的是每个儿童需要的程度有所不同。有害的童年经历主要有四种:需要的满足受阻,个体在童年生活中、在与周围人的互动中很少有愉快的情绪体验,这使得儿童对被爱与被关怀及被接纳等的需要难以得到满足,这促使情感剥夺或遗弃等图式的形成;在成长环境中有过很多被虐待和被忽视等的创伤性经历;受到家长的过度保护或过度干涉;重要他人存在不良的价值观及不良的教养行为。

为了验证上述理论假设,研究者开展了大量的研究。研究结果表明,童年期的创伤经历及亲子间不安全的依恋关系是个体早期适应不良图式形成的两大影响因素。

(一)儿童期创伤对早期适应不良图式形成的影响

Young 推测,儿童期遭受虐待和被忽视的经历是个体早期适应不良图式形成的危险性因素。那些有过创伤经历的儿童,因自身核心的情感需要难以得到满足,所以容易形成早期适应不良图式。多项研究表明,几乎所有的早期适应不良图式都与儿童期创伤经历显著正相关(Estévez et al.,2017;Gong & Chan,2018;Wesley & Manjula,2015),那些在儿童期有过创伤经历的个体在早期适应不良图式上的得分显著高于无创伤经历个体。一项针对 48 名女性抑郁症患者的研究显示,那些有过严重创伤史的女性在缺陷/羞耻、情感剥夺、不信任/虐待、遗弃/不稳定、社交孤立/疏离及特权/夸张等图式上的得分显著高于那些无创伤经历或有轻度创伤经历的女性(Cukor & McGinn,2006),但不同类型的创伤在早期适应不良图式的形成和发展中所起的作用不同。Estévez 等(2017)的研究表明,相对于忽视经历,虐待经历与早期适应不良图式间的相关性更高,而在虐待类型中,情感虐待、性虐待与早期适应不良图式间的相关性更高;在忽视类型中,情感忽视与早期适应不良图式间的相关性较高,躯体忽视与早期适应不良图式间的相关性在五种创伤类型中最低。但关于情感忽视与早期适应不良图式间具体是正相关还是负相关,已有研究得出了不一致的结论。Mayo和Ryan(2004),以及Estévez等(2017)的研究表明,情感忽视与早期适应不良图式间呈负相关关系。他们认为,之所以存在这样的关系是因为长期暴露在虐待环境下的个体可能认为被忽略对自己更有利。但其他两项研究则表明,无论是哪一种忽视形式,其都与早期适应不良图式间呈正相关关系(Calvete,2014;Gong & Chan,2018)。

除此之外,研究者还发现不同类型的虐待经历和忽视经历会对不同的早期适应不良图式产生影响,其中情感虐待与情感剥夺、遗弃/不稳定、社交孤立/疏离、自控/自律不足图式间显著正相关(Wesley & Manjula,2015)。Cecero等(2004)的研究表明,情感虐待可以预测缺陷/羞耻、情感剥夺、不信任/虐待和情感抑制图式。Lumley和Harkness(2007)的研究证实,性虐待和躯体虐待主要与对伤害或疾病的易感性这类和"危险"主题相关的图式密切相关,而情感和躯体忽视则与情感剥夺及社交孤立/疏离这类和"失去""不重要"主题相关的图式密切相关。不同来源的创伤对图式的形成和发展的影响也不同,如Calvete等在两项针对青少年群体的纵向研究中发现,情感虐待和被忽视的经历主要与分离和拒绝、自主性及能力受损两大图式类别的形成密切相关。从图式的发展角度来看,由父母造成的情感虐待对图式的恶化不具有预测作用,而由同伴造成的情感虐待则能预测图式的恶化,这表明青春期经历的同伴伤害对功能失调的图式发展来说至关重要(Calvete,Orue & Hankin,2013;Calvete,2014)。

综上所述,已有研究得出了以下一致的结论。其一,儿童期创伤的各个维度与早期适应不良图式的形成关系密切,但不同类型的创伤经历与早期适应不良图式间关系的密切程度不同,其中情感虐待与早期适应不良图式间的关系最为密切,躯体忽视则与早期适应不良图式间的关系较弱;其二,不同类型的虐待经历和忽视经历促成不同的早期适应不良图式,其中虐待类的创伤主要与危险主题类的图式关系密切,忽视类的创伤主要与无能类的图式关系密切,源自同伴的创伤经历对图式的发展更具预测性。已有研究结论也存在以下几点不一致的地方。其一,关于情感忽视与早期适应不良图式形成间的关系的看法存在分歧。其二,对于不同类型的创伤经历具体与哪些早期适应不良图式形成间关系密切有不同的结论,已有研究更多地通过相关分析来探讨哪些创伤经历与早期适应不良图式相关,而少有研究运用回归分析等统计方法来探讨不同类型的创伤经历对早期适应不良图式的预测作用。其三,已有研究多采用横断面研究设计,仅揭示了儿童期的创伤经历与早期适应不良图式形成间的静态关系。虽然也有少数研究采用纵向的研究设计来探讨两者之间的动态关系,但这类研究数量稀少,且都是在西方文化背景下开展的,因此亟待学者们在不同文化背景下开展更多的研究来丰富这一领域的研究成果。

(二)亲子依恋对早期适应不良图式形成的影响

亲子依恋(parental attachment)指的是个体与父母之间结成的能给个体带来安全感与安慰感的持久、强烈和亲密的情感联结(曾晓强,2009)。Bowlby认为,儿童会将与主要照顾者之间在互动过程中形成的不良早期经历储存在大脑中,并使之成为功能失调的内部工作模式。这一工作模式会破坏个体在未来对他人产生亲近感的需求,阻碍个体调节痛苦情绪的内在心理机制的发展,进而增加个体产生精神病理学问题的风险。Beck认为,这种功能失调的内部工作模型最好被看作适应不良的图式。Young等则认为,它是个体在与依恋对象互动的过程中形成的不正常的内部工作模型和应对方式的特征反应,其会随着时间的推移而变得更加僵化,进而可有效地预测个体在多种精神病理学症状中所表现出的异常认知、情绪和行为。

虽然到目前为止,支持这一假设模型的研究还较少,但不安全依恋与早期适应不良图式之间存在关联的观点已得到部分研究的支持。在一项长达15年的纵向研究中,研究者使用分离—团聚程序评估了60名6岁儿童的依恋状况,并使用自我报告问卷对这些儿童21岁时的适应不良图式进行评估。评估结果显示,与同龄人相比,那些在儿童时被归入不安全依恋类型的年轻人身上出现了更多的早期适应不良图式(Simard, Moss & Pascuzzo,2011)。Mason、Platts和Tyson等(2005)对72名寻求心理帮助的临床患者的研究也发现,这些人的早期适应不良图式同依恋类型之间存在密切的关系:属于恐惧型依恋类型或回避型依恋类型的个体的身上普遍存在社交孤立/疏离、缺陷/羞耻及情感抑制的图式,属于焦虑型依恋类型的个体的身上普遍存在遗弃/不稳定、屈从和情感剥夺的图式,而那些属于安全型依恋的个体的身上则很少存在适应不良图式。

虽然早期适应不良图式和个体与父母间的依恋关系的质量显著相关,但在临床样本和非临床样本中,亲子信任、亲子沟通及亲子疏离与早期适应不良图式间的关系不同。其中在临床样本中,亲子信任、亲子沟通与分离和拒绝图示类别显著正相关,而亲子疏离与分离和拒绝、他人导向及过于警惕和压抑三大图式类别显著负相关(Roelofs,Onckels & Muris,2013);在非临床样本中,亲子信任和亲子沟通几乎与所有的早期适应不良图式间存在显著的负相关关系,而亲子疏离与除纠结/未发展的自我、自我牺牲及苛刻标准/吹毛求疵三个图式以外的其他图式间存在显著的正相关关系(Roelofs,Lee,Ruijten & Lobbestael,2011)。除此以外,Gay等(2013)对女大学生的依恋类型和早期适应不良图式在早期情感剥夺与亲密关系中的虐待行为间所起的作用的研究发现,焦虑和回避型依恋与分离和拒绝、自主性及能力受损两大图式类别显著相关,而焦虑型依恋只与他人导向图式类别显著相关,回避型依恋则与此相关不显著。

由此可见,不安全的依恋关系是早期适应不良图式形成和发展的重要影响因素,但在不同性质的样本群体的研究中,两者之间的关系有所不同。同时,不同的依恋类型与早期适应不良图式间的关系也不同,个体与父母之间的亲子依恋,以及与同伴之间的依恋对早期适应不良图式的影响也不同。但已有研究多采用横断面研究设计,纵向研究设计采用得较少;已有研究多使用相关分析法来揭示依恋与早期适应不良图式间的关系,很少使用其他统计方法来分析亲子依恋与早期适应不良图式间的关系。另外,已有研究均是在西方文化背景下开展的,且没有专门考察早年与父母长期分离这一特殊成长经历下所形成的亲子依恋对早期适应不良图式的影响。可见,以留守经历大学生为研究对象开展研究,一方面可以丰富中国文化背景下相关研究的成果,另一方面可以丰富个体早年与父母长期分离对亲子依恋和早期适应不良图式的影响的相关研究的成果。

六、早期适应不良图式对心理健康发展的影响

(一)早期适应不良图式对心理健康发展的直接影响

Beck(1979)的认知理论认为,个体早期的不利经历会被个体逐渐内化为病理性的认知结构和适应不良的自我图式,这些认知结构和自我图式在个体成年后会因压力事件而被激活,影响个体对外在信息的处理,进而导致个体产生情绪障碍。Young 等(2003)的图式治疗理论认为,个体早期所遭遇的拒绝、批评、被放纵及对爱的严重剥夺等创伤经历是个体适应不良图式形成的主要原因。这些图式主要涉及个体对自我及自我与他人关系的消极认知,进而导致个体产生近期和远期程度不同的情绪障碍。事实上,多项研究记录了不同的早期适应不良图式及五大图式类别与各种心理病理症状间的关系。研究表明,早期适应不良图式对情绪障碍有显著的影响(Gong & Chan, 2018;Hawke & Provencher, 2012),特别是对抑郁症状有显著的影响(Cámara & Calvete, 2012;Renner et al., 2012;Roelofs et al., 2011)。其中分离和拒绝图式类别是对抑郁进行预测的强有力的因子(Calvete, 2014;Roelofs et al., 2011);与社交焦虑关系最密切的图式类别是分离和拒绝、自主性及能力受损及他人导向(Calvete et al., 2013;Calvete, 2014)。在具体的图式上,Renner 等(2012)对抑郁症患者的调查研究发现,失败、情感剥夺和遗弃/不稳定图式与抑郁症状的严重程度有关。

除此以外,早期适应不良图式还与人格障碍(Jovev & Jackson, 2004)、进食障碍(Unoka et al., 2010)、双相情感障碍(Nilsson, Nielsen & Halvorsen, 2015)及物质滥用(Khosravani, Seidisarouei & Alvani, 2016)等多种心理障碍存在关联,并对其有显著的正向预测作用。一项针对 82 名有过人际创伤史的女性的调查研究显示,不同的图式对 SCL-90 中各因子的预测力不同,其中对伤害或疾病的易感性图式显著预测了躯体化、强迫、焦虑及恐怖因子,不信任/虐待及缺陷/羞耻图式预测了人际敏感因子,情感剥夺、缺陷/羞耻、对伤害或疾病的易感性、依赖/无能力及遗弃/不稳定图式对抑郁因子具有显著的预测作用;对伤害或疾病的易感性及特权/夸张图式预测了敌对因子,不信

任/虐待和社交孤立/疏离图式预测了偏执因子,对伤害或疾病的易感性及缺陷/羞耻图式预测了精神病性因子(Karatzias et al.,2016)。此外,有研究还发现,不信任/虐待和社交孤立/疏离图式与精神分裂症患者的症状有关(Khosravani,Mohammadzadeh & Sheidaei,2019),强迫症患者在缺陷/羞耻、社交孤立/疏离和失败图式上的得分更高(Kim,Lee & Lee,2014),特权/夸张、社交孤立/疏离及缺陷/羞耻图式与自杀风险显著关联(Khosravani et al.,2019),特权/夸张、自控/自律不足及对伤害或疾病的易感性图式与双相情感障碍的发展风险有关(Hawke & Provencher,2012)。

由此可见,在总体上,分离和拒绝、自主性及能力受损两大图式类别及其所包含的部分图式与情绪障碍显著关联,特别是与抑郁症显著关联;他人导向图式类别则与社交焦虑之间的关联更强。对于不同的心理症状,具有显著预测作用的具体的早期适应不良图式也可能不同。

(二)早期适应不良图式在儿童期创伤对心理健康影响中的中介作用

作为一种负性生活压力源,儿童期的创伤经历导致个体成年后出现多种心理病理症状这一理论假设已被多项研究所证实。那些在儿童期有情感虐待(Calvete,2014)与情感忽视(Grassi-Oliveira & Stein,2008)、躯体虐待与忽视(Gauthier,Stollak,Messé & Aronoff,1996)及性虐待(Hillberg,Hamilton & Dixon,2011)经历的个体,其在成年后出现心理病理症状的风险会增加,如抑郁(Hayashi et al.,2015)、焦虑(Huh,Kim,Lee & Chae,2017)、精神病(Thompson et al.,2014)、创伤后应激障碍(Bendall et al.,2012)、物质滥用(Rodgers et al.,2004)、进食障碍(Villarroel,Penelo,Portell & Raich,2012)及自杀意念和自杀行为(Easton,Renner & O'Leary,2013)等。个体儿童期的创伤经历将对其心理健康和心理社会功能产生长期的负面影响(Mullen,Martin,Anderson,Romans & Herbison,1996),且创伤率越高、创伤类型越多,对其心理健康发展所造成的负面影响越大(Higgins & McCabe,2001)。不同的虐待形式在个体成年后给个体带来的负面影响的性质和程度也不同,如Ozerinjauregui(2015)研究发现,情绪虐待受害者在成年后所表现出的心理病理症状最严重,随后是性虐待和躯体虐待受害者。Gibb、Butler 和 Beck(2003)对成人精神科门诊患者进行研究后发现,情感虐待可以更好地预测抑郁症的症状,躯体虐待则可以更好地预测焦虑症的症状,而儿童期的性虐待对抑郁症合并焦虑症的预测力更强(Harkness & Wildes,2002)。

儿童期创伤既对抑郁和焦虑等心理病理症状具有直接的预测作用(MicHopoulos et al.,2015),又可以通过早期适应不良图式对其产生间接的影响(Calvete,Orue & Hankin,2013),即早期适应不良图式在儿童期创伤与心理病理症状间起部分或完全的中介作用(Calvete,2014;Gong & Chan,2018)。不同的研究还显示,在儿童期创伤和不同的心理病理症状间起中介作用的早期适应不良图式具有特异性。Wright 等(2009)对大学生群体的研究显示,对伤害或疾病的易感性、自我牺牲及缺陷/羞耻图式在情感虐待和情感忽视与抑郁和焦虑症状间起中介作用。崔丽霞、罗小婧和肖晶(2011)对中国大学生样本的调查结果显示,与自我无能力有关的图式(具体包括情感剥夺、缺陷/羞耻、社交孤立/疏离、自我牺牲等)在儿童期虐待类创伤与特质抑郁间起中介作用,而与危险有关的图式(如不信任/虐待及对伤害或疾病的易感性等)在儿童期忽视类创伤和特质焦虑间起中介作用。同样是对中国大学生样本的研究显示,社交孤立/疏离、对伤害或疾病的易感性、情感抑制、特权/夸张图式在儿童期创伤与中国大学生抑郁易感人格间起部分中介作用,在情感虐待与中国大学生抑郁易感人格之间起完全中介作用,社交孤立/疏离、情感抑制、遗弃/不稳定、对伤害或疾病的易感性在躯体忽视与中国大学生抑郁易感人格间起完全中介作用(彭薇,2017)。

研究者除了对不同图式在儿童期创伤与心理病理症状间所起的中介作用进行研究外,还对在儿童期创伤和不同的心理病理症状间起中介作用的图式类别进行了考察。结果发现,分离和拒绝、自主性及能力受损与限制受损三大图式类别在儿童期虐待与抑郁间存在中介效应(McGinn,Cukor,Sanderson,2005),但也有研究发现仅有分离和拒绝图式类别在儿童期创伤与抑郁的严重程度间起中介作用(Orue,Calvete & Padilla,2014)。Calvete、Orue 和 Hankin(2013)对 1052 名 13~17 岁的青少年进行的每隔 6 个月连续 3 次的纵向调查发现,他人导向图式类别中的图式在社交焦虑的维持和发展中起重要作用。

由此可见,早期适应不良图式在儿童期创伤与不同的心理病理症状间起中介作用,且心理病理症状不同,起中介作用的早期适应不良图式和图式类别也有所不同,具体表现为在儿童期创伤与抑郁间起中介作用的主要是分离和拒绝、自主性及能力受损两大图式类别及其所包含的部分图式,而在儿童期创伤与社交焦虑间起中介作用的主要是分离和拒绝、他人导向图式类别及其所包含的部分图式。

(三)早期适应不良图式在亲子依恋对心理健康影响中的中介作用

已有研究表明,早期适应不良图式除了在儿童期创伤与心理病理症状间起中介作用外,其还在依恋与个体成年后的精神病理症状之间起中介作用;依恋类型、精神病理症状不同,其在两者间起中介作用的早期适应不良图式也不同。Bosmans等(2010)对289名青年(平均年龄21岁)进行调查研究发现,分离和拒绝及他人导向两大图式类别在焦虑型依恋与精神病理症状之间起完全中介作用,而分离和拒绝、自主性及能力受损两大图式类别在回避型依恋与精神病理症状之间起部分中介作用。在不同性质的样本中,早期适应不良图式在亲子依恋与心理病理症状间所起的中介作用也不同。在非临床的青年样本中,分离和拒绝(特别是其中的不信任/虐待图式及社交孤立/疏离图式)和他人导向(特别是其中的自我牺牲图式)两大图式类别在依恋关系质量与抑郁症状间起中介作用,其中不信任/虐待及社交孤立/疏离图式在信任父母与抑郁症状间起中介作用,而社交孤立/疏离和自我牺牲图式则在与同龄人的疏离和抑郁症状间起中介作用(Roelofs et al.,2011)。另一项对82名年龄为12~18岁并正在接受心理治疗的临床样本的调查研究发现,分离和拒绝图式类别在不安全依恋与同伴问题和情绪问题间起中介作用,具体表现为分离和拒绝图式类别在同伴疏离与情绪问题间起中介作用,遗弃/不稳定图式在其中起着关键的作用。分离和拒绝图式类别同样在对同伴的不信任与同伴问题间起中介作用,但其中起关键作用的是社交孤立/疏离图式。限制受损图式类别在对父母缺乏信任与行为问题间起中介作用,但这一图式类别中并不存在一个在中介效应中起关键作用的具体的图式,只有自控/自律不足图式在对行为问题的预测中作用突出(Roelofs et al.,2013)。

以上研究表明,早期适应不良图式在儿童期创伤及亲子依恋与个体后继发展中出现的精神病理症状之间起部分或完全的中介作用,但在儿童期创伤及亲子依恋与不同的心理病理症状间起中介作用的早期适应不良图式或图式类别不同。在儿童期创伤及亲子依恋与抑郁类症状间起中介作用的主要是分离和拒绝、自主性及能力受损图式类别及这两大图式类别所包含的部分图式,在儿童期创伤及亲子依恋与焦虑类症状间起中介作用的主要是分离和拒绝及他人导向图式类别及其所包含的部分图式。但这些研究主要是在西方文化背景下开展的,且缺少对拥有早年与父母长期分离这一特殊成长经历的群体进行考察,更少有研究对儿童期创伤、亲子依恋及早期适应不良图式对心理健康产生影响的作用机制进行综合考察。

(四)负性生活事件在早期适应不良图式对心理健康影响中的调节作用

Young等(2003)提出,早期适应不良图式在通常情况下处于稳定和潜在的状态,直到被与图式相关的压力源激活,其才会导致个体出现功能失调的情绪和行为。抑郁的认知易感性应激模型(cognitive vulnerability-stress theories)也认为,抑郁的发生与发展是认知易感因素和负性应激源(生活事件)交互作用的结果。负性应激源既是认知易感性的重要源起,也是未来触发认知易感性的因素,两者相互作用增加了抑郁发生的可能性(Hamkin & Abramson,2004),也即早期适应不良图式在对抑郁产生影响的过程中会与负性应激源之间存在交互作用。然而到目前为止,仅有少数研究对这一研究假设进行了探讨,所得的结果也不一致。如Cámara和Calvete(2012)在一项非临床的大学生样本研究中发现,自主性和能力受损图式类别中的依赖/无能力图式与压力源相互作用,在五个月后预测了样本的抑郁症状。Moberly和Watkin(2008)的一项研究表明,负性生活事件和消极认知模式相互作用,加强了其对抑郁的预测作用。Calvete等(2015)的一项为期一年的纵向研究表明,在对抑郁症状进行预测时,社会压力源与分离和拒绝及他人导向两大图式类别的交互作用不显著,其只对男性青少年抑郁程度的预测作用显著。关于压力源只在某些群体中对早期适应不良图式具有激活作用的理论假设,Young(1999)提出了一个模型:他假设早期适应不良图式可以在适应不良图式水平较高的个体身上长期处于被激活的状态,因此,显著的负性生活事件经历不太可能加深那些有适应不良图式的人的痛苦程度。Schmidt和Joiner(2004)将这一模型命名为Young的高阶图式概念化模型(Young's hypervalent schema conceptualization)。

由此可见,早期适应不良图式与负性应激源之间的交互作用目前还不清晰,但对这一问题的探索不仅可以为针对图式理论及抑郁的认知易感性应激模型人的相关研究提供支持,还会丰富人们对这一问题开展相关实证研究的成果。

七、已有研究的不足

综上所述,早期适应不良图式是能够集中体现个体内在核心信念,且与留守经历密切相关的个体内部特征变量。在图式理论发展的过程中,研究者对早期适应不良图式的概念、结构、测量及相关影响因素作了系统的阐述,并据此开展了丰富的实证研究,但已有研究仍存在以下几点不足。

第一,缺少对早年与父母长期分离这一处境不利条件对个体早期适应不良图式形成的影响的考察。早期适应不良图式是图式治疗理论的核心概念,这一概念源于国外对人格障碍等精神障碍类疾病的治疗,但由于国外较少存在整个社会大背景下大量人员流动的现象,因此国外学界对早年与父母长期分离这一成长中的不利环境条件对个体早期适应不良图式的影响缺乏相关研究。另外,由于图式治疗理论近年来才被引入国内,所以国内目前还缺少相关研究来探讨留守这一特殊的成长经历对早期适应不良图式形成的影响。因此,本书选取了早期适应不良图式这一能综合反映个体内在特征,且与留守这一早期处境不利条件密切相关的变量作为研究的核心变量,探讨留守经历大学生早期适应不良图式的具体特点及其与留守相关的远近端环境因素对个体心理健康产生影响的作用机制。

第二,早期适应不良图式的测量工具"Young图式问卷第三版(YSQ-

S3)",缺少在中国文化背景下的心理测量学指标的应用检验。虽然用于测量早期适应不良图式的"Young 图式问卷短版(YSQ-SF)"的心理测量学特征已在中国文化背景下的多个样本群体中得到了检验,但由于该问卷存在只包含 18 个 EMSs 中的 15 个,采用主题聚集式排列方式编排问卷项目,易产生响应偏差的缺点,因此 Young 等在 YSQ-SF 的基础上编制了包含 18 个 EMSs 且采用随机排列方式编排问卷项目的 YSQ-S3。目前,研究人员已在 10 种语言环境下对 YSQ-S3 的心理测量学特征进行了检验,但还缺少在中国文化背景下对其心理测量学特征进行检验。因此,本研究将对 YSQ-S3 在中国大学生群体中的信度及一阶因子结构和二阶因子结构进行检验。

第三,目前国内关于图式治疗的理论及实证研究还处于起步阶段,缺少基于图式治疗理论对留守经历大学生早期适应不良图式及心理症状进行团体干预的研究。国外基于图式治疗理论而开发的针对人格障碍患者的团体心理辅导方案已被证实具有良好的干预效果;且相较于个体干预,团体干预治疗具有经济高效、脱落率低等优势。因此,本研究将探究基于图式治疗理论而开发的针对留守经历大学生人际关系敏感及与此关系密切的早期适应不良图式的团体干预方案,并对干预的短时效果和长时效果进行评估。

第二章
YSQ-S3 在中国大学生样本中的信效度检验

第一节 YSQ-S3 在中国大学生样本中的信效度检验的研究思路

一、问题的提出

为了在图式治疗中对患者的早期适应不良图式进行评估,Young 及其同事开发了 Young 图式问卷(YSQ)。YSQ 分为长版(YSQ-LF)和短版(YSQ-SF)两种。多项研究已证实,YSQ-SF 与 YSQ-LF 具有相似的区分效度,两者的内部一致性信度 α 系数无显著的差异(Waller,Meyer & Ohanian,2001)。而短版在临床和非临床研究环境中使用起来更方便,解决了长版问卷不适用于非临床样本研究的问题(Young et al.,2003)。

虽然 YSQ-SF 在多个研究中被使用,且均达到了较为合理的心理测量学标准,但其只包含 18 种图式中的 15 种,缺少了寻求称赞/认可、消极/悲观及惩罚 3 个图式。而已有研究发现,这 3 个图式与个体的情绪问题及人格障碍密切相关(Calvete,Orue & Hankin,2013;Bach et al.,2017)。另外,YSQ-SF 在问卷项目编排上采用了主题聚集式的排列方式,易造成响应偏差,受到人们的质疑。为了解决这些问题,Young 在 2006 年对 YSQ-SF 进行了修订,形成了 YSQ 的第三版,即 YSQ-S3。这一版本包含 90 个条目,包括了 18 个早期适应不良图式,每个图式包含 5 个条目,采用随机的方式进行排列,有效地防止了响应偏差的产生。截至目前,YSQ-S3 的心理测量学特性已在 10 种不同的语言背景下接受了检验。18 个因子的问卷结构总体上在多种语言背景下的临床和非临床人口的研究中,其内部一致性和一阶因子结构均得到了验证。已有研究还得出 YSQ-S3 对群体差异具有良好的鉴别效度(临床症状较严重的被试在 YSQ-S3 上的得分显著高于临床症状较轻的被试的得分),18 个早期适应不良图式与心理病理学症状在概念上具有趋同性的结论。虽然以上研究在 YSQ-S3 18 个因子的一阶结构研究方面得出了较为统一的结论,但其对 YSQ-S3 二阶因子结构的分析与 Young 最初的理论设想不一致。已有研究表明,YSQ-S3 二阶因子结构在不同的语言背景下存在差异,因此,根据已有研究结果,Young 在 2014 年对问卷的二阶因子结构作了调整。然而目前还少有研究对这一调整后的五因素二阶因子结构进行验证,也没有研究对 YSQ-S3 在中国文化背景下的心理测量学指标进行检验。那么 YSQ-S3 中文版在中国大学生样本中是否具有良好的信度?其一阶因子和二阶因子是否具有良好的结构效度?YSQ-S3 中文版可否作为有效的测量工具在后续的研究中被使用?对这些问题进行探讨对图式治疗理论在中国的推广和运用具有重要的意义。

二、研究目的

本研究的目的是考察 YSQ-S3 中文版在中国大学生样本中的心理测量学指标及其一阶因子结构和二阶因子结构。

三、研究假设

假设 1:YSQ-S3 中文版在中国大学生样本中具有良好的内部一致性信度及重测信度。

假设 2:18 个图式的一阶因子结构及 Young 在 2014 年提出的五大图式类别的二阶因子结构具有良好的结构效度。

第二节　YSQ-S3 在中国大学生样本中的信效度检验的研究方法

一、研究对象

本研究选取了位于中部(安徽省)、西部(陕西省)和北部(吉林省)3 个省份的 4 所不同层次的高校(一本院校 1 所,二本院校 2 所,独立学院 1 所)的大学生为研究对象,共发放问卷 607 份,收回有效问卷 507 份,其中女生 327 人(约占比 64.5％),男生 180 人(约占比 35.5％),研究对象的平均年龄为(19.65±1.56)岁。

二、研究工具

(一) Young 图式问卷第三版

Young 图式问卷第三版为自陈式问卷,共有 90 个条目,包含 18 个维度,每个维度包含 5 个条目,用来评估 1 种早期适应不良图式,可总体评估 18 种早期适应不良图式。该问卷采用了李克特六点计分法(1 代表"完全不符合"到 6 代表"完全符合"),得分越高表示适应不良图式越明显。

(二) 90 项症状自评量表(SCL-90)

该量表由王征宇(1984)修订,共有 90 个条目,包含 10 个维度,分别为躯体化、人际关系敏感、抑郁、焦虑、强迫、敌对、恐怖、偏执、精神病性及其他,用于测查被试近一周的心理健康状况。该量表采用五级评分法,1 代表"没有",2 代表"很轻",3 代表"中度",4 代表"偏重",5 代表"严重",得分越高表明临床症状越严重。在本次测量中,该量表的 Cronbach α 系数为 0.98,每个分量表的 Cronbach α 系数为 0.72～0.90。

三、研究程序

为了确保后续研究中核心变量的有效性,本研究拟根据问卷修订的标准程序对YSQ-S3中文版在中国大学生样本中的信度及一阶因子和二阶因子的结构效度进行检验。

研究人员先在图式治疗官网上购买YSQ-S3的使用权,邀请心理学专业翻译能力强、水平高的硕士2名和博士1名将问卷翻译成汉语版问卷,并邀请1名英语翻译专业的博士和研究者一起对以上3人翻译的材料进行比对分析,在最大限度地保持原文意思的前提下,充分考虑直译过程中文化差异导致的对题目的误解,对3份翻译材料的内容进行调整,形成初测问卷。然后随机选取30名大学生填写问卷,并对其中的10人进行逐题访谈。研究人员再根据被测者的反馈对问卷进行了细微的调整,以提高问卷的信度和表面效度。

研究人员以班级为单位,整群抽取全国3个省份4所高校的607名大学生,由班主任或辅导员在班级里分2次对其进行集中测试。第一次收回有效问卷507份,其中男生180人,女生327人,被试的平均年龄为(19.65 ± 1.56)岁。12周后仍以班级为单位,让之前参与测试的大学生完成YSQ-S3和SCL-90。在两次测试中,研究人员让学生编制一个自己可以识别的代码,通过代码对2次数据进行匹配,最后得到有效匹配数据452份,其中男生的149份,女生的303份,被试的平均年龄为(19.63 ± 1.59)岁。

四、数据分析

研究人员采用SPSS 20.0数据分析软件,通过计算YSQ-S3各维度及总体的Cronbach α 系数对其内部一致性信度进行分析;通过计算YSQ-S3在两次测量中各维度得分的Spearman相关性以检验其重测信度;采用Mplus 7.1对YSQ-S3进行验证性因素分析(CFA),以检验其一阶因子结构和二阶因子结构的效度;通过计算YSQ-S3各因子与SCL-90各因子间的Spearman相关来检验其效标关联效度;通过计算YSQ-S3各因子在时间点1上的得分,对时间点2上的SCL-90总分进行多元线性回归分析来检验其预测效度。

第三节　YSQ-S3 在中国大学生样本中的信效度检验的研究结果

由于本研究所有变量的数据均来自大学生的自我报告,因而本研究可能存在共同方法偏差问题,因此研究人员采用 Harman 单因素检验法对第二次收集的数据的各因子间是否存在共同方法偏差问题进行检验。通过对所有变量所涉及的条目进行未旋转的探索性因素分析发现,有 37 个特征根大于 1 的因子。第一个因子解释的变异量为 27.32%,小于 40% 的临界值,因此我们判定本次测量中不存在明显的共同方法偏差效应(熊红星,张璟,叶宝娟,等,2012)。

一、信度分析

为了检验数据分布的正态性,研究人员对两次测量所得的数据的描述性特征进行统计分析,结果如表 2-1 所示。被试在 17 个图式上的得分均低于 15 分(即每个图式得分的均分<3 分,代表图式不明显),仅在苛刻标准/吹毛求疵图式上的得分超过了 15 分。每个图式得分的数据总体呈正偏态分布,但偏态系数均小于 2,峰态系数均小于 8,数据整体分布可被看作近似正态分布。

研究人员运用 SPSS 20.0 数据分析软件,通过计算 YSQ-S3 各因子及总体的 Cronbach α 系数对其内部一致性信度进行分析。结果发现,总量表的 Cronbach α 系数为 0.98,各因子的 Cronbach α 系数为 0.67~0.90,除特权/夸张(0.67)和纠结/未发展的自我(0.68)两个因子外的 16 个因子的 Cronbach α 系数均大于 0.70;计算 YSQ-S3 两次测量数据的 Spearman 相关性,以检验其重测信度。结果显示,各因子的重测信度为 0.46~0.69,总量表的重测信度为 0.75。YSQ-S3 的描述性统计指标值及信度指标值见表 2-1。

表 2-1　YSQ-S3 的描述性统计指标值及信度指标值

图式	第一次得分及分布形态($N_1=507$)						第二次得分($N_2=452$)		重测信度	α系数
	M	SD	Min	Max	SK	KU	M	SD		
情感剥夺	9.77	4.02	5	23	0.86	0.32	10.81	4.00	0.59	0.78
遗弃/不稳定	11.77	4.86	5	30	0.73	0.29	12.79	4.93	0.62	0.79
不信任/虐待	9.17	4.19	5	30	1.26	2.08	9.98	4.35	0.64	0.88
社交孤立/疏离	9.58	4.61	5	30	1.17	1.63	10.70	4.62	0.67	0.90
缺陷/羞耻	8.65	3.69	5	30	1.26	2.30	8.73	3.53	0.61	0.84
失败	11.72	4.84	5	30	0.75	0.43	12.22	4.70	0.69	0.87
依赖/无能力	9.09	3.81	5	30	1.16	1.76	9.83	3.74	0.61	0.85
对伤害或疾病的易感性	8.82	3.88	5	27	1.25	1.76	9.42	3.79	0.60	0.81
纠结/未发展的自我	9.05	3.57	5	22	0.78	0.16	8.90	3.40	0.55	0.68
屈从	9.80	3.79	5	25	0.82	0.49	10.20	3.53	0.63	0.77
自我牺牲	14.75	4.89	5	30	0.31	0.17	17.77	4.95	0.48	0.75
情感抑制	13.23	4.99	5	29	0.43	−0.23	13.38	4.52	0.62	0.79
苛刻标准/吹毛求疵	16.03	5.21	5	30	−0.06	−0.32	17.93	4.23	0.46	0.78
特权/夸张	12.73	4.12	5	25	0.30	−0.10	13.02	4.04	0.54	0.67
自控/自律不足	13.18	4.56	5	30	0.46	0.16	14.04	4.20	0.55	0.77
寻求认可	12.19	4.85	5	30	0.64	0.36	14.81	4.74	0.63	0.83
消极/悲观	12.26	4.77	5	30	0.59	0.30	13.73	4.51	0.66	0.82
惩罚	12.73	4.78	5	30	0.40	−0.10	14.02	3.83	0.55	0.79

二、效度分析

（一）结构效度

1. 一阶因子的结构效度

本研究运用 Mplus 7.1 软件对 18 个维度的一阶因子结构进行验证性因素分析,选用适用于类别数据且对数据分布正态性无严格要求的稳健加权最小二乘法(WLSMV)对拟合参数进行估计(刘红云,2019)。结果显示,$\chi^2 = 7838, df = 3762, \chi^2/df \approx 2.08 < 3.00, RMSEA = 0.046, 90\%$ 的 CI 区间为 $(0.045, 0.048), CFI = 0.93, TLI = 0.93, WRMR = 1.57$。以上指标除 $\chi^2/df > 2.0$ 和 $WRMR > 1.0$ 未达到拟合良好的要求外,其他拟合指标均达到了拟合良好的要求。但由于 $\chi^2/df > 2.0$ 与 $WRMR > 1.0$ 两个指标受样本量的影响较大,且 $\chi^2/df \approx 2.08$ 处在拟合良好的临界值附近,因此验证性因子分析结果表明 18 个维度的一阶因子结构模型整体拟合良好。各条目在相应维度上的因子载荷如表 2-2 所示。

表 2-2 各条目在相应维度上的因子载荷

图式	各条目因子载荷				
	1	2	3	4	5
情感剥夺	0.64	0.76	0.71	0.79	0.76
遗弃/不稳定	0.53	0.76	0.76	0.79	0.76
不信任/虐待	0.68	0.87	0.86	0.85	0.89
社交孤立/疏离	0.74	0.89	0.83	0.90	0.91
缺陷/羞耻	0.68	0.84	0.83	0.85	0.84
失败	0.74	0.87	0.77	0.79	0.88
依赖/无能力	0.78	0.82	0.74	0.84	0.82
对伤害或疾病的易感性	0.76	0.77	0.82	0.75	0.74
纠结/未发展的自我	0.69	0.70	0.62	0.70	0.80
屈从	0.73	0.81	0.61	0.68	0.80
自我牺牲	0.58	0.69	0.83	0.46	0.75
情感抑制	0.62	0.73	0.84	0.65	0.68
苛刻标准/吹毛求疵	0.69	0.67	0.57	0.85	0.70
特权/夸张	0.69	0.64	0.46	0.68	0.63
自控/自律不足	0.66	0.83	0.61	0.54	0.69
寻求认可	0.62	0.76	0.89	0.68	0.79
消极/悲观	0.67	0.76	0.72	0.79	0.79
惩罚	0.67	0.75	0.75	0.79	0.85

由表 2-2 可知,所有条目在相应维度上的因子载荷均为 0.46~0.91,除自我牺牲因子中的第 65 个条目(0.46)和特权/夸张因子中的第 50 个条目(0.46)外,其他条目在相应维度上的因子载荷均大于 0.50。18 个因子的相关系数为 0.16~0.80,均达到了显著的水平($p<0.01$)。

2. 二阶因子的结构效度

研究人员运用 Mplus 7.1 软件对已有研究中提到的三因素、四因素及五因素二阶因子结构模型进行验证性因素分析(各模型结构如表 1-1 所示),得出不同二阶因子结构模型的拟合情况分析结果如表 2-3 所示。由表 2-3 可知,三因素、四因素及两个不同的五因素二阶因子结构模型的总体拟合均较好,但 Young 在 2014 年提出的五因素二阶因子结构模型的各项拟合指标均略优于其他模型。

表 2-3　不同二阶因子结构模型的拟合情况分析结果

二阶因素模型	$\chi^2(df)$	χ^2/df	RMSEA(95% CI 区间)	CFI	TLI
Young(2003)五因素结构	9175(3887)	2.36	0.052(0.050,0.053)	0.91	0.91
Young(2014)五因素结构	8717(3887)	2.24	0.050(0.048,0.051)	0.92	0.92
Sakulsriprasert(2016)等四因素结构	9001(3891)	2.31	0.051(0.050,0.052)	0.91	0.91
Calvete 等(2013)三因素结构	9109(3894)	2.34	0.051(0.050,0.053)	0.91	0.91

YSQ-S3 的五因素二阶因子结构模型及各维度的因子载荷如图 2-1 所示,即第一大图式类别为分离和拒绝(D&R),具体包括情感剥夺(ED)、不信任/虐待(MA)、社交孤立/疏离(SI)、缺陷/羞耻(DS)和情感抑制(EI)五个图式;第二大图式类别为自主性及能力受损(IA&P),具体包括遗弃/不稳定(AI)、失败(FA)、依赖/无能力(DI)、对伤害或疾病的易感性(VH)、纠结/未发展的自我(EU)和屈从(SB)六个图式;第三大图式类别为限制受损(IL),具体包括特权/夸张(EG)和自控/自律不足(IS)两个图式;第四大图式类别为过度标准(ES),具体包括自我牺牲(SS)和苛刻标准/吹毛求疵(US)两个图式;第五大图式类别为未分类(UC),具体包括寻求认可(AS)、消极/悲观(NP)和惩罚(PU)三个图式。由图 2-1 可知,一阶因子各维度对应二阶因子

维度的因子载荷均为 0.80 以上,解释力均较高。

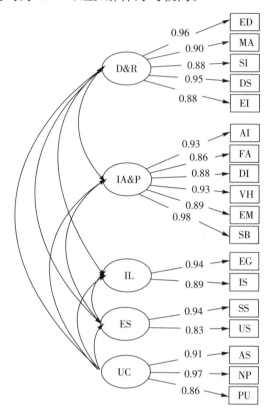

图 2-1 YSQ-S3 的五因素二阶因子结构模型及各维度的因子载荷

（二）效标关联效度

研究人员运用 SPSS 20.0 数据分析软件计算 YSQ-S3 各因子与 SCL-90 各分量表间的 Spearman 相关,以检验其效标关联效度,结果如表 2-4 所示。由表 2-4 可知,YSQ-S3 各因子与 SCL-90 各因子均正相关。除躯体化与苛刻标准/吹毛求疵间相关不显著($r=0.09$)外,其余因子间的相关性均达到显著水平($p<0.01$),相关系数为 0.14~0.58。

表 2-4　YSQ-S3 各因子与 SCL-90 各因子的相关情况（N＝452）

	躯体化	强迫	人际敏感	抑郁	焦虑	敌对	恐怖	偏执	精神病性	其他
情感剥夺	0.29***	0.49***	0.53***	0.51***	0.43***	0.37***	0.38***	0.43***	0.45***	0.34***
遗弃/不稳定	0.24***	0.47***	0.48***	0.44***	0.42***	0.40***	0.39***	0.37***	0.40***	0.30***
不信任/虐待	0.39***	0.45***	0.47***	0.48***	0.48***	0.43***	0.39***	0.53***	0.47***	0.40***
社交孤立/疏离	0.26***	0.46***	0.51***	0.49***	0.45***	0.42***	0.39***	0.47***	0.45***	0.35***
缺陷/羞耻	0.31***	0.47***	0.58***	0.53***	0.50***	0.45***	0.44***	0.50***	0.50***	0.37***
失败	0.25***	0.57***	0.55***	0.54***	0.46***	0.38***	0.44***	0.41***	0.46***	0.38***
依赖/无能力	0.34***	0.53***	0.58***	0.57***	0.55***	0.50***	0.53***	0.49***	0.48***	0.44***
对伤害或疾病的易感性	0.43***	0.50***	0.49***	0.51***	0.53***	0.47***	0.39***	0.51***	0.50***	0.46***
纠结/未发展的自我	0.31***	0.41***	0.43***	0.43***	0.37***	0.41***	0.34***	0.36***	0.38***	0.32***
屈从	0.32***	0.55***	0.57***	0.52***	0.49***	0.44***	0.46***	0.50***	0.51***	0.37***
自我牺牲	0.14**	0.33***	0.28***	0.27***	0.27***	0.19***	0.19***	0.22***	0.26***	0.19***
情感抑制	0.22***	0.49***	0.50***	0.42***	0.41***	0.30***	0.40***	0.37***	0.37***	0.28***
苛刻标准/吹毛求疵	0.09	0.29***	0.23***	0.22***	0.22***	0.14**	0.17***	0.20***	0.20***	0.17***
特权/夸张	0.20***	0.35***	0.36***	0.30***	0.30***	0.27***	0.29***	0.33***	0.30***	0.24***
自控/自律不足	0.16***	0.40***	0.41***	0.33***	0.31***	0.29***	0.30***	0.28***	0.27***	0.25***
寻求认可	0.22***	0.43***	0.47***	0.39***	0.38***	0.34***	0.35***	0.35***	0.35***	0.29***
消极/悲观	0.33***	0.52***	0.46***	0.46***	0.47***	0.39***	0.38***	0.44***	0.44***	0.39***
惩罚	0.23***	0.45***	0.42***	0.41***	0.37***	0.31***	0.30***	0.39***	0.40***	0.32***

注：** $p<0.01$，*** $p<0.001$。

（三）预测效度

为考察 YSQ-S3 对个体心理病理症状的预测作用，本研究将以时间点 1 所测得的 YSQ-S3 中的 18 个因子作为预测变量，将时间点 2 中的 SCL-90 的总分作为被预测变量，并对其作多元回归分析，结果得到：$R^2=0.32$，$\Delta R^2=0.294$，$\Delta F(18,433)=11.42$，$p<0.000$。这表明 YSQ-S3 对 3 个月后个体的

心理病理症状具有较好的预测效度,时间点 2 中 SCL-90 总分变异的 32.2% 可以用时间点 1 中的各早期适应不良图式的得分来解释。

第四节 讨论与反思

一、YSQ-S3 在中国大学生样本中的信度

本书对 YSQ-S3 在中国大学生样本中的信度和效度进行检验的结果显示,YSQ-S3 总体的内部一致性程度较高($\alpha=0.98$),18 个因子中除特权/夸张和纠结/未发展的自我两个因子的 α 系数没有达到 0.70 外,其余 16 个因子的 α 系数均大于 0.70。虽然在崔丽霞等(2011)和张丽霞等(2015)的两项针对中国人群的研究中,这两个因子的 α 系数均达到了 0.70,但在杨微等(2017)针对藏族青少年的研究及其他多项研究(Calvete, OrueI & González, 2013; Sakulsriprasert et al., 2016; Kriston et al., 2013; Seung et al., 2015)中,这两个因子的 α 系数均未达到 0.70。这表明 YSQ-S3 的中文版具有足够的内部一致性,在使用中无须对其进行修改。但对特权/夸张和纠结/未发展的自我两个因子所涉及的条目可作适当的调整,如研究中若删除纠结/未发展的自我这一因子中的第 45 题(我和父母之间很难做到互相隐瞒各自私密的事情而不感到背叛或愧疚),其 α 系数会升高到 0.72。研究发现,YSQ-S3 在 12 周后的重测信度为 0.75,各因子的重测信度为 0.46~0.69。这表明 YSQ-S3 具有较好的测量稳定性,这与已有的研究结论基本一致(杨微,崔春前,徐慰,等,2017; Seung et al., 2015)。

二、YSQ-S3 在中国大学生样本中的效度

(一)YSQ-S3 在中国大学生样本中的结构效度

验证性因素分析结果支持 Young 所提出的 18 个一阶因子的问卷结构,模型整体拟合良好,这与前文述及的加拿大与法国样本、丹麦样本、韩国样

本、德国样本、西班牙样本、芬兰样本及泰国样本的研究结果一致。从因子载荷上看,除第50题(属于特权/夸张因子)和第65题(属于自我牺牲因子)的因子载荷为0.46外,其他条目的因子载荷均大于0.50。这说明每个条目在相应因子维度上的解释力均较高,这与已有的研究结果基本一致(Seung et al.,2015;Kriston et al.,2013)。

对YSQ-S3二阶因子结构模型的进一步分析发现,在中国大学生样本中,三因素、四因素及Young等于2003年和2014年分别提出的五因素二阶因子模型总体拟合均在可接受的范围内,这与Hawke和Provencher(2012)、Calvete、Orue和González(2013)及Sakulsriprasert等(2016)的研究结果不一致。这说明不同语言背景下的二阶因子模型的结构是不稳定的,我们需要在以后的研究中采用更多性质不同的样本及不同的分析方法去进一步探索和验证YSQ-S3的二阶因子结构。在以上几个模型中,Young等(2014)最后提出的五因素二阶因子结构模型的各项拟合指标均优于其他几个模型的,这进一步证实了Young等对YSQ-S3二阶因子结构模型的调整具有一定的合理性,因此本书拟采用这一五因素二阶因子结构模型。

(二) YSQ-S3在中国大学生样本中的效标关联效度和预测效度

本研究通过计算YSQ-S3中的18个因子与SCL-90量表中各维度的相关性来检验其效标关联效度。研究结果显示,除自我牺牲和苛刻标准/吹毛求疵与以上SCL-90量表中的个别维度相关不显著外,其余因子与SCL-90中的各维度均显著正相关,这与已有的研究结论一致(张丽霞,冀成君,范宏振,等,2015;Seung et al.,2015),也进一步验证了YSQ-S3具有良好的效标关联效度。

研究人员进行进一步的回归分析发现,YSQ-S3各因子的得分可以被用来解释三个月后个体的心理病理症状得分32.2%的变异情况。这说明YSQ-S3可作为一个有效的测量工具用来预测个体后续的心理病理症状水平,也即验证了YSQ-S3对中国大学生样本的心理病理症状具有较好的预测效度,同时也验证了Young图式理论所提出的假设,即早期适应不良图式是影响各种心理问题形成和发展的易感因素,是导致个体出现近期和远期不同程度的情绪障碍的主要影响因素(Young,1990)。

第三章
留守经历大学生心理健康发展的状况

第一节 留守经历大学生心理健康发展状况的研究思路

一、问题的提出

已有关于留守经历大学生心理健康发展状况的研究,由于存在研究者的研究视角、所采用的研究方法和手段、选用的测量工具、对"留守经历大学生"群体的界定标准及取样范围等不同的原因,所以其研究结果缺乏一致性。但多数研究表明,留守经历大学生的心理健康总体状况差于非留守经历大学生,且以上研究结果在不同的人口统计学特征及不同留守状态特征的留守经历大学生中的表现不同。已有研究表明,在影响留守经历大学生心理健康发展的两个主要外部因素——亲子关系及日常负性生活事件上,留守经历大学生的依恋焦虑和依恋回避水平显著高于非留守经历大学生,其不安全依恋类型占比更高(王玉花,2008;李晓敏,高文斌,罗静,等,2010;何冬丽,2013;李翠,2018;郭茂林,孙璐,王彩云,2018),且留守经历大学生报告的其在儿童期所遭遇的创伤经历也显著多于非留守经历大学生(潘贵霞,李兵,王静,等,2019;秦红霞,许燕,杨颖,等,2019;依赛男,张珊珊,2018)。但已有研究很少对留守经历大学生的心理健康状况及影响其心理健康发展诸多的内外部因素,以及各因素间的关联性进行考察,特别是对能综合反映其内在特征因素且与留守经历密切相关的个体内在特征因素——早期适应不良图式缺乏全面的考察。Young等的图式治疗理论认为,个体未被满足的情感需要,特别是与重要他人间形成亲密的、安全的依恋关系的需要未被满足,以及源于核心家庭的虐待和被忽视的有害经历是个体早期适应不良图式形成的主要危险因素(Young et al.,2003),这些危险因素正是留守儿童在成长过程中易遭遇的外部环境因素。但由于早期适应不良图式是国外在治疗人格障碍等精神障碍类疾病的过程中所形成的图式治疗理论中的核心概念,国外也较少存在整个社会大背景下大量人员流动的现象,因此学界对早年与父母长期分离这一成长中的不利环境对个体早期适应不良图式的影响缺乏相关研究。另外,由于图式治疗理论近年来才被引入国内,国内目前还没有相关研究关注有留守这一特殊成长经历的个体会形成哪些典型的早期适应不良图式,因而这方面的研究成果少,如在早年与父母长期分离这样不利的环境下成长的留守经历大学生是否会形成某些典型的早期适应不良图式,不同群体的留守经历大学生在早期适应不良图式上的表现是否存在差异等问题有待学者作进一步的研究。

以上多数研究将留守经历大学生作为一个同质性群体来描述他们的心理健康状况,这样的研究视角和分析方法虽然能在总体上帮助研究人员描述留守经历大学生这一群体的心理健康发展状况,但这样的研究忽略了群体内部心理健康发展水平的个体差异和可能存在的异质性亚群体。已有关于留守儿童的研究表明,留守儿童内部存在心理健康发展状况不同的亚群体,这些亚群体会在后续的心理健康发展上存在显著的差异(申继亮,2008)。据此,本书试图在全国不同区域的各级各类高校中取样以增强取样的代表性,并在此基础上探究留守经历大学生心理健康的总体状况和具体表现特点,探究影响其心理健康发展的远近端环境因素、个体内在特征因素的表现特点,以及在早期适应不良图式这一稳定存在的内部个体特征因素方面是否存在异质性亚群体,不同异质性亚群体在心理健康发展状况及与此密切相关的外部因素上是否存在差异等问题。

二、研究目的

本书考察了留守经历大学生心理健康的总体状况及其与非留守经历大学生之间的差异,不同群体特征的留守经历大学生心理健康的具体表现特点。考察与留守经历大学生心理健康状况密切相关的近端环境因素(儿童期创伤、亲子依恋及负性生活事件)及个体内在特征因素——早期适应不良图式的总体水平及其与非留守经历大学生之间的差异,不同群体特征留守经历大学生在早期适应不良图式上的具体表现特点。考察在稳定存在的个体内在特征因素——早期适应不良图式方面,留守经历大学生内部是否存在异质性亚群体,不同异质性亚群体在心理健康状况及近端环境因素上的表现特点。

三、研究假设

假设1:留守经历大学生的心理健康状况及亲子依恋水平显著低于非留守经历大学生,而早期适应不良图式、儿童期创伤水平及负性生活事件的总体水平显著高于非留守经历大学生。

假设2:不同群体、不同留守状态下的留守经历大学生在心理健康状况、早期适应不良图式上均存在显著的差异。

假设3:留守经历大学生在早期适应不良图式的表现上存在异质性亚群体,不同亚群体间在早期适应不良图式及心理健康、亲子依恋、儿童期创伤及负性生活事件水平上均存在显著的差异。

四、研究方法

(一)研究对象

本书选取了全国9个省、自治区和直辖市(安徽省、江西省、江苏省、山东省、陕西省、四川省、吉林省、新疆维吾尔自治区和重庆市)的11所高等院校(其中211院校2所,普通本科院校7所,独立学院2所)中的28个班级共1560名在校大学生作为研究对象,以班级为单位进行集体施测,最终收回有效问卷1423份,有效回收率约为91.21%。被试年龄为16～24岁,平均年龄为19.52岁,标准差为1.39岁,其中留守经历大学生547人,非留守经历大学生876人。所有被试的人口学统计学信息如表3-1所示。

表3-1 被试的人口学统计学信息($N_{总}=1423$)

		人数	比例(%)	留守($n=547$)		非留守($n=876$)	
				人数	比例(%)	人数	比例(%)
性别	男	511	35.91	213	38.94	298	34.02
	女	912	64.09	334	61.06	578	65.98
年级	大一	613	43.08	171	31.26	442	50.46
	大二	440	30.92	180	32.91	260	29.68
	大三	323	22.70	170	31.08	153	17.47
	大四	47	3.30	26	4.75	21	2.40
专业	文史	541	38.02	204	37.29	337	38.47
	理工	525	36.89	202	36.93	323	36.87
	其他	357	25.09	141	25.78	216	24.66
来源地	大中城市	144	10.12	91	16.64	394	44.98
	小城镇	620	43.57	99	18.10	180	20.55
	农村	659	46.31	357	65.27	302	34.47
是否独生	是	478	33.59	111	20.29	367	41.89
	否	945	66.41	436	79.71	509	58.11
家庭结构	不完整	156	10.96	65	11.88	91	10.39
	完整	1267	89.04	482	88.12	785	89.61

(二)研究工具

1. 基本信息问卷

基本信息问卷包括人口统计学变量(性别、年龄、年级、专业、来源地、家庭结构、是否独生、是否留守)和留守状态变量(留守起始年龄、留守阶段、留守类型、看护类型、与外出父母的联系频率、联系时长及见面间隔时长)。

2. 90 项症状自评量表(SCL-90)

本次测量中总量表的 Cronbach α 系数为 0.98,各分量表的 Cronbach α 系数为 0.69~0.89。

3. Young 图式问卷第三版中文版(YSQ-S3)

本书采用前述所论及的 Young 图式问卷第三版中文版来开展相关研究。问卷共有 90 个条目,评估 18 种早期适应不良图式(每种图式包含 5 个条目),采用李克特六级评分法进行评分,1 代表"完全不符合",2 代表"大部分不符合",3 代表"有一点符合",4 代表"中度符合",5 代表"大部分符合",6 代表"完全符合",每个图式的得分为 5~30 分。18 个早期适应不良图式分属五大图式类别(具体详见表 1-1 和图 2-1),每个图式类别的得分均分为该类别里所有图式的得分之和再除以该类别所包含的图式数量,得分越高表明图式越明显。本次测量中,全问卷的 Cronbach α 系数为 0.96,18 个分量表的 Cronbach α 系数为 0.60~0.82。

4. 儿童期创伤问卷(CTQ-SF)

本书采用了由美国临床心理学家 Bernstein 等编制、国内学者赵幸福修订的儿童期创伤问卷(childhood trauma questionnaire,CTQ-SF),以评估个体在 16 岁之前的创伤经历。问卷由情感虐待(emotional abuse)、情感忽视(emotional neglect)、躯体虐待(physical abuse)、躯体忽视(physical neglect)、性虐待(sexual abuse)5 个维度组成,共有 28 个条目(包括 25 个临床条目和 3 个效度条目,每个维度包含 5 个条目),每个条目根据创伤经历发生的频度采用五级计分法进行评分(1=从来没有,2=偶尔,3=有时,4=经常,5=总是)(其中第 2、5、7、13、19、26、28 题为反向计分题)。各维度得分及总得分越高,表示个体遭受的创伤越严重。参照已有研究,本书将每一维度均分大于 2 分作为划分有无创伤经历的标准,将在 5 个维度中任一维度上有创伤经历的个体归入有创伤组。在本次测量中,该问卷的 Cronbach α 系数为 0.85,各维度的 Cronbach α 系数为 0.60~0.86。

5. 父母与同伴依恋问卷简版(IPPA 简版)

本书采用了 Armsden 和 Greenberg 编制的父母与同伴依恋问卷

(inventory of parent and peer attachment,IPPA)简版施测,全量表共有25个条目,包括信任、沟通和疏离3个维度,用于评定青少年与父亲、母亲及同伴的依恋关系。王树青和宋尚桂(2012)对IPPA进行了修订和简化,修订后的简版问卷包括10个条目,其中信任和沟通维度各包括3个条目,疏离维度包括4个条目。本书只对青少年与父母间的依恋关系进行考察,所有条目采用五级评分法进行评分(1=非常不符合,2=比较不符合,3=有时符合有时不符合,4=比较符合,5=非常符合)。其中信任和沟通维度得分越高,表示亲子之间的信任和沟通水平越高;疏离维度得分越高,表示亲子之间的疏离水平越高。在本次测量中,该问卷的 Cronbach α 系数为 0.76,每个维度的 Cronbach α 系数为 0.76~0.82。

6. 青少年生活事件量表(ASLEC)

青少年生活事件量表(adolescent self-rating life events check list,ASLEC)由刘贤臣等(1997)编制,主要用来测查被试在过去的一段时间里所遭受的负性事件及其对个体产生影响的程度。由于该量表编制的时间较早,且编制时的取样范围较小,因此辛秀红和姚树桥(2015)对其问卷结构和常模参数进行了修订,新量表各条目的拟合指标均优于1997年版的量表。修订后的 ASLEC 量表共有 26 个条目,涉及 5 个因子,分别是人际关系、学习压力、受惩罚、丧失、适应。所有条目采用五级评分法进行评分(1=无影响,2=轻度,3=中度,4=重度,5=极重度),得分越高表示个体所遇到的负性生活事件对其影响越大。在本次测量中,总量表的 Cronbach α 系数为 0.93,各分量表的 Cronbach α 系数分别为 0.66~0.89,仅适应维度的 Cronbach α 系数为0.66,小于 0.70。

(三)施测程序

本书采用分层整群抽样的方法,在全国 9 个省、自治区和直辖市中抽取 11 所高等学校,再随机在每所学校中抽取 2~3 个班级,并考虑文理科平衡,共抽取 28 个班级的 1560 名在校大学生作为施测对象。由班主任或辅导员担任主试,借助于问卷星平台,以班级为单位采用手机扫码的方式开展集体施测,被试当场提交问卷。施测前,研究人员应明确告知主试老师测试的流程及注意事项,确保其清楚测评的目的、内容、要求和如何应对突发事件等。

(四) 数据分析

本书采用 SPSS 20.0、Mplus 7.1 统计分析软件对数据进行分析、处理,采用描述性统计法对留守经历和非留守经历大学生在各测量指标上的总体水平数据进行统计,并采用独立样本 t 检验对留守经历与非留守经历大学生各测量指标的总分及因子得分的差异进行检验;采用独立样本 t 检验和单因素方差分析 F 检验对不同群体留守经历大学生心理健康水平及早期适应不良图式的差异进行检验;采用潜在剖面分析方法分析留守经历大学生在早期适应不良图式上是否存在异质性亚群体;采用单因素方差分析 F 检验法对不同异质性亚群体留守经历大学生的心理健康水平进行差异检验。

第二节 留守经历大学生心理健康发展状况的研究结果

一、留守经历与非留守经历大学生心理健康状况及差异比较

(一)留守经历与非留守经历大学生心理健康的总体水平及差异比较

为了考察留守经历与非留守经历大学生心理健康的状况,本书对这两个群体在 SCL-90 量表中的 10 个维度上的得分及总分进行描述性统计分析,并对这两个群体在各维度及总分上的差异进行独立样本 t 检验,结果如表 3-2 所示。

由表 3-2 可知,留守经历与非留守经历大学生在每个心理症状维度上的均分都小于 2 分,说明留守经历和非留守经历大学生心理健康状况总体良好。除敌对维度外,两组大学生在其余 9 个心理症状维度和心理症状总水平上均存在显著的差异,且留守经历大学生的得分均显著高于非留守经历大学

生,特别是在强迫($t=3.25,p<0.001$)、人际关系敏感($t=3.24,p<0.001$)、抑郁($t=3.55,p<0.001$)和精神病性($t=3.46,p<0.001$)4个维度上,两组大学生的得分存在极显著的差异。这说明留守经历大学生虽然心理健康总体水平较高,但对比而言,其心理健康总体水平低于非留守经历大学生。

表3-2 留守经历与非留守经历大学生心理健康的总体水平及差异比较

	留守($n=547$)			非留守($n=876$)			t值	Cohen's d	χ^2
	M	SD	症状检出率(%)	M	SD	症状检出率(%)			
躯体化	1.35	0.44	8.23	1.29	0.39	5.37	2.65**	0.14	4.56*
强迫	1.93	0.64	36.56	1.82	0.58	30.71	3.25***	0.18	5.23*
人际关系敏感	1.61	0.56	21.57	1.51	0.52	15.07	3.24***	0.19	9.84**
抑郁	1.57	0.55	18.10	1.46	0.51	11.87	3.55***	0.21	10.67***
焦虑	1.41	0.47	9.87	1.35	0.41	6.39	2.64**	0.14	5.72*
敌对	1.41	0.48	10.60	1.36	0.47	7.88	1.68	0.11	3.08
恐怖	1.36	0.49	9.14	1.29	0.48	7.88	2.68**	0.15	2.48
偏执	1.39	0.49	10.24	1.33	0.44	7.03	2.08*	0.13	4.78*
精神病性	1.41	0.47	10.42	1.33	0.40	5.48	3.46***	0.18	12.03***
其他	1.45	0.48	10.60	1.38	0.42	6.74	2.89**	0.16	6.68*
心理症状总水平	1.48	0.43	13.35	1.40	0.39	6.96	3.43***	0.20	16.08***

注:* $p<0.05$,** $p<0.01$,*** $p<0.001$。

本书将每个维度上的均分≥2分定义为有心理症状,对留守经历和非留守经历大学生在各维度上的心理症状检出率进行 χ^2 检验。结果发现,除敌对和恐怖2个维度外,留守经历大学生在其余8个维度上的心理症状检出率和心理症状总检出率均显著高于非留守经历大学生,特别是人际关系敏感($\chi^2=9.84,p<0.01$)、抑郁($\chi^2=10.67,p<0.001$)、精神病性($\chi^2=12.03,p<0.001$)及心理症状总水平($\chi^2=16.08,p<0.001$)的症状检出率极显著地高于非留守经历大学生。这说明留守经历大学生出现心理症状的可能性更大,特别是出现抑郁和精神病性症状及人际关系敏感的比例更高。

(二)不同人口统计学群体留守经历大学生心理健康的表现特点及差异比较

为了考察不同群体留守经历大学生心理健康的总体水平及差异,本书分别对不同性别、不同来源地、不同家庭结构及是否独生的留守经历大学生在心理健康各维度上的得分进行描述性统计,并对不同群体间的差异进行独立样本 t 检验和单因素方差分析 F 检验,结果如表3-3所示。

由表3-3可知,除了在恐怖因子的得分上,不同性别及是否独生的留守经历大学生之间存在显著的差异外,不同来源地、不同家庭结构的留守经历大学生在心理健康状况的各个因子及总体水平上均不存在显著的差异。在恐怖因子上,女大学生的得分显著高于男大学生,非独生大学生的得分显著高于独生大学生。

第三章 留守经历大学生心理健康发展的状况

表 3-3 不同人口统计学群体留守经历大学生心理健康的总体水平及差异检验

		躯体化 M±SD	强迫 M±SD	人际关系敏感 M±SD	抑郁 M±SD	焦虑 M±SD	敌对 M±SD	恐怖 M±SD	偏执 M±SD	精神病性 M±SD	其他 M±SD	心理症状总水平 M±SD
性别	男	1.35±0.45	1.89±0.65	1.60±0.55	1.54±0.54	1.38±0.43	1.41±0.48	1.30±0.47	1.40±0.49	1.42±0.49	1.48±0.49	1.47±0.42
	女	1.34±0.43	1.95±0.64	1.61±0.56	1.58±0.56	1.43±0.49	1.41±0.48	1.39±0.50	1.38±0.49	1.41±0.46	1.44±0.47	1.48±0.44
	t值	0.29	−1.06	−0.12	−0.72	−1.38	−0.01	−2.05*	0.58	0.13	0.93	−0.48
来源地	大中城市	1.33±0.46	1.88±0.61	1.56±0.55	1.57±0.57	1.41±0.52	1.45±0.54	1.31±0.45	1.43±0.53	1.41±0.49	1.41±0.46	1.46±0.44
	小城镇	1.41±0.48	1.95±0.67	1.63±0.54	1.62±0.56	1.45±0.48	1.40±0.48	1.42±0.55	1.39±0.51	1.42±0.49	1.46±0.52	1.51±0.44
	农村	1.33±0.42	1.94±0.65	1.61±0.56	1.55±0.55	1.40±0.45	1.40±0.46	1.35±0.48	1.37±0.47	1.41±0.46	1.47±0.48	1.47±0.42
	F值	1.17	0.33	0.33	0.55	0.33	0.34	1.42	0.15	0.01	0.57	0.28
是否独生	是	1.33±0.45	1.85±0.61	1.57±0.52	1.52±0.50	1.34±0.41	1.37±0.41	1.27±0.37	1.36±0.44	1.36±0.40	1.41±0.41	1.43±0.37
	否	1.35±0.44	1.95±0.65	1.62±0.56	1.58±0.57	1.43±0.48	1.42±0.49	1.42±0.49	1.39±0.50	1.43±0.48	1.47±0.50	1.49±0.44
	t值	−0.52	−1.40	−0.82	−0.92	−1.84	−0.99	−2.47*	−0.72	−1.30	−0.99	−1.33
家庭结构	不完整	1.33±0.43	1.96±0.61	1.61±0.57	1.56±0.59	1.46±0.50	1.40±0.43	1.33±0.49	1.39±0.49	1.44±0.49	1.46±0.46	1.48±0.42
	完整	1.35±0.44	1.92±0.65	1.61±0.55	1.57±0.55	1.41±0.46	1.41±0.48	1.36±0.49	1.38±0.49	1.41±0.47	1.45±0.48	1.48±0.43
	t值	−0.40	0.42	0.04	−0.44	0.82	−0.19	−0.51	0.12	0.55	0.16	0.14

注：* $p<0.05$，** $p<0.01$，*** $p<0.001$。

(三)不同留守状态群体留守经历大学生心理健康的表现特点及差异比较

本书在参考已有研究成果的基础上,选取了留守阶段、留守时长、留守类型、照看类型、联系频率、联系时长、见面间隔时长7个留守状态变量。不同留守状态下的留守经历大学生的人数分布情况如表3-4所示,其中留守时长最短为1年,最长为16年,平均留守时长为(6.56±4.21)年。

表3-4 不同留守状态下的留守经历大学生的人数分布情况($N=547$人,$n_{男}=213$人,$n_{女}=334$人)

留守状态	类型	人数(人)	比例(%)
留守阶段 (缺失1人)	3岁以前	116	21.20
	3~5岁	128	23.40
	6~10岁	202	36.93
	11~16岁	100	18.28
留守时长 (缺失15人)	1~3年	151	27.61
	4~6年	113	20.66
	7~10年	162	29.62
	10年以上	106	19.38
留守类型 (缺失3人)	主要是父亲外出	108	19.74
	主要是母亲外出	17	3.11
	父母均外出	419	76.60
照看类型 (缺失4人)	留在家乡的父母一方	103	18.83
	祖辈	369	67.46
	亲戚	50	9.14
	独自生活	21	3.84
联系频率 (缺失4人)	每周至少一次	195	35.65
	每两周一次	92	16.82
	每月一次	92	16.82
	一个月及以上一次	164	29.98

续表

留守状态	类型	人数(人)	比例(%)
联系时长 (缺失4人)	5分钟以内	117	21.39
	5~10分钟	175	31.99
	10~20分钟	121	22.12
	20分钟以上	130	23.77
见面间隔时长 (缺失5人)	6个月(半年)	327	59.78
	1年	166	30.35
	1年以上	49	8.96

为了考察不同留守状态下的留守经历大学生心理健康的总体水平及其差异,本书分别对留守阶段、留守时长、留守类型、照看类型、联系频率、联系时长及见面间隔时长不同的留守经历大学生在心理健康各维度上的得分进行描述性统计,并对不同留守状态下的得分差异进行单因素方差分析 F 检验,结果如表3-5所示。

表 3-5 不同留守状态下的留守经历大学生心理健康的总体水平及差异检验

		躯体化 M±SD	强迫 M±SD	人际关系敏感 M±SD	抑郁 M±SD	焦虑 M±SD	敌对 M±SD	恐怖 M±SD	偏执 M±SD	精神病性 M±SD	其他 M±SD	心理症状总水平 M±SD
留守阶段	3岁以前	1.35±0.42	1.96±0.68	1.61±0.60	1.55±0.59	1.44±0.50	1.39±0.50	1.34±0.47	1.4±20.54	1.42±0.47	1.47±0.49	1.48±0.45
	3~5岁	1.40±0.53	1.90±0.64	1.60±0.58	1.57±0.59	1.44±0.55	1.40±0.46	1.39±0.56	1.36±0.51	1.42±0.53	1.45±0.50	1.49±0.47
	6~10岁	1.33±0.42	1.94±0.64	1.63±0.54	1.59±0.54	1.39±0.42	1.42±0.50	1.34±0.45	1.41±0.49	1.43±0.45	1.46±0.48	1.48±0.42
	11~16岁	1.31±0.36	1.92±0.62	1.56±0.51	1.53±0.51	1.38±0.39	1.40±0.44	1.36±0.49	1.33±0.40	1.39±0.42	1.45±0.45	1.45±0.38
	F值	0.92	0.20	0.43	0.35	0.62	0.12	0.37	0.78	0.13	0.04	0.17
留守时长	1~3年	1.31±0.45	1.85±0.56	1.54±0.51	1.51±0.48	1.39±0.46	1.37±0.44	1.31±0.46	1.33±0.45	1.36±0.44	1.40±0.39	1.43±0.39
	4~6年	1.33±0.37	1.94±0.65	1.61±0.56	1.59±0.57	1.40±0.46	1.42±0.45	1.41±0.56	1.35±0.42	1.38±0.43	1.43±0.48	1.48±0.42
	7~10年	1.35±0.44	1.98±0.68	1.66±0.58	1.61±0.56	1.44±0.48	1.43±0.52	1.38±0.48	1.44±0.52	1.47±0.49	1.50±0.54	1.52±0.46
	10年以上	1.3±90.49	1.95±0.67	1.62±0.58	1.57±0.61	1.43±0.48	1.43±0.48	1.34±0.46	1.42±0.55	1.45±0.52	1.49±0.49	1.50±0.46
	F值	0.72	1.36	1.21	0.99	0.41	0.54	1.18	1.85	1.77	1.30	1.20
留守类型	主要是父亲外出	1.40±0.47	2.01±0.70	1.68±0.61	1.62±0.58	1.48±0.51	1.41±0.48	1.42±0.52	1.49±0.57	1.50±0.53	1.53±0.54	1.54±0.47
	主要是母亲外出	1.18±0.16	1.72±0.59	1.54±0.61	1.57±0.51	1.38±0.42	1.41±0.52	1.24±0.36	1.33±0.39	1.31±0.42	1.40±0.48	1.40±0.38
	父母均外出	1.34±0.44	1.92±0.63	1.59±0.54	1.55±0.54	1.40±0.46	1.41±0.48	1.34±0.48	1.36±0.47	1.40±0.45	1.44±0.46	1.47±0.42
	F值	2.08	1.72	1.26	0.71	1.25	0.00	1.55	3.33*	2.47	1.57	1.73

续表

		躯体化 M±SD	强迫 M±SD	人际关系敏感 M±SD	抑郁 M±SD	焦虑 M±SD	敌对 M±SD	恐怖 M±SD	偏执 M±SD	精神病性 M±SD	其他 M±SD	心理症状总水平 M±SD
照看类型	留在家乡的父母一方	1.40±0.46	1.97±0.68	1.67±0.61	1.62±0.58	1.44±0.47	1.39±0.46	1.40±0.51	1.45±0.55	1.4±0.52	1.55±0.56	1.52±0.45
	祖辈	1.33±0.44	1.93±0.65	1.60±0.55	1.56±0.56	1.42±0.48	1.41±0.49	1.36±0.49	1.38±0.48	1.41±0.47	1.44±0.47	1.48±0.43
	亲戚	1.28±0.38	1.81±0.60	1.52±0.49	1.52±0.49	1.31±0.38	1.35±0.38	1.28±0.45	1.30±0.40	1.35±0.43	1.35±0.35	1.40±0.37
	独自生活	1.44±0.46	1.98±0.34	1.56±0.49	1.52±0.45	1.42±0.40	1.53±0.53	1.39±0.43	1.40±0.52	1.43±0.33	1.55±0.48	1.51±0.36
	F值	1.31	0.79	0.83	0.51	0.96	0.79	0.62	0.99	0.53	2.3	0.97
联系频率	每周至少一次	1.32±0.42	1.85±0.62	1.53±0.50	1.48±0.50	1.36±0.40	1.38±0.44	1.33±0.45	1.34±0.43	1.35±0.39	1.38±0.44	1.42±0.39
	每两周一次	1.30±0.45	1.87±0.63	1.61±0.55	1.53±0.53	1.38±0.45	1.38±0.48	1.36±0.52	1.35±0.49	1.38±0.43	1.46±0.49	1.45±0.44
	每月一次	1.38±0.47	2.03±0.67	1.68±0.64	1.68±0.63	1.48±0.54	1.53±0.57	1.39±0.56	1.50±0.54	1.52±0.59	1.55±0.51	1.56±0.50
	一个月以上一次	1.39±0.44	2.00±0.65	1.65±0.56	1.62±0.56	1.46±0.50	1.39±0.45	1.37±0.48	1.41±0.52	1.46±0.47	1.50±0.50	1.52±0.42
	F值	1.33	2.61*	1.87	3.65*	2.09	2.54	0.46	2.63*	3.77**	3.14*	2.95*
联系时长	5分钟以内	1.43±0.48	1.98±0.67	1.68±0.62	1.6±70.58	1.47±0.54	1.46±0.51	1.41±0.5	1.44±0.51	1.48±0.50	1.54±0.49	1.55±0.45
	5~10分钟	1.28±0.35	1.86±0.62	1.55±0.50	1.47±0.50	1.34±0.38	1.35±0.40	1.32±0.47	1.32±0.43	1.34±0.42	1.36±0.38	1.41±0.37
	10~20分钟	1.36±0.44	2.04±0.68	1.68±0.60	1.65±0.61	1.49±0.50	1.50±0.52	1.38±0.5	1.44±0.51	1.49±0.50	1.50±0.52	1.54±0.46
	20分钟以上	1.35±0.49	1.87±0.61	1.56±0.53	1.52±0.52	1.39±0.47	1.36±0.49	1.35±0.48	1.37±0.51	1.39±0.47	1.47±0.53	1.45±0.44
	F值	2.96*	2.65*	2.41	4.25**	3.04*	3.38*	0.82	2.22	3.34*	3.75**	3.69*

续表

见面间隔时长		躯体化 M±SD	强迫 M±SD	人际关系敏感 M±SD	抑郁 M±SD	焦虑 M±SD	敌对 M±SD	恐怖 M±SD	偏执 M±SD	精神病性 M±SD	其他 M±SD	心理症状总水平 M±SD
	6个月(半年)	1.34±0.44	1.93±0.63	1.59±0.54	1.55±0.52	1.39±0.44	1.41±0.48	1.34±0.45	1.39±0.50	1.40±0.45	1.45±0.46	1.47±0.41
	1年	1.35±0.45	1.92±0.68	1.63±0.58	1.58±0.60	1.43±0.51	1.40±0.48	1.37±0.52	1.38±0.48	1.43±0.51	1.47±0.55	1.49±0.47
	1年以上	1.36±0.40	1.99±0.62	1.65±0.62	1.62±0.62	1.49±0.49	1.44±0.49	1.43±0.58	1.43±0.48	1.47±0.46	1.46±0.38	1.53±0.44
	F值	0.04	0.25	0.46	0.41	1.15	0.14	1.01	0.24	0.57	0.14	0.42

注：* $p<0.05$，** $p<0.01$，*** $p<0.001$。

由表 3-5 可知,不同留守阶段、不同留守时长、不同照看类型及不同见面间隔时长的留守经历大学生在心理健康状况的各个因子得分及总体水平上均不存在显著的差异。不同留守类型的留守经历大学生仅在偏执因子的得分上存在显著的差异($F=3.33,p<0.05$);而不同联系频率的留守经历大学生则在强迫($F=2.61,p<0.05$)、抑郁($F=3.65,p<0.05$)、偏执($F=2.63,p<0.05$)、精神病性($F=3.77,p<0.01$)、其他($F=3.14,p<0.05$)因子得分及心理症状总水平得分($F=2.95,p<0.05$)上均存在显著差异;与外出父母每次联系时长不同的留守经历大学生则在躯体化($F=2.96,p<0.05$)、强迫($F=2.65,p<0.05$)、抑郁($F=4.25,p<0.01$)、焦虑($F=3.04,p<0.05$)、敌对($F=3.38,p<0.05$)精神病性($F=3.34,p<0.05$)、其他($F=3.75,p<0.01$)因子的得分及心理症状总水平得分($F=3.69,p<0.05$)上均存在显著的差异。经过进一步的事后检验发现,在不同留守类型上,父亲外出的留守经历大学生在偏执因子上的得分显著高于父母均外出的留守经历大学生;在不同联系频率上,每月联系一次的留守经历大学生在人际关系敏感、敌对及偏执因子上的得分显著高于每周至少联系一次的留守经历大学生,而每月联系一次及一个月以上联系一次的留守经历大学生在强迫、抑郁、焦虑、精神病性、其他因子及心理症状总水平上的得分均显著高于每周至少联系一次的留守经历大学生,而每两周联系一次的留守经历大学生在各因子得分及心理症状总水平得分上与其他三类均不存在显著的差异;在不同联系时长上,联系时长为 5~10 分钟的留守经历大学生在人际关系敏感、抑郁、焦虑、敌对、偏执、精神病性、其他因子上的得分及心理症状总水平得分均显著低于联系时长为 5 分钟以内及 10~20 分钟的留守经历大学生,而联系时长在 20 分钟以上的留守经历大学生仅抑郁水平显著低于联系时长在 5 分钟以内的留守经历大学生。除此之外,联系时长为 5~10 分钟的留守经历大学生在躯体化因子上的得分显著低于联系时长在 5 分钟以内的留守经历大学生,在强迫因子上的得分显著低于联系时长为 10~20 分钟的留守经历大学生。

二、留守经历与非留守经历大学生早期适应不良图式的总体水平及差异比较

（一）留守经历与非留守经历大学生早期适应不良图式的总体水平及差异比较

为了考察留守经历大学生早期适应不良图式的总体水平及其与非留守经历大学生间的差异，本书对留守经历大学生与非留守经历大学生在18个早期适应不良图式及五大图式类别上的得分情况进行描述性统计分析，并对这两个群体在各维度上的差异进行独立样本 t 检验，结果如表3-6所示。

表3-6　留守经历与非留守经历大学生18个EMSs及五大图式类别的总体水平及差异检验

	留守(n=547)				非留守(n=876)				t 值	Cohen's d
	M	SD	Min	Max	M	SD	Min	Max		
情感剥夺	11.81	4.47	5	28	10.59	4.17	5	30	5.15***	0.28
遗弃/不稳定	12.93	4.97	5	29	12.66	4.98	5	30	1.00	0.05
不信任/虐待	10.27	4.35	5	28	9.96	4.33	5	30	1.33	0.07
社交孤立/疏离	11.47	4.92	5	27	10.60	4.53	5	30	3.34***	0.18
缺陷/羞耻	9.77	4.09	5	30	8.79	3.71	5	30	4.57***	0.25
失败	12.74	4.99	5	27	12.05	4.92	5	30	2.57*	0.14
依赖/无能力	10.01	3.72	5	27	9.76	3.66	5	25	1.28	0.07
对伤害或疾病的易感性	9.90	3.95	5	24	9.46	3.91	5	27	2.06*	0.11
纠结/未发展的自我	9.23	3.64	5	23	8.92	3.49	5	24	1.59	0.09
屈从	10.64	3.80	5	26	10.00	3.60	5	26	3.23***	0.17
自我牺牲	17.15	4.73	5	30	17.17	4.77	5	30	−0.08	0.00
情感抑制	13.90	4.98	5	28	13.27	4.77	5	29	2.40*	0.13
苛刻标准/吹毛求疵	17.46	4.48	5	29	17.37	4.21	5	30	0.38	0.02
特权/夸张	13.16	4.37	5	27	12.84	3.88	5	26	1.36	0.08
自控/自律不足	14.31	4.49	5	29	14.07	4.24	5	30	1.03	0.06
寻求认可	14.93	4.78	5	30	14.76	4.84	5	30	0.65	0.04

续表

	留守($n=547$)				非留守($n=876$)				t 值	Cohen's d
	M	SD	Min	Max	M	SD	Min	Max		
消极/悲观	14.09	4.69	5	30	13.53	4.74	5	30	2.16*	0.12
惩罚	14.42	4.09	5	28	13.81	3.98	5	30	2.78**	0.15
分离和拒绝	57.22	18.77	25	127	53.20	17.38	25	175	4.05***	0.22
自主性及能力受损	65.46	19.30	30	137	62.85	19.23	30	145	2.49*	0.14
限制受损	27.47	7.68	10	54	26.92	7.04	10	52	1.39	0.08
过度标准	34.61	8.24	10	57	34.54	7.69	10	57	0.16	0.01
未分类	43.44	11.45	15	79	42.10	11.41	15	85	2.15*	0.12
图式总水平	228.20	54.51	90	426	219.60	52.13	90	452	2.97**	0.16

注：* $p<0.05$，** $p<0.01$，*** $p<0.001$。

由表3-6可知，留守经历大学生在18个早期适应不良图式的得分上，除在自我牺牲和苛刻标准/吹毛求疵两个图式（均属于过度标准图式类别）上的得分大于15分外（项目均分＝维度得分/5，项目均分大于3分，3 在选项中表示"有点符合我"），其余16个早期适应不良图式的得分均小于15分（项目均分小于3分），其中在纠结/未发展的自我上的得分最低（维度得分仅为9.23分，项目均分小于2分），缺陷/羞耻与对伤害或疾病的易感性两个图式上的项目均分也小于2分。在五大图式类别上，得分由高到低的依次是过度标准、未分类、限制受损、分离和拒绝、自主性及能力受损，其中得分最高的是过度标准图式类别，每题项均分大于3分；得分最低的是自主性及能力受损图式类别，每题项均分接近2分。由此可见，留守经历大学生的各早期适应不良图式及图式总水平均属于中等偏下水平。

非留守经历大学生在各早期适应不良图式及图式类别上的总体表现特点和留守经历大学生的基本相同。除自我牺牲图式外，留守经历大学生在其余17个早期适应不良图式上的得分均高于非留守经历大学生，且在情感剥夺、社交孤立/疏离、缺陷/羞耻、失败、对伤害或疾病的易感性、屈从、情感抑制、消极/悲观及惩罚9个早期适应不良图式及分离和拒绝、自主性及能力受损、未分类三大图式类别与图式总水平上的得分均显著高于非留守经历大学生，差异检验的效应值为0.11~0.28，属于中小效应范围。除此之外，留守经历和非留守经历大学生在遗弃/不稳定、不信任/虐待、依赖/无能力、纠结/未发展的自我、自我牺牲、苛刻标准/吹毛求疵、特权/夸张、自控/自律不足及寻求认可9个早期适应不良图式及限制受损和过度标准两大图式类别上不存在显著的差异。

(二)不同人口统计学群体留守经历大学生五大图式类别的表现特点及差异比较

为了考察不同群体留守经历大学生早期适应不良图式的总体状况及差异,研究者分别对不同性别、不同来源地、是否独生和不同家庭结构的留守经历大学生在五大图式类别上的得分均分(该类别里所有图式的得分之和再除以该类别所包括的图式数量)及图式总均分(所有图式总分除以图式个数)进行描述性统计,并对不同群体间的差异进行独立样本 t 检验和单因素方差分析 F 检验,结果如表3-7所示。

表3-7 不同人口统计学群体留守经历大学生五大图式类别的总体水平及差异检验

		分离和拒绝	自主性及能力受损	限制受损	过度标准	未分类	图式总水平
		$M \pm SD$	$M \pm SD$	$M \pm SD$	$M \pm SD$	$M \pm SD$	$M \pm SD$
性别	男	11.99±3.90	10.74±3.16	14.13±4.06	17.74±4.65	14.77±3.88	12.91±3.13
	女	11.10±3.62	11.02±3.25	13.46±3.68	17.03±3.72	14.30±3.77	12.53±2.96
	t 值	2.72**	−0.98	1.91	1.88	1.41	1.45
来源地	大中城市	11.38±3.65	10.68±3.13	14.09±4.13	16.92±4.45	14.41±3.91	12.57±3.01
	小城镇	11.45±4.05	10.99±3.63	13.45±3.82	17.48±3.83	14.23±4.04	12.65±3.37
	农村	11.46±3.70	10.95±3.12	13.72±3.77	17.35±4.11	14.57±3.73	12.71±2.94
	F 值	0.01	0.29	0.67	0.51	0.33	0.09
是否独生	是	11.40±3.85	10.71±3.35	13.46±3.87	16.87±4.48	14.16±3.87	12.47±3.22
	否	11.46±3.73	10.96±3.18	13.81±3.74	17.41±4.02	14.56±3.80	12.73±2.98
	t 值	−0.13	−0.74	−0.85	−1.24	−0.99	−0.82
家庭结构	不完整	11.23±3.62	10.63±2.80	13.86±3.82	17.37±3.89	14.49±3.94	12.55±2.69
	完整	11.47±3.77	10.95±3.27	13.72±3.85	17.29±4.15	14.48±3.80	12.69±3.07
	t 值	−0.48	−0.74	0.28	0.14	0.03	−0.36

注:* $p<0.05$,** $p<0.01$,*** $p<0.001$。

由表3-7可知,除不同性别的留守经历大学生在分离和拒绝图式类别上存在显著的差异外,不同来源地、是否独生及不同家庭结构的留守经历大学生在五大图式类别上均不存在显著的差异。其中,是否独生和不同家庭结构的留守经历大学生在每个早期适应不良图式上的得分也不存在显著的差异,而不同来源地的留守经历大学生则在失败($F=3.05, p<0.05$)和特权/夸张($F=3.50, p<0.05$)两个图式上存在显著的差异。事后检验发现,在失败图式上,来自大中城市的留守经历大学生的得分显著低于来自农村的留守经历大学生(11.65 ± 4.65 vs 13.07 ± 5.02),而在特权/夸张图式上,来自大中城市的留守经历大学生的得分则显著高于来自小城镇的留守经历大学生(14.09 ± 4.76 vs 12.42 ± 3.99)。

在图式的性别差异上,男大学生在分离和拒绝图式类别上与女大学生存在显著的差异($t=2.72, p<0.01$),且男大学生的得分显著高于女大学生;而在限制受损($t=1.91, p=0.06$)和过度标准($t=1.88, p=0.06$)两大图式类别上的差异处于边缘显著水平,也即依据单侧检验的标准($t=1.66, p=0.05$)可知,在这两个图式类别上,男大学生的得分显著高于女大学生。性别差异在18个早期适应图式上的具体表现为:男大学生在情感剥夺(12.38 ± 4.71 vs $11.45\pm4.28, t=2.40, p<0.05$)、不信任/虐待($11.01\pm4.68$ vs $9.80\pm4.06, t=3.11, p<0.01$)及情感抑制图式($14.58\pm5.03$ vs $13.48\pm4.91, t=2.53, p<0.05$)上的得分均显著高于女大学生,而女大学生则在依赖/无能力图式(9.30 ± 3.35 vs $10.47\pm3.88, t=-3.62, p<0.001$)上的得分显著高于男大学生。除此以外,男女大学生还在自我牺牲(17.62 ± 5.35 vs $16.85\pm4.28, t=1.86, p=0.06$)、苛刻标准/吹毛求疵($17.85\pm4.89$ vs $17.20\pm4.19, t=1.67, p=0.09$)、特权/夸张($13.57\pm4.67$ vs $12.89\pm4.17, t=1.77, p=0.08$)、消极/悲观($14.84\pm5.00$ vs $13.80\pm4.47, t=1.76, p=0.08$)和惩罚($14.82\pm4.30$ vs $14.17\pm3.93, t=1.82, p=0.07$)几个早期适应不良图式上的差异处于边缘显著水平,男大学生的得分显著高于女大学生。由此可见,留守经历男大学生比留守经历女大学生在某些早期适应不良图式上表现得更为明显。

(三)不同留守状态群体留守经历大学生五大图式类别的表现特点及差异比较

为了考察不同留守状态下的留守经历大学生在早期适应不良图式上的总体水平及差异,研究者分别对留守阶段、留守时长、留守类型、照看类型、联系频率、联系时长及见面间隔时长不同的留守经历大学生在五大图式类别上的得分进行描述性统计,并对不同留守状态下的得分差异进行单因素方差分析 F 检验,结果如表3-8所示。

表3-8 不同留守状态下的留守经历大学生五大图式类别的总体水平及差异检验

		分离和拒绝	自主性及能力受损	限制受损	过度标准	未分类	图式总水平
		M±SD	M±SD	M±SD	M±SD	M±SD	M±SD
留守阶段	3岁以前	11.40±3.88	10.92±3.17	14.13±3.95	17.89±4.06	14.64±3.85	12.81±3.07
	3~5岁	11.28±3.83	11.05±3.37	13.61±3.70	16.84±4.34	14.40±3.69	12.60±3.14
	6~10岁	11.54±3.73	10.84±3.10	13.67±3.70	17.29±4.26	14.50±4.02	12.68±3.00
	11~16岁	11.56±3.56	10.91±3.32	13.61±3.82	17.27±3.54	14.36±3.36	12.67±2.93
	F值	0.16	0.10	0.52	1.35	0.13	0.10
留守时长	1~3年	11.26±3.65	10.66±3.12	13.70±4.09	16.91±4.16	14.17±3.76	12.44±3.07
	4~6年	11.83±3.63	11.20±3.14	13.7±63.00	17.15±3.76	14.60±3.34	12.88±2.71
	7~10年	11.30±3.95	10.95±3.29	13.67±4.10	17.51±4.51	14.51±4.06	12.69±3.20
	10年以上	11.82±3.95	11.14±3.22	14.04±3.84	17.69±3.86	14.85±3.95	13.00±3.10
	F值	0.90	0.77	0.24	0.96	0.71	—
留守类型	主要是父亲外出	11.71±3.74	11.10±3.42	13.72±3.81	17.31±4.30	14.45±3.77	12.81±3.06
	主要是母亲外出	11.89±3.50	10.40±2.47	15.76±4.25	18.32±3.06	16.04±3.42	13.23±2.55
	主要是父母均外出	11.35±3.75	10.87±3.17	13.66±3.80	17.26±4.10	14.43±3.82	12.62±3.02
	F值	0.55	0.42	2.49	0.54	1.47	0.48

续表

		分离和拒绝	自主性及能力受损	限制受损	过度标准	未分类	图式总水平
		M±SD	M±SD	M±SD	M±SD	M±SD	M±SD
照看类型	留在家乡的父母一方	11.46±3.83	10.96±3.52	13.97±3.83	17.95±4.34	14.84±3.77	12.85±3.13
	祖辈	11.43±3.83	10.93±3.19	13.67±3.87	17.12±4.05	14.45±3.86	12.65±3.06
	亲戚	11.81±3.15	10.6±52.70	14.08±3.69	17.23±4.27	14.02±3.46	12.65±2.47
	独自生活	10.80±3.00	10.94±3.03	13.10±3.50	17.43±3.64	14.62±3.96	12.47±2.84
	F值	0.37	0.12	0.49	1.09	0.56	0.16
联系频率	每周至少一次	10.78±3.46	10.58±2.99	13.38±3.87	16.99±4.18	14.00±3.80	12.25±2.96
	每两周一次	11.38±3.57	11.06±3.37	13.40±3.62	16.60±4.05	14.30±3.73	12.57±3.03
	每月一次	11.98±4.01	11.11±3.59	14.11±3.75	17.61±4.00	14.96±3.88	13.05±3.24
	一个月以上一次	11.96±3.89	11.10±3.10	14.15±3.90	17.89±4.07	14.80±3.69	13.05±2.87
	F值	3.77**	1.06	2.57	1.72	1.65	2.70*
联系时长	5分钟以内	11.85±4.08	11.19±3.58	14.12±3.65	16.80±4.15	14.39±3.90	12.86±3.09
	5~10分钟	11.60±3.69	10.78±3.06	13.60±3.72	17.55±4.00	14.78±3.92	12.74±3.01
	10~20分钟	11.56±3.67	11.17±3.19	13.84±4.00	17.09±3.90	14.38±4.47	12.77±2.99
	20分钟以上	10.76±3.48	10.59±3.01	13.51±3.97	17.62±4.40	14.29±3.89	12.36±2.97
	F值	2.08	1.11	0.64	1.17	0.51	0.68
见面间隔时长	6个月(半年)	11.21±3.47	10.89±3.14	13.67±3.75	17.11±4.14	14.39±3.86	12.56±2.93
	1年	11.79±4.15	10.88±3.32	13.87±3.91	17.69±4.13	14.54±3.73	12.83±3.16
	1年以上	11.87±3.94	11.09±3.27	13.89±4.13	17.27±3.93	14.95±3.79	12.94±3.06
	F值	1.65	0.09	0.19	1.09	0.47	0.64

注：* $p<0.05$，** $p<0.01$，*** $p<0.001$。

由表3-8可知，除了与外出父母联系频率不同的留守经历大学生在分离和拒绝图式类别（$F=3.77, p<0.01$）及图式总水平（$F=2.70, p<0.05$）上存在显著的差异外，留守阶段、留守时长、留守类型、照看类型、联系时长及见面间隔时长不同的留守经历大学生在五大图式类别及图式总水平上均不存在

显著的差异。

在不同联系频率变量上,经过进一步的事后检验发现,每周和外出的父母至少联系一次的留守经历大学生在分离和拒绝图式类别上的得分显著低于每月与外出的父母联系一次及一个月以上联系一次的留守经历大学生。

另外,不同留守阶段、不同留守时长及不同照看类型的留守经历大学生在18个早期适应不良图式上均不存在显著的差异。但不同留守类型的留守经历大学生在18个早期适应不良图式中的自控/自律不足($F=2.90,p<0.05$)和寻求认可图式上存在显著的差异($F=3.65,p<0.05$),母亲外出(自控/自律不足:16.88 ± 5.10,寻求认可:18.00 ± 6.37)的留守经历大学生在这两个图式上的得分均显著高于父亲外出(自控/自律不足:14.30 ± 4.47,寻求认可:14.82 ± 4.52)和父母均外出(自控/自律不足:14.23 ± 4.43,寻求认可:14.84 ± 4.74)的留守经历大学生。

不同联系频率的留守经历大学生在18个早期适应不良图式中的情感剥夺($F=3.71,p<0.05$)、社交孤立/疏离($F=5.27,p<0.001$)、情感抑制($F=4.29,p<0.01$)、苛刻标准/吹毛求疵($F=4.50,p<0.01$)及消极/悲观($F=3.38,p<0.05$)5个早期适应不良图式上的得分存在显著的差异。经过进一步的事后检验发现,每周和外出父母至少联系一次的留守经历大学生在这5个早期适应不良图式上的得分均显著低于1个月以上联系一次。同时,在情感剥夺、社交孤立/疏离和消极/悲观3个早期适应不良图式上,每周至少联系一次的得分也均显著低于每月联系一次;在苛刻标准/吹毛求疵图式上,每两周联系一次的得分也显著低于1个月以上联系一次。由此可见,和外出父母联系频率越低的留守经历大学生,在情感剥夺、社交孤立/疏离、情感抑制、苛刻标准/吹毛求疵及消极/悲观这5个早期适应不良图式上的表现越明显。

不同联系时长的留守经历大学生在18个早期适应不良图式中的社交孤立/疏离($F=3.09,p<0.05$)和依赖/无能力($F=4.75,p<0.01$)两个早期适应不良图式的得分上存在显著的差异。在社交孤立/疏离图式上,每次联系时长在20分钟以上的留守经历大学生的得分显著低于联系时长在20分钟以内的其他三组。在依赖/无能力图式上,每次联系时长在5分钟以内的留

守经历大学生的得分显著高于每次联系时长为 5~10 分钟和 20 分钟以上,每次联系时长为 10~20 分钟的留守经历大学生的得分也显著高于每次联系时长在 20 分钟以上。

与外出父母见面间隔时长不同的留守经历大学生在 18 个早期适应不良图式中的社交孤立/疏离图式上的得分存在显著的差异($F=3.03$,$p<0.05$)。经过进一步的事后检验发现,和外出父母一年见一次(12.00 ± 5.21)的留守经历大学生在社交孤立/疏离图式上的得分显著高于每六个月见一次(11.04 ± 4.60)。

三、留守经历与非留守经历大学生在儿童期创伤、亲子依恋及负性生活事件上的总体水平及差异比较

(一)留守经历与非留守经历大学生儿童期创伤的总体水平及差异比较

为了考察留守经历大学生在儿童期创伤水平上的总体特点,本书先对留守经历与非留守经历大学生儿童期创伤的总体水平进行描述性统计分析,然后对这两个群体在各维度及总创伤水平上的差异进行独立样本 t 检验,同时将在儿童期创伤每个维度上的得分均分大于 2 分定义为有创伤经历,对留守经历和非留守经历大学生在各维度上的创伤发生率进行 χ^2 检验,结果如表 3-9 所示。

表 3-9 留守经历与非留守经历大学生儿童期创伤的总体水平及创伤发生率的差异比较

	留守($n=547$)			非留守($n=876$)			t 值	Cohen's d	χ^2
	M	SD	创伤发生率	M	SD	创伤发生率			
情感虐待	6.98	2.53	9.6%	6.69	2.24	6.6%	2.29*	0.12	3.93*
躯体虐待	6.03	2.23	5.3%	5.62	1.59	2.3%	4.06***	0.21	9.23**
性虐待	5.67	1.67	2.9%	5.51	1.32	1.5%	3.20**	0.11	3.50
情感忽视	10.67	4.88	42.4%	8.69	4.22	24.9%	8.11***	0.43	47.84***
躯体忽视	8.44	3.09	26.0%	7.19	2.74	12.0%	7.94***	0.43	45.84***
创伤总水平	37.79	10.29	50.1%	33.60	8.86	29.7%	7.87***	0.44	59.84***

注:* $p<0.05$,** $p<0.01$,*** $p<0.001$。

由表 3-9 可知,留守经历与非留守经历大学生总体的创伤水平均较低,

除留守经历大学生在情感忽视维度上的均值大于2分外,其余维度和总创伤的均值都小于2分。留守经历与非留守经历大学生在儿童期创伤的各维度及总水平上的得分均存在显著的差异,留守经历大学生在各维度上的得分均显著高于非留守经历大学生,效应值为0.11～0.44,属于中小效应范围。除性虐待维度外,留守经历大学生在情感虐待、躯体虐待、情感忽视、躯体忽视维度及创伤总水平上的创伤发生率均显著高于非留守经历大学生。这说明相对于非留守经历大学生,留守经历大学生在儿童期遭受了更多的忽视和虐待。两组大学生在各维度上的得分及创伤发生率由高到低均依次为情感忽视、躯体忽视、情感虐待、躯体虐待、性虐待。

(二)留守经历与非留守经历大学生亲子依恋的总体水平及差异比较

为了考察留守经历与非留守经历大学生亲子依恋的总体水平,本书先对留守经历与非留守经历大学生在亲子依恋各维度上的水平进行描述性统计,然后对这两个群体在亲子依恋各维度上的得分差异进行独立样本 t 检验,结果如表3-10所示。由表3-10可知,两组大学生在亲子依恋各维度上均存在显著的差异,其中留守经历大学生在父子沟通、母子沟通、父子信任和母子信任维度上的得分均显著低于非留守经历大学生,而在父子疏离和母子疏离维度上的得分均显著高于非留守经历大学生,效应值为0.23～0.37,均属于中小效应范围。

表3-10 留守经历与非留守经历大学生亲子依恋的总体水平及差异比较

	留守($n=547$)		非留守($n=876$)		t 值	Cohen'sd
	M	SD	M	SD		
父子沟通	8.65	3.26	9.63	3.40	5.40***	0.29
父子信任	10.37	2.85	11.06	3.05	4.24***	0.23
父子疏离	8.57	3.67	7.30	3.28	−6.80***	0.37
母子沟通	9.87	3.33	10.98	3.21	6.27***	0.34
母子信任	10.79	2.87	11.54	2.86	4.80***	0.26
母子疏离	7.59	3.25	6.84	3.03	−4.40***	0.24

注:* $p<0.05$,** $p<0.01$,*** $p<0.001$。

(三)留守经历与非留守经历大学生负性生活事件的总体水平及差异比较

为了考察留守经历与非留守经历大学生负性生活事件的总体水平,本书先对留守经历与非留守经历大学生在负性生活事件各维度上的水平进行描述性统计,然后对这两个群体在负性生活事件各维度上的得分差异进行独立样本 t 检验,结果如表3-11所示。由表3-11可知,两组大学生在负性生活事件各维度上均存在显著的差异,且均表现为留守经历大学生的得分显著高于非留守经历大学生,效应值为0.19~0.32,均属于中小效应范围。

表3-11 留守经历与非留守经历大学生负性生活事件的总体水平及差异比较

	留守($n=547$)		非留守($n=876$)		t值	Cohen'sd
	M	SD	M	SD		
人际关系	7.41	3.06	6.86	2.92	3.44***	0.19
学习压力	8.12	3.03	7.49	2.97	3.84***	0.21
受惩罚	9.69	4.60	8.80	3.67	3.83***	0.22
丧失	10.33	4.36	8.98	4.10	4.95***	0.32
适应	8.45	2.92	7.87	2.91	3.66***	0.20

注:* $p<0.05$,** $p<0.01$,*** $p<0.001$。

四、留守经历大学生群体内部异质性亚群体及其表现特点

(一)留守经历大学生早期适应不良图式的潜在类别分析

为了进一步考察留守经历大学生群体在心理健康发展水平上是否存在异质性亚群体,本书拟通过潜在剖面分析来探索这一问题。但考虑到个体内在特征因素的相对稳定性及其在个体心理健康发展中的核心作用,本书主要通过分析早期适应不良图式水平上的个体差异来区分群体内部的异质性亚群体。同时,为了对留守经历和非留守经历大学生两个群体在内部异质性亚群体上的表现特点进行比较,本书采用潜在剖面分析法对所有调查对象在早期适应不良图式上可能存在的异质性亚群体进行探究。

潜在剖面分析的模型检验指标主要包括 AIC、BIC、aBIC(样本校正的

BIC)、Loglikelihood、LMR-LRT、BLRT 及 Entropy 值,其中 AIC、BIC、aBIC、Loglikelihood 指标值越小表示模型拟合情况越好;Entropy 值越接近 1 表示分类越合理;当 Entropy 值大于 0.80 时,表明分类可被接受;LMR-LRT 和 BLRT 指标均应达到显著的水平(王孟成,毕向阳,2018)。本书分别以五大图式类别为观测指标,通过潜在剖面分析抽取 1~4 个类别的亚群体,对各模型的拟合情况进行检验,结果如表 3-12 所示。

表 3-12 五大图式类别潜在剖面分析的拟合信息($N=1423$)

模型数	AIC	BIC	Loglikelihood	aBIC	Entropy	LMR-LRT(p)	BLRT(p)
1 类	38584.33	38636.94	−19282.17	38605.17	—	—	—
2 类	20384.76	20453.63	−10176.38	20402.84	0.82	0.00	0.00
3 类	19959.11	20053.81	−9957.56	19983.97	0.81	0.00	0.00
4 类	19631.72	19752.25	−9787.86	19663.37	0.89	0.20	0.00

由表 3-12 可知,随着类别数的增加,检验潜在剖面分析模型拟合情况的主要指标值 AIC、BIC、aBIC 及 Loglikelihood 均减小了,第四类模型的 AIC、BIC、aBIC 值最小,但 LMR-LRT(p)值没有达到显著的水平,而第三类模型的 LMR-LRT 和 BLRT 指标均达到了显著的水平,且 Entropy 值大于 0.80。因此综合所有拟合指标可知,第三类模型为最佳模型,即根据留守经历大学生在五大图式类别上的表现,将其划分为三个亚群体。

为了进一步检验图式亚群体划分的合理性,本书作了三个亚群体留守经历大学生在五大图式类别均分上(图式类别总分/图式个数)的均值分布图,如图 3-1 所示。

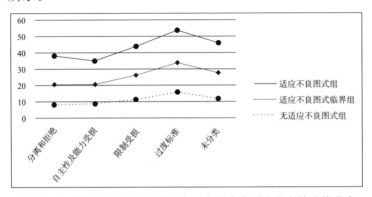

图 3-1 不同图式亚群体大学生在五大图式类别均分上的均值分布

由图 3-1 可见,三个图式亚群体大学生在五大图式类别均分上均无交点,且不同亚群体在五大图式类别上的形态趋于一致,这说明三个亚群体的划分是合理的。

对潜在剖面分析的结果进行判别分析发现,三种类型的预测准确率为 0.91~0.92,这表明三种类型的辨别力良好、分类合理、结果可靠。

对不同类亚型群体在五大图式类别上的总体水平及差异进行统计分析,结果如表 3-13 所示。

表 3-13　三个图式亚群体在五大图式类别上的总体水平及差异检验

	无适应不良图式组 ($n=419$)		适应不良图式临界组($n=690$)		适应不良图式组 ($n=314$)		F 值	η^2
	M	SD	M	SD	M	SD		
分离和拒绝	7.51	1.58	10.91	2.09	15.64	2.84	1276.92***	0.64
自主性及能力受损	7.46	1.49	10.66	1.83	14.85	2.31	1414.31***	0.67
限制受损	10.06	2.41	13.98	2.49	17.33	2.83	750.07***	0.51
过度标准	14.79	3.96	17.90	3.32	19.24	3.57	159.12***	0.18
未分类	10.29	2.17	14.50	2.18	18.78	2.75	1218.66***	0.63

注:* $p<0.05$,** $p<0.01$,*** $p<0.001$。

结合表 3-13 中不同亚群体在五大图式类别上的得分可知,类型 1 亚群体大学生在五大图式类别上的得分为 7.46~14.79,均值均在 2 分左右,这说明这一群体无明显的早期适应不良图式,故我们将其命名为无适应不良图式组。该组人数有 419 人,约占总人数的 29.44%。类型 2 亚群体留守经历大学生在五大图式类别上的得分为 10.66~17.90,均分均为 2~3 分。这说明这一群体处于图式明显与不明显的临界状态,因此我们将其命名为适应不良图式临界组。该组人数有 690 人,约占总人数的 48.49%。类型 3 亚群体留守经历大学生在五大图式类别上的得分为 14.85~19.24,除自主性及能力受损图式类别的均分略低于 3 分外,其余图式类别的均值都大于 3。这说明这一群体中存在较为明显的适应不良图式,故我们将其命名为适应不良图式组。该组人数最少,为 314 人,约占总人数的 22.07%。

由表 3-13 可知,不同图式亚群体留守经历大学生在五大图式类别上的得分存在极显著的差异,效应值为 0.18～0.67,其中不同图式亚群体在过度标准图式类别上的差异效应值最小,在自主性及能力受损图式类别上的差异效应值最大,均属于大效应范围(Cohen,1992)。经事后检验分析发现,不同图式亚群体在五大图式类别水平上,无适应不良图式组的得分显著低于适应不良图式临界组($p<0.001$)和适应不良图式组($p<0.001$),适应不良图式临界组的得分显著低于适应不良图式组($p<0.001$)。

为了比较留守经历和非留守经历大学生在不同图式亚群体中的人数分布情况,本书分别对两个群体在三大图式亚群体中的人数进行统计,结果如表 3-14 所示。由表 3-14 可知,留守经历和非留守经历大学生中属于适应不良图式临界组的人数占该群体总人数的比例基本相等,分别约为 48.26% 和 48.63%,但属于无适应不良图式组的留守经历大学生人数占比(约为 25.41%)小于非留守经历大学生(约为 31.96%),而属于适应不良图式组的留守经历大学生人数占比(约为 26.33%)则大于非留守经历大学生(约为 19.41%)。卡方检验结果显示,留守经历和非留守经历大学生在不同图式亚群体中的人数分布差异显著($\chi^2=12.24, df=2, p<0.01$),留守经历大学生中属于适应不良图式组的人数明显多于非留守经历大学生,而属于无适应不良图式组的人数则明显少于非留守经历大学生。

表 3-14　留守经历和非留守经历大学生在不同图式亚群体中的人数分布

	无适应不良图式组		适应不良图式临界组		适应不良图式组		合计
	人数(人)	比例(%)	人数(人)	比例(%)	人数(人)	比例(%)	
留守经历大学生	139	25.41	264	48.26	144	26.33	547 人
非留守经历大学生	280	31.96	426	48.63	170	19.41	876 人
合计	419 人		690 人		314 人		1423 人

(二)不同图式亚群体留守经历大学生在早期适应不良图式上的表现特点

本书分别对不同图式亚群体留守经历大学生在 18 个早期适应不良图式和五大图式类别上的得分及差异情况进行分析,结果如表 3-15 所示。

由表 3-15 可知,在留守经历大学生中,各图式亚群体在 18 个早期适应不良图式及五大图式类别上的表现特点与整个大学生群体的基本一致。在每个图式亚群体中均是过度标准图式类别及其所包含的自我牺牲和苛刻标准/吹毛求疵两个图式的得分最高,而分离和拒绝图式类别、自主性及能力受损图式类别及其所包含的缺陷/羞耻、依赖/无能力、对伤害或疾病的易感性及纠结/未发展的自我四个早期适应不良图式的得分相对较低。

表3-15 三个图式亚群体留守经历大学生在18个EMSs及五大图式类别上的差异检验

	无适应不良图式组 ($n=139$)		适应不良图式临界组 ($n=264$)		适应不良图式组 ($n=144$)		F 值	η^2
	M	SD	M	SD	M	SD		
情感剥夺	7.76	2.27	11.56	3.26	16.19	4.06	234.15***	0.46
遗弃/不稳定	8.65	2.95	12.84	3.80	17.22	4.80	170.38***	0.39
不信任/虐待	6.68	2.21	10.11	3.26	14.03	4.61	159.94***	0.37
社交孤立/疏离	7.14	2.15	11.17	3.74	16.19	4.63	214.95***	0.44
缺陷/羞耻	6.32	1.65	9.26	2.68	14.04	4.22	246.26***	0.48
失败	8.58	3.03	12.55	3.70	17.12	4.96	167.90***	0.38
依赖/无能力	7.09	1.89	9.83	2.96	13.17	3.86	145.51***	0.35
对伤害或疾病的易感性	6.62	1.82	9.44	2.75	13.92	3.89	228.96***	0.46
纠结/未发展的自我	6.78	1.99	8.85	2.78	12.29	4.12	121.12***	0.31
屈从	7.42	2.01	10.39	2.75	14.23	3.78	196.66***	0.42
自我牺牲	14.37	4.47	17.53	4.10	19.15	4.86	43.51***	0.14
情感抑制	9.31	2.93	13.97	3.93	18.22	4.33	192.78***	0.41
苛刻标准/吹毛求疵	14.23	4.60	17.92	3.80	19.72	3.75	69.71***	0.26
特权/夸张	8.87	2.65	13.60	3.43	16.47	3.90	182.75***	0.40
自控/自律不足	9.92	2.85	14.63	3.39	17.98	3.93	198.93***	0.42
寻求认可	10.71	3.11	14.81	3.48	19.22	4.47	188.85***	0.41
消极/悲观	9.38	2.54	13.90	3.15	18.98	3.74	323.48***	0.54
惩罚	10.44	3.10	14.72	2.94	17.71	3.49	192.81***	0.41
分离和拒绝	7.44	1.59	11.21	2.23	15.73	2.84	473.85***	0.64
自主性及能力受损	7.52	1.60	10.65	1.85	14.66	2.29	492.19***	0.64
限制受损	9.40	2.18	14.12	2.58	17.23	2.93	329.79***	0.55
过度标准	14.30	4.21	17.72	3.43	19.43	3.52	72.71***	0.21
未分类	10.18	2.24	14.48	2.13	18.63	2.66	475.49***	0.64

注:* $p<0.05$,** $p<0.01$,*** $p<0.001$。

不同图式亚群体的留守经历大学生在18个早期适应不良图式及五大图式类别上的得分均存在显著的差异,差异的效应值为0.14~0.64,其中自我牺牲图式的差异效应值最小,为0.14;而分离和拒绝、自主性及能力受损及未分类三大图式类别的差异效应值最大,均为0.64。经事后检验发现,不同图式亚群体在各维度的得分上,无适应不良图式组的得分均显著低于适应不良图式临界组($p<0.001$)和适应不良图式组($p<0.001$),适应不良图式临界组的得分均显著低于适应不良图式组($p<0.001$)。

(三)不同图式亚群体留守经历大学生在心理健康发展状况及相关因素上的特点

1. 不同图式亚群体留守经历大学生在心理健康状况上的表现特点

对不同图式亚群体留守经历大学生在心理健康各维度及总水平上的表现及差异情况进行统计分析,结果如表3-16所示。由表3-16可知,无适应不良图式组留守经历大学生在心理健康各维度及总水平上的得分为1.15~1.53,适应不良图式临界组留守经历大学生在心理健康各维度及总水平上的得分为1.31~1.90,而适应不良图式组留守经历大学生在心理健康各维度及总水平上的得分为1.53~2.37。三个亚群体都是在强迫维度上的得分最高,并且适应不良图式组在强迫、人际关系敏感及抑郁三个维度上的均分大于或几乎等于2分这一症状临界值(具体如图3-2所示)。不同图式亚群体留守经历大学生在心理健康各维度及总水平上存在极显著的差异,效应值为0.07~0.27,均属于中大效应范围(Cohen,1992),特别是在强迫、人际关系敏感、抑郁及心理症状总水平上的差异效应值均大于0.20。经事后检验发现,在心理健康的各维度及总体水平上,无适应不良图式组的得分均显著低于适应不良图式临界组($p<0.001$)和适应不良图式组($p<0.001$),适应不良图式临界组的得分又显著低于适应不良图式组($p<0.001$),也即图式越明显的留守经历大学生,其心理症状的水平越高,进一步验证了三个图式亚群体划分的合理性。

表 3-16　不同图式亚群体留守经历大学生的心理症状水平及差异检验

	无适应不良图式组 (n=139)		适应不良图式临界组 (n=264)		适应不良图式组 (n=144)		F 值	η^2
	M	SD	M	SD	M	SD		
躯体化	1.21	0.38	1.32	0.39	1.53	0.51	21.81***	0.07
强迫	1.53	0.44	1.90	0.56	2.37	0.68	78.08***	0.22
人际关系敏感	1.24	0.34	1.56	0.46	2.03	0.60	98.93***	0.27
抑郁	1.22	0.34	1.51	0.46	1.99	0.60	93.85***	0.26
焦虑	1.19	0.34	1.36	0.40	1.71	0.58	56.12***	0.17
敌对	1.18	0.32	1.36	0.40	1.71	0.58	53.53***	0.16
恐怖	1.16	0.34	1.31	0.40	1.62	0.63	38.24***	0.12
偏执	1.15	0.34	1.32	0.41	1.73	0.56	66.96***	0.20
精神病性	1.17	0.31	1.37	0.38	1.72	0.57	63.29***	0.19
其他	1.25	0.33	1.43	0.42	1.70	0.59	36.25***	0.12
心理症状总水平	1.22	0.30	1.44	0.35	1.80	0.47	88.22***	0.24

注：* $p<0.05$，** $p<0.01$，*** $p<0.001$。

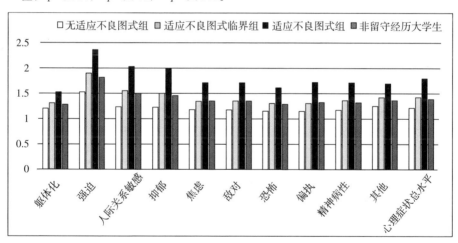

图 3-2　不同图式亚群体留守经历大学生与非留守经历
大学生在心理健康各维度及总水平上的差异比较

通过对不同图式亚群体留守经历大学生在心理健康各维度及总水平上与非留守经历大学生间的差异进行比较（具体如图 3-2 所示）可知，留守经历大学生中的无适应不良图式组和适应不良图式临界组在心理健康各维度及总水平上与非留守经历大学生间的差异不大,而适应不良图式组在心理健康各维度及总水平上则显著高于非留守经历大学生,也即留守经历大学生在心理健康各维度及总水平上与非留守经历大学生间的显著差异主要存在于留守经历大学生中的适应不良图式组与非留守经历大学生之间。

2. 不同图式亚群体留守经历大学生在儿童期创伤及亲子依恋上的表现特点

为了考察不同图式亚群体留守经历大学生在留守近端环境因素上的表现特点分别对留守经历大学生中的三大图式亚群体在儿童期创伤及亲子依恋各维度上的得分进行描述性统计,并对不同图式亚群体留守经历大学生及非留守经历大学生在各维度得分上的差异进行检验,结果如表3-17所示。

表3-17 不同图式亚群体大学生在儿童期创伤及亲子依恋上的水平及差异检验

	无适应不良图式组 ($n=139$)		适应不良图式临界组 ($n=264$)		适应不良图式组 ($n=144$)		非留守经历大学生 ($n=876$)		F 值	η^2
	M	SD	M	SD	M	SD	M	SD		
情感虐待	5.83	1.54	6.95	2.27	8.15	3.16	6.69	2.24	25.69***	0.05
躯体虐待	5.50	1.49	5.98	2.19	6.63	2.72	5.62	1.59	14.54***	0.03
性虐待	5.28	0.98	5.71	1.88	5.96	1.75	5.41	1.32	8.72***	0.02
情感忽视	9.71	5.32	10.31	4.40	12.27	4.91	8.69	4.22	31.28***	0.06
躯体忽视	7.76	2.90	8.26	3.07	9.42	3.07	7.19	2.74	29.99***	0.06
父子沟通	10.19	3.15	8.47	3.13	7.49	3.06	9.63	3.40	26.51***	0.05
父子信任	11.37	2.81	10.36	2.76	9.43	2.74	11.06	3.05	16.40***	0.03
父子疏离	6.60	3.01	8.58	3.41	10.45	3.75	7.30	3.28	47.89***	0.09
母子沟通	10.66	3.37	9.81	3.19	9.21	3.40	10.98	3.21	18.00***	0.04
母子信任	11.53	2.99	10.88	2.71	9.92	2.83	11.54	2.86	15.43***	0.03
母子疏离	6.16	2.95	7.54	2.93	9.06	3.48	6.84	3.03	28.09***	0.06

注:* $p<0.05$,** $p<0.01$,*** $p<0.001$。

由表 3-17 可知,不同图式亚群体留守经历大学生与非留守经历大学生在儿童期创伤及亲子依恋各维度上的得分均存在极显著的差异。差异的效应量为 0.02~0.09,其中性虐待差异效应量最小为 0.02,而父子疏离的差异效应量最大为 0.09。

经过进一步的事后检验发现,在留守经历大学生中,适应不良图式组在儿童期创伤各维度及父子疏离、母子疏离维度上的得分均显著高于适应不良图式临界组和无适应不良图式组,而在亲子沟通和亲子信任维度上的得分均显著低于适应不良图式临界组和无适应不良图式组;适应不良图式临界组在儿童期创伤各维度及父子疏离、母子疏离维度上的得分均显著高于无适应不良图式组,而在亲子沟通和亲子信任维度上的得分均显著低于无适应不良图式组。也就是说,适应不良图式组的留守经历大学生在儿童期创伤和亲子疏离维度上的水平更高,而在亲子沟通和亲子信任维度上的水平更低。

通过对不同图式亚群体留守经历大学生在儿童期创伤与亲子依恋各维度上与非留守经历大学生之间进行比较发现,留守经历大学生中的适应不良图式组与非留守经历大学生在各维度上均存在极显著的差异;适应不良图式临界组在情感虐待维度上与非留守经历大学生间不存在显著的差异;无适应不良图式组仅在情感忽视和躯体忽视维度上的得分显著高于非留守经历大学生,在躯体虐待、性虐待、父子沟通和母子沟通、父子信任和母子信任维度上与非留守经历大学生不存在显著的差异,在父子疏离和母子疏离维度上的得分显著低于非留守经历大学生,各维度间的差异具体如图 3-3 所示。

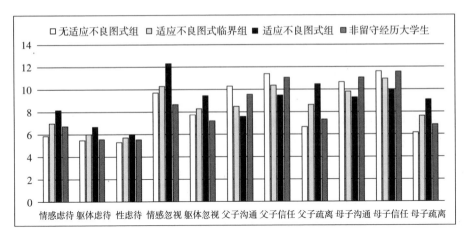

图 3-3 不同图式亚群体留守经历大学生与非留守经历
大学生在儿童期创伤和亲子依恋上的水平

第三节 讨论与反思

一、留守经历大学生的心理健康状况

经研究我们发现,留守经历与非留守经历大学生的总体心理健康状况良好,这与已有的研究结论基本一致(刘海霞,王玖,林林,等,2015;杨雪岭,冯现刚,崔梓天,2014)。这进一步说明留守经历大学生这一群体并未出现明显的心理病理症状,相反他们可能因留守这一特殊经历而培养出坚强、乐观、独立等积极的心理品质。这一群体不但总体心理健康状况良好,而且社会功能相当完备(温义媛,2011),这一结果提示高校的教育与管理人员不要形成留守经历大学生心理健康水平必然低的偏见。但留守经历大学生的心理健康总体状况还是差于非留守经历大学生,特别是其在强迫、人际关系敏感、抑郁和精神病性因子上的表现不如非留守经历大学生,这与已有的多项研究结果一致(刘海霞,王玖,林林,等,2015;庞锐,彭娟,2018;杨雪岭,冯现刚,崔梓天,2014;杨影,蒋祥龙,2019;詹丽玉,练勤,王芳,2016)。这说明留守经历对处于成年早期的大学生有着较大的消极影响。不良的童年经历使他们在以后的成长过程中出现心理病理症状的风险增大。与父母长期分离的儿童往往严重缺乏安全感与归属感,且与父母陪伴在身边的孩子相比较,其普遍缺少必要和及时的教育管束,进而更易出现内外化方面的问题,这些早年的经历成了个体成年后心理健康的潜在危险因素。有研究表明留守经历大学生情绪不稳,自我评价消极,在人际交往中存在退缩行为、不安全依恋模式等问题(李晓敏,罗静,高文斌,等,2009;刘海霞,王玖,林林,等,2015),且因早年的情感需求无法得到满足而产生的焦虑和抑郁情绪会持续到成年后(李晓敏,高文斌,罗静,等,2010)。

在人口统计学变量中,本书研究发现,不同来源地、不同家庭结构的留守经历大学生在心理健康状况的各个因子及总体水平上均不存在显著的差异,这与已有的部分研究结果一致(刘海霞,王玖,林林,等,2015)。这进一步说明随着城市化进程的加快,农村经济、教育等水平的不断提高,农村教育的质量也逐步在提高,因而生源地等外部因素对于留守经历大学生心理健康的影响不明显。但在性别及是否独生因素上,男、女留守经历大学生及是否独生子女留守经历大学生除在恐怖因子上的得分存在显著的差异外(具体表现为留守经历女大学生在恐怖因子上的得分显著高于留守经历男大学生,非独生子女留守经历大学生在恐怖因子上的得分显著高于独生子女留守经历大学生),在其他心理健康维度上均无显著的差异。这一结果虽与已有部分研究得到的留守经历男大学生心理健康的总体水平差于留守经历女大学生的结果不符(刘海霞,王玖,林林,等,2015),但与Cheng等(2015)对12篇有关留守儿童的研究文献进行整理分析得到的结果一致,即多数研究认为留守经历男、女大学生在焦虑和抑郁上不存在显著的差异(Cheng J,Sun YH,2015),这一结果也与已有研究得到的独生与非独生留守经历大学生在心理健康水平上无明显差异的结果一致(韩黎,王洲琳,张继华,2017)。这进一步说明性别及是否独生可能不是造成留守儿童出现心理健康水平差异的稳定因素。导致本研究所得结果的可能原因是近年来计划生育导致家庭子女数量减少,男孩和女孩、独生子女和非独生子女在家庭中所受的关照与关爱,以及接受教育的机会差异减小。但由于女孩天生较为胆小,在缺乏父母保护的成长环境中,其容易变得敏感、谨慎,安全感低,且非独生家庭中女孩较多,导致留守经历女大学生和非独生子女留守经历大学生在恐怖因子上的得分显著高于留守经历男大学生。

在留守状态变量上,本书研究发现,不同留守阶段、不同留守时长、不同照看类型及不同见面间隔时长的留守经历大学生在心理健康状况各个因子上的得分及总体水平上的得分均不存在显著的差异,这与已有部分研究得到的留守阶段在初中时留守、留守时长越长及照看类型为隔代照看的留守经历大学生心理健康状况更差的结果不尽相同(陈念,2018;杨影,蒋祥龙,2019)。这可能是不同研究的取样范围和代表性,以及留守状态的划分标准、分析方法等不同导致的,这也表明人们有关留守过程中的远端环境因素对个体的心理发展是否产生影响,以及产生什么样的影响缺乏一致的结论,对这一问题的探索需要在更大范围及更具代表性的样本中开展,也需采用更为科学的分析方法。除此以外,不同留守类型、与外出父母联系频率及联系时长不同的留守经历大学生在多个心理症状因子的得分及心理症状总水平得分($F=3.69, p<0.05$)上存在显著的差异,这与已有的多项研究结果一致(陈念,2018;韩黎,王洲琳,张继华,2017;刘海霞,王玖,林林,等,2015;杨影,蒋祥龙,2019)。其中父亲外出的留守经历大学生在偏执因子上的得分显著高于父母均外出,这可能是父亲和母亲在家庭中对子女的教养方式不同导致的。在中国家庭中,父亲对孩子的教养方式往往较为粗放,侧重于给孩子们提供解决问题策略方面的指导,从而让儿童在成长过程中学习到更多看待问题与解决问题的方法及策略;而母亲的教养方式则较为细腻,且母亲更多关注孩子的感受和温饱,且因为父亲外出,母亲承担了更多的家庭劳动及照料子女方面的任务,导致母亲情绪多变,进而导致孩子容易敏感,以及看待问题的视角更窄。每周与外出父母至少联系一次,以及每月联系一次的留守经历大学生在多个心理症状因子的得分及在心理症状总水平上的得分显著低于每两个月联系一次外出父母的留守经历大学生,且联系时长为5~10分钟的留守经历大学生在人际关系敏感、抑郁、焦虑、敌对、偏执、精神病性、其他因子上的得分及心理症状总分均显著低于联系时长为5分钟以内及10~20分钟的留守经历大学生。这一结果再次说明在留守过程中,亲子之间的适度沟通是留守儿童心理健康发展有效的保护因素。

二、留守经历大学生的早期适应不良图式

本书研究发现,留守经历大学生群体在总体上并未展现出明显的适应不良图式,这一结果虽与本书的研究假设 1 不符,但与已有研究中早期适应不良图式在中国大学生样本中的测量结果基本一致(陈博,2009;蔺雯雯,2008;唐凯晴,范方,龙可,等,2015;闫占闻,2011),也即留守经历大学生和其他大学生一样,对自我及对他人和外部世界的认知总体上是积极的,不存在明显的认知偏差。这是因为当代大学生多出生于 20 世纪 90 年代后,其虽有留守经历,但因为现在多数家庭子女较少,父母和祖辈对其的照顾与关爱较多,且整个社会的物质文化生活水平不断地提高,当代大学生的获得感和幸福感在增强,所以其难以形成明显的适应不良图式。而在过度标准图式类别所包含的两个图式上,无论是留守经历大学生还是非留守经历大学生,其每题项的均分都大于 3 分,这与其他同类研究的结果一致(陈博,2009;蔺雯雯,2008;闫占闻,2011;唐凯晴,范方,龙可,等,2015;Calvete,Oruel & Hankinl,2013),但这并不能说明留守经历大学生在这两个图式上表现突出,出现这一结果可能与这两个图式所包含题项的内容有关。带有社会赞许性(如第 11 题"我觉得我是一个好人,因为我总是为别人考虑得更多",第 49 题"我必须履行所有我应尽的责任")有关,从而导致调查结果存在天花板效应。

尽管留守经历大学生群体的早期适应不良图式并不突出,且其总体表现和非留守经历大学生的基本相同,但除在自我牺牲图式的得分上略低于非留守经历大学生外,留守经历大学生在其余的 17 个早期适应不良图式上的得分均高于非留守经历大学生,且在情感剥夺、社交孤立/疏离、缺陷/羞耻、失败、对伤害或疾病的易感性、屈从、情感抑制、消极/悲观及惩罚 9 个早期适应不良图式上的得分显著高于非留守经历大学生,这些图式主要集中在分离和拒绝、自主性及能力受损及未分类三大图式类别上。这说明留守经历大学生形成早期适应不良的风险更大,且其主要为安全、养育的需要及自主性的发挥、被认同等方面的需要难以满足而形成的适应不良图式。

在分离和拒绝图式类别上,两组大学生在这一图式类别总水平及其中的情感剥夺、社交孤立/疏离和缺陷/羞耻三个图式上存在极显著的差异。分离

和拒绝图式类别形成的主要原因是个体对爱、安全、养育、情感分享和表达等的需求难以得到满足(Young et al.,2003),而这正是留守儿童在成长过程中最易遭遇的不利处境,同时这一结果也与已有研究得到的留守经历大学生在人际交往方面表现出更多的孤独感(谢其利,宛蓉,张睿,2015)和疏离感(李艳兰,高国华,2015),以及自尊水平更低(李晓敏,罗静,高文斌,等,2009;蒲少华,李晓华,卢宁,2016;王凯玉,2017;谢其利,宛蓉,张睿,2015)、缺陷感更强(杨玲,龚良运,杨小青,2016)等结果一致。

在自主性及能力受损图式类别上,留守经历大学生在其中的失败、对伤害或疾病的易感性及屈从图式上的得分显著高于非留守经历大学生,也即留守经历大学生的成就感更低,对自己的身体感受更为敏感,对来自外界的可能的伤害更为恐惧,在人际交往中更易感到委屈,更易顺从别人。之所以有这样的结果,可能与以下几点原因有关。首先,由于留守儿童在生活和学习上难以从父母那里获得正确的指导,所以其学业成绩往往较差(陶然,周敏慧,2012;侯玉娜,2015)。同时,由于其家庭经济条件相对较差,所以无论是在物质生活条件上,还是在个人综合素质的发展上,留守儿童都处于劣势,这也可能是其更易形成失败图式的原因,这一结果与已有研究得到的留守儿童和留守经历大学生更易出现自卑心理的研究结果一致(罗静,王薇,高文斌,2009;谢其利,2017)。其次,因为缺少父母的关爱和情感的温暖,留守儿童的内心往往缺乏安全感,易产生胆小、自卑等心理,进而在情绪上易表现出焦虑、恐惧和紧张不安,这可能是留守经历大学生易形成失败及对伤害或疾病的易感性图式的原因,这与刘霞等(2013)对留守儿童心理健康进行元分析的结果基本一致。最后,由于留守儿童缺少家庭关爱,他们会倾向于在家庭以外的同伴群体中寻求情感满足,这使他们对同伴关系更为在意。为了避免同伴关系遭到破坏,他们往往在人际交往中表现得更为顺从,进而促使屈从图式的形成。

在未分类图式类别上,留守经历大学生在其中的消极/悲观和惩罚图式上的得分显著高于非留守经历大学生,也即留守经历大学生更为关注生活中的消极方面,对自我和他人更为苛责,共情能力更差。这可能是因为在留守过程中,留守儿童易感受到来自外界的歧视(张莉,薛香娟,赵景欣,2019),而对歧视的知觉会使留守儿童感觉自己无法控制他人对待自己的方式及外在因素对自己的影响,感觉对自己的命运缺乏掌控,因此易出现沮丧、失落等情绪,进而对自我未来及自我与周围人的关系形成悲观和消极的认知,这与已有研究得到的留守经历大学生易出现抑郁倾向的结果一致(和红,曾巧玲,王和舒琦,2018)。

研究发现,在留守的外部远端环境因素的人口统计学因素中,不同性别和不同来源地的留守经历大学生在部分早期适应不良图式上存在显著的差异,而是否独生和不同家庭结构的留守经历大学生在所有早期适应不良图式上均不存在显著的差异,这与已有的两项针对大学生早期适应不良图式的研究的结果一致(蔺雯雯,2008;闫占闻,2011)。这说明无论是在留守经历大学生这一特殊样本中还是在一般的大学生样本中,早期适应不良图式在性别、来源地、家庭结构及是否独生等人口统计学特征不同的群体中的表现特点较为一致。

在性别差异上,研究发现留守经历男、女大学生在图式的总体水平上不存在显著的差异,但留守经历男大学生在分离和拒绝图式类别及这一图式类别中所包含的情感剥夺、不信任/虐待、情感抑制三个图式上的得分显著高于留守经历女大学生,留守经历女大学生则在依赖/无能力图式上的得分显著高于留守经历男大学生。除此以外,留守经历男、女大学生在限制受损和过度标准两大图式类别,以及自我牺牲、苛刻标准/吹毛求疵、特权/夸张、消极/悲观和惩罚五个图式上的得分处于边缘显著水平,留守经历男大学生在以上图式上的得分均高于留守经历女大学生,这一研究结果与已有的几项同类研究的结果基本一致(蔺雯雯,2008;彭薇,2017;闫占闻,2011)。这说明相对于留守经历女大学生,留守经历男大学生更易形成某些早期适应不良图式,特别是在情感需要的满足及人际关系的信任方面更易形成某些早期适应不良图式。这与已有研究得到的留守经历男大学生在性格特点上表现得更内向、孤独及冷漠的结果相一致(温义媛,曾建国,2010),这一结果的出现可能与中国传统文化对男女两性所赋予的性别角色不同有关。中国传统文化要求男性应坚强、内敛、勇于承担责任,这导致男性在生活中不善于甚至不屑于表达自己的情感,同时其要求自己应承担更多的家庭责任和社会责任,因此其更易形成情感剥夺、情感抑制，以及自我牺牲、苛刻标准/吹毛求疵及惩罚图式。同时，在家庭教育中，受"棍棒底下出孝子"这种传统思想的影响，父母在教养男孩的过程中易采用体罚的方式，这可能是男大学生在不信任/虐待图式上得分高的原因之一。除此以外，受重男轻女思想的影响，男孩在家庭里往往比女孩享受到更多的特权，更易被宠溺，这可能是留守经历男大学生在特权/夸张图式上得分高的原因之一。与男孩不同，中国传统文化对女孩性别角色的期待是温婉、顺从，在家庭中相夫教子，因此女性往往表现出更多的依赖性，这可能是留守经历女大学生在依赖/无能力图式上得分高的原因之一，这一结果与西方文化背景下的同类研究结果不一致。Cámara 和 Calvete（2012）的一项研究表明，在大学生样本中，男大学生在情感剥夺上的得分显著高于女大学生，但女大学生在遗弃/不稳定和失败图式上的得分显著高于男大学生。可见，图式的性别差异在不同的文化背景中的表现有所不同。

研究发现，在留守的外部远端环境因素的留守状态因素中，在五大图式类别及图式总水平上，不同留守阶段、不同留守时长、不同留守类型、不同照看类型、不同联系时长及不同见面间隔时长的留守经历大学生间不存在显著的差异，而只有与外出父母联系频率不同的留守经历大学生的分离和拒绝图式类别及图式总水平存在显著的差异。其中，每周和外出父母至少联系一次的留守经历大学生在分离和拒绝图式类别及图式总水平上的得分显著低于和外出父母每月联系一次及一个月以上联系一次的留守经历大学生。这一结果说明，亲子沟通可以在一定程度上消除亲子分离所带来的负面影响（唐有财，符平，2011）。这主要是因为，一方面，与外出父母的联系频率是亲子依恋质量的反映。已有研究发现，每天和外出父母联系一次的留守儿童的亲子依恋质量显著高于每月和外出父母联系一次的儿童（周舟，丁丽霞，2019）。Bowlby（1951）在提出依恋理论之初就指出，儿童和父母之间持续的、每天都进行的互动能使双方获得愉快的、满足的关系体验，从而有利于儿童的心理健康发展。和外出父母间联系少会导致亲子依恋质量不高，而不良的亲子依恋关系正是分离和拒绝类图式形成的危险因素（Simard et al.，2011）。另一方面，在较为频繁的亲子沟通中，留守儿童可以更多地感受到父母的关心和支持，从而获得情感上的满足，以减少早期适应不良图式形成的不良因素，这与已有研究得到的亲子沟通在留守过程中起保护性作用的结果一致(王树青,张文新,陈会昌,2006;詹启生,武艺,2016)。

在18个具体的早期适应不良图式上,母亲外出的留守经历大学在自控/自律不足和寻求认可两个图式上的得分均显著高于父亲外出和父母均外出的留守经历大学生,这说明母亲外出的留守经历大学生的自控力差。这可能是在家庭中,母亲对儿童的生活起居和行为举止关注得更为细致,从而能及时地纠正儿童的不当行为所致。而对于疏于管教的孩子来说,其从小就没有人帮助自己树立规则意识,同时可能由于祖辈的"隔代溺爱"导致其形成自控/自律不足的图式,这与已有研究得到的母亲外出的留守儿童自律性更差(吴霓,2004),以及母亲外出对留守经历大学生的人格发展负面影响更大(温义媛,2009)的结果一致。另外,由于受中国传统的"男主外,女主内"思想的影响,一般家庭中大多是父亲外出工作,母亲外出工作可能是父亲丧失了劳动能力或父亲对家庭缺乏责任感所致,这容易导致儿童遭受周围人的歧视,导致其采用过度补偿的应对策略来缓解自己因外界歧视而产生的消极情绪体验,进而发展出寻求认可的适应不良图式。

除此以外,不同联系时长和不同见面间隔时长的留守经历大学生在社交孤立/疏离图式的得分上存在显著的差异。每次联系时长在20分钟以上,以及每六个月和外出父母团聚一次的留守经历大学生在社交孤立/疏离图式上的得分显著低于其他组的留守经历大学生,这说明能和外出父母沟通与交流时间超过20分钟的留守经历大学生和每半年就能和外出父母见一面的留守经历大学生不易形成社交孤立/疏离图式。这可能是因为联系时长一方面是亲子关系质量的体现,另一方面是个体性格特征的反映。留守经历大学生能和外出父母沟通与交流超过20分钟的时间,说明亲子关系是亲密的,也说明个体的性格特征是多言外向的,而拥有良好的亲子关系和外向性格的个体不易形成社交孤立/疏离图式,这与已有研究得到的亲子分离导致的低亲子依恋水平很可能使儿童在人际交往中持冷漠态度,进而难以与他人建立良好关系的结果一致(李晓巍,刘艳,2013)。见面间隔时长可能是留守儿童对外出父母是否在意家庭、在意自己的主观评价的反映。已有研究表明,和父母分离六个月以上的留守儿童的自尊水平低,负面情绪多,从父母那里获得的心理支持更少(郝振,崔丽娟,2007)。这容易使他们对他人形成消极的认知,从而更多地回避社交情境,在社交中表现得孤立。

三、留守经历大学生的儿童期创伤、亲子依恋及负性生活事件状况

研究发现,留守经历大学生儿童期创伤各维度的得分与症状检出率均显著高于非留守经历大学生,这与已有的研究结果基本一致(郭寒雪,2019;梁洁霜,张珊珊,吴真,2019;潘贵霞,李兵,王静,等,2019;依赛男,张珊珊,2018),这说明留守儿童在留守过程中易遭遇生理与心理上的虐待和忽视。在亲子依恋水平上,本书研究发现,相对于非留守经历大学生,留守经历大学生与父母间的沟通更少,对父母的信任度更低,与父母间的疏离感更强,也即与父母长期分离的留守经历对亲子间形成良好的依恋关系产生了持久的负面影响,这一结果与已有的研究结果一致(郭茂林,孙璐,王彩云,2018;李翠,2018;李晓敏,高文斌,罗静,等,2010;王玉花,2008)。Bowlby 的依恋理论认为,只有当主要照顾者在养育过程中表现出可亲近并能敏锐地感知儿童的需要并适当地给予满足时,儿童与主要照顾者之间才能形成安全的依恋关系,相反则会形成不安全的依恋关系。很显然,长期和父母分离的留守儿童,在空间上难以接近父母,在情感上也难以从父母那里获得及时的支持,因此和父母之间易形成不安全的依恋关系,这与 Noller、Feeney 和 Peterson(2001)在研究中得出的有与父母分离经历的人更偏向属于回避型依恋类型的结论一致。这进一步说明如果父母在儿童心理发展的关键期远离他们,儿童在被忽视的状态下成长,那么二者安全依恋关系的形成就会受到威胁。在负性生活事件水平上,留守经历大学生在各维度上的得分显著高于非留守经历大学生,这与韩黎等(2017)的研究结果一致。这说明留守经历大学生在留守过程中缺乏父母的关爱,在遇到负性生活事件时缺乏父母情感上的支持和行为上的指导,使他们自我情绪的调节能力、人际关系的处理能力和压力的应对能力相对较差,导致其在成年后易遭遇负性生活事件。

四、留守经历大学生中的异质性亚群体

本书通过潜在剖面分析得到大学生群体和留守经历大学生群体在五大

图式类别的表现上存在三个异质性亚群体的结论,这一结论与已有研究得到的留守儿童群体内部存在明显的差异性特征的结果一致(申继亮,2008;唐有财,符平,2011)。根据不同亚群体在五大图式类别得分上的特点,我们分别将三个异质性亚群体命名为无适应不良图式组、适应不良图式临界组和适应不良图式组。其中在留守经历和非留守经历大学生中,适应不良图式临界组的人数都接近总人数的一半(留守为48.26%,非留守为48.63%),但无适应不良图式组留守经历大学生的占比(25.41%)显著低于非留守经历大学生(31.96%),而适应不良图式组留守经历大学生的占比(26.33%)显著高于非留守经历大学生(19.41%)。三个图式亚群体的留守经历大学生在18个早期适应不良图式和五大图式类别的得分上均存在显著的差异。

这一研究结果表明,首先,无论是在留守经历大学生还是在非留守经历大学生中,存在明显的适应不良图式的学生只占少数,大部分学生当前并不存在明显的适应不良图式,即使是留守经历大学生,也仅有不到三分之一的人存在明显的适应不良图式。这一结果提示我们,在关注留守经历大学生时,不应将整个群体视为"问题群体",不应用"标签化"和"问题化"的视角来看待这一群体。其次,有接近半数的留守经历大学生的早期适应不良图式水平处于临界水平附近,这部分大学生早期适应不良图式的发展可能会因外界环境的变化而出现波动。这一结果提示高校在留守经历大学生心理健康教育工作中,既要特别关注那些属于适应不良图式组的留守经历大学生的心理健康发展状况,又不能忽视属于适应不良图式临界组的留守经历大学生的心理健康发展状况。根据Young等(2003)在图式理论中提出的早期适应不良图式通常情况下处于一种稳定和潜在的状态,直到被与图式相关的压力源激活才会出现功能失调的情绪和行为的发展观点可知,适应不良图式临界组的留守经历大学生当前的图式可能处于未被激活的状态,但一旦遇到外界的压力应激源,其适应不良的图式就可能被激活,进而引发功能失调的情绪和行为,影响其身心健康。最后,留守经历大学生中被划入适应不良图式组的人数的比例显著高于非留守经历大学生,也即留守经历大学生中有更多的人拥有较为明显的适应不良图式。这说明留守过程中的诸多不利因素易导致部分留守儿童在成长过程中形成对自我及对他人的消极认知,这与部分已有研究的结果一致(李晓敏,罗静,高文斌,等,2009;王凯玉,2017;谢其利,宛蓉,张睿,2015;谢其利,2017)。

除此以外,研究还发现,适应不良图式组留守经历大学生在心理症状各维度及总水平上的得分均显著高于无适应不良图式组、适应不良图式临界组和非留守经历大学生,且在强迫、人际关系敏感及抑郁三个心理症状维度上的均分都达到了症状筛查的临界值,也即适应不良图式组的留守经历大学生不但总体的心理健康状况相对更差,而且表现出较为明显的强迫和抑郁症状,对人际关系敏感,这与已有多项研究得到的早期适应不良图式是影响个体心理健康发展的危险因素的结果一致(Calvete,2014;Gong & Chan,2018;Hawke & Provencher,2012)。这也进一步说明了留守经历本身并不会直接导致个体出现心理健康问题。在留守过程中,在内外部因素的综合作用下,个体形成了什么样的关于自我及自我与他人关系的内在核心信念决定了个体后续的心理健康状况。那些在留守这一处境不利的成长环境中形成了更多消极自我信念及对外部世界形成更多消极观念的个体,其在成年后易出现各类心理病理症状。除此以外,适应不良图式临界组的心理症状水平与非留守经历大学生间无明显的差异,无适应不良图式组的心理症状水平显著低于非留守经历大学生群体。这一结果表明留守经历大学生中只有三分之一左右的人存在较为明显的心理症状,而有三分之二左右的人的心理健康状况并不差于非留守经历大学生。这提示我们在后续针对留守经历大学生开展研究的过程中,要充分考虑留守经历大学生内部存在的异质性亚群体,而不能简单和笼统地根据留守经历与非留守经历大学生心理健康水平上的差异检验结果就得出留守经历大学生心理不健康或存在心理问题的结论。尝试对留守经历大学生中存在的异质性亚群体进行分类有助于研究者和高校的教育管理者清晰地了解留守经历大学生在心理健康状况上存在的个体差异和群体异质性,从而可以根据群体异质性间的差异制定有针对性的帮扶措施,可以纠正外界将留守经历大学生群体看成一个同质的心理问题多发群体这一错误的认知。

进一步的分析发现,不同图式亚群体的留守经历大学生在儿童期创伤及亲子依恋的各维度上存在显著的差异,适应不良图式组在儿童期创伤各维度上的得分及亲子疏离水平显著高于适应不良图式临界组和无适应不良图式组,适应不良图式临界组在这方面的得分又显著高于无适应不良图式组,在亲子沟通和亲子信任维度上则相反。这一结果说明图式越明显的留守经历大学生在童年期所遭遇的创伤经历水平越高,亲子之间的安全依恋水平越低,而不安全依恋水平越高。这与 Young 等(2003)在图式治疗理论中提出的观点一致,即在早期成长经历中,儿童与重要他人之间形成亲密的、安全的依恋关系的需要难以得到满足,以及充满忽视或被虐待的创伤环境是个体早期适应不良图式形成的主要危险因素。这也进一步说明留守经历大学生多项心理品质差于非留守经历大学生可能主要是其中的一个亚群体。这一群体在留守过程中可能有更多的创伤经历,和父母之间没有建立起良好的亲子依恋关系。这些近端环境因素可能是影响其社会心理发展的危险因素,甚至导致其出现更多的心理问题。因此,高校针对留守经历大学生开展心理健康教育与干预工作时,应适当地对这一群体中可能存在的不同的亚群体作区分,并针对不同的亚群体制定相应的教育与管理措施,而对于那些在早年有较多的创伤经历、并和父母关系不良的留守经历大学生应予以特别的关注。

五、反思与启示

留守是我国经济和社会快速发展与转型所带来的特殊现象,留守儿童和留守经历大学生则是这一现象的特殊产物。虽然已有的多项研究及本书研究发现,留守经历大学生总体的心理健康状况差于非留守经历大学生,但据此就认为留守经历对个体的心理发展产生了消极的影响,留守经历大学生是心理问题高发的群体,从而对该群体形成"污名化"的认知则不利于这一群体的心理健康发展(刘霞,赵景欣,申继亮,等,2007)。我们应多角度地看待留守经历大学生的心理健康发展状况,并据此制定有针对性的教育与管理措施。

首先,从相对水平和群体间差异的角度来看,本书研究发现,留守经历大学生心理健康发展的总体水平低于非留守经历大学生,且这一群体所遭受的童年期创伤水平更高、亲子间的依恋水平更低,更易形成早期适应不良图式。这说明留守这一不利处境增加了个体出现心理病理症状及形成早期适应不良图式的风险,这与已有的多项研究结果一致(刘海霞,王玖,林林,等,2015;和红,曾巧玲,王和舒琦,2018;庞锐,彭娟,2018;杨小青,许燕,2011;杨雪岭,冯现刚,崔梓天,2014)。

其次,从绝对水平的角度来看,留守经历大学生心理病理症状及早期适应不良图式状况均处于中等偏下水平,也即从整个群体的绝对水平来看,留守经历大学生并不存在明显的早期适应不良图式和表现出明显的心理病理症状。留守经历大学生群体在早期适应不良图式及心理病理症状发展的绝对水平上和非留守经历大学生一样,并没有表现出明显的问题倾向,这与已有研究得出的留守经历与非留守经历大学生之间在心理健康的发展水平上没有显著差异的结论一致。

最后,从群体内差异的角度来看,本书研究发现,留守经历大学生在早期适应不良图式的表现上存在异质性亚群体,真正存在明显早期适应不良图式及心理病理症状的只是其中占总体不到三分之一的适应不良图式组留守经历大学生。这部分大学生不但图式水平及心理病理症状水平显著高于非留守经历大学生,而且显著高于适应不良图式临界组和无适应不良图式组留守经历大学生。而适应不良图式临界组的留守经历大学生与非留守经历大学生间并不存在差异,无适应不良图式组的留守经历大学生的心理病理症状水平甚至低于非留守经历大学生的总体水平,也即70%以上的留守经历大学生的心理健康状况并不差于非留守经历大学生。此即同样拥有留守经历的个体,其心理发展的结果存在差异,这与申继亮(2008)提出的留守经历本身作为外部环境因素中的远端环境因素,其不能直接用来解释个体心理发展的差异的理论观点一致。

上述研究结果提示我们,虽然留守经历对个体的心理发展存在一定程度的消极影响,但我们不能仅从群体间差异和问题视角出发来考察留守经历大学生的心理健康发展状况。因为留守经历大学生群体在心理健康发展水平上并没有明显的"问题化"倾向,这一群体中仅有小部分人出现心理问题的风险高。所以,不要给留守儿童和留守经历大学生群体贴上"心理问题高发群体"的标签,不应该用"标签化"的视角去看待留守经历对个体心理发展所产生的影响。我们要做的是,探究同样的留守经历对个体发展产生不同影响背后的原因,并据此制定有针对性的措施来减小留守这一不利处境对留守儿童的负面影响,以及帮助那些受留守经历负面影响的留守经历大学生走出留守的阴影。

受以上研究结果的启发,我们认为,高校在对留守经历大学生开展心理健康教育和干预工作时,首先要做的是有效地识别留守经历大学生中的"高风险"群体。留守经历大学生中的适应不良图式组这一亚群体不但图式水平显著高于其他留守经历大学生和非留守经历大学生,其心理病理症状水平也显著高于其他留守经历大学生和非留守经历大学生,且其在人际关系敏感、抑郁等维度上的得分接近心理症状筛查的临界值。留守经历大学生中的"高风险"群体是那些对自我及自我与他人之间关系存在消极认知的具有明显适应不良图式的群体。同时,这一群体也表现出在童年期有更多的创伤经历及亲子关系质量差等特点。留守经历大学生在成长过程中的创伤经历及与父母间不良的互动经历会逐渐内化为他们对自我及自我与他人关系的消极认知,进而强烈地预测了个体在多种精神病理学症状中所表现出的异常认知、情绪和行为(Young et al.,2003)。因此高校的教育与管理者,一方面可以通过图式问卷调查快速筛选出"高风险"群体;另一方面可以通过平时观察学生、与学生接触,了解其成长史及亲子关系来判断其是否属于"高风险"群体。

第四章
留守过程中的各因素对大学生心理健康的影响

第一节 留守过程中的各因素对大学生心理健康影响的研究思路及研究方法

一、问题的提出

由前文对留守经历大学生心理健康状况及相关影响因素总体水平的分析可知,虽然留守经历大学生的心理健康各维度及其他各测量指标的总体状况较好,但其心理健康症状的总体水平及在多数维度上的得分均显著高于非留守经历大学生,在儿童期创伤多数维度上的得分显著高于非留守经历大学生,亲子依恋水平也显著低于非留守经历大学生。相对于非留守经历大学生,留守经历大学生更易形成分离和拒绝、自主性及能力受损与未分类三大图式类别所涉及的部分图式。不同人口统计学特征及不同留守状态下的留守经历大学生在心理健康水平、早期适应不良图式、儿童期创伤及亲子依恋水平上表现出了不同的特点。除此以外,留守经历大学生内部在早期适应不良图式的表现上还存在不同的异质性亚群体,不同亚群体在早期适应不良图式及心理健康状况、儿童期创伤、亲子依恋的水平上存在极显著的差异。那么,留守经历与非留守经历大学生在心理健康状况上的差异,以及留守经历大学生内部不同群体在心理健康状况上的差异主要受哪些因素的影响？这些因素是通过什么样的机制对留守经历大学生的心理健康发展产生影响的？本书试图对这些问题作出回答。

从申继亮和刘霞提出"农村留守儿童心理发展的生态模型"中可以看出，留守儿童的心理发展是儿童留守过程中的外部远近端环境因素，以及个体内在特征因素通过各种方式相互作用的结果。但留守经历的远端环境因素在某种程度上来说只是一些缺乏解释力的标签，对影响留守儿童心理发展更具解释力的是留守的近端环境因素，外部环境因素往往通过个体对留守的认知及对自我及他人的内在信念这些个体内在特征因素来影响个体的心理健康发展。但已有研究所选择的个体内在特征变量较为单一和表层，且与留守这一特殊经历之间缺乏关联性，因此本书选用了与留守经历关系密切且能综合反映个体内在特征的变量，即早期适应不良图式，以探讨留守过程中的远近端环境因素对早期适应不良图式形成的影响。

本书在考察留守的远端环境因素对留守经历大学生早期适应不良图式形成的影响时，主要选用了不同的人口统计学特征变量（性别、来源地、家庭结构及是否独生）及留守状态变量。在考察近端环境因素对留守经历大学生早期适应不良图式形成的影响时，根据 Young 等在图式治疗理论中所提出的早期适应不良图式形成的主要来源是儿童期未被满足的核心情感需要，以及源于核心家庭有害的童年经历这一理论假设，同时考虑留守过程中亲子关系子系统（赵景欣，刘霞，张文新，2013）及日常烦恼（申继亮，2008）对留守儿童的心理发展影响最为直接这一论点，我们选择了亲子依恋和儿童期创伤这两个变量作为影响留守儿童心理发展的近端环境因素的代表。

由于早期适应不良图式中的核心概念是在国外治疗人格障碍等精神障碍类疾病的过程中被提出，针对早年与父母长期分离这一处境不利条件对个体早期适应不良图式形成影响的相关研究较少，且国外较少存在整个社会大背景下的大量人员流动的现象，因此学界对早年与父母长期分离这一成长中的不利因素对个体早期适应不良图式形成影响缺乏相关研究。同时，由于图式治疗理论也是近年来才被引入国内的，因此国内目前缺少探讨留守这一特殊的成长经历中的远端环境因素对早期适应不良图式形成影响的相关研究。

针对这一情况,我们试图通过 Logistic 回归分析探讨留守过程中的远端环境因素(主要涉及人口统计学变量及留守状态变量)对个体早期适应不良图式形成的影响。

已有关于儿童期创伤与早期适应不良图式间关系的多项研究结果显示,几乎所有的早期适应不良图式与儿童期创伤经历间显著正相关(Estévez et al.,2017;Gong & Chan,2018;Wesley & Manjula,2015),但不同类型的创伤在早期适应不良图式的形成和发展中所起的作用不同(Estévez et al.,2017),不同类型的被虐待和被忽视经历也会对不同的早期适应不良图式产生影响(Cecero et al.,2004;Lumley & Harkness,2007;Wesley & Manjula,2015)。然而,学界对于情感忽视与早期适应不良图式间的关系,以及不同类型的创伤经历具体与哪些早期适应不良图式的形成间关系密切的认知存在分歧。已有关于亲子依恋与早期适应不良图式形成间关系的多项研究结果显示,不安全的依恋关系是早期适应不良图式形成和发展的重要影响因素;但临床样本和非临床样本中,亲子沟通、亲子信任和亲子疏离与早期适应不良图式间的关系的表现不同(Roelofs et al.,2011;Roelofs et al.,2013)。

由上文可知,儿童期创伤和亲子依恋各维度与早期适应不良图式间的关系还不是很清晰。已有研究更多地通过相关分析来描述儿童期创伤和亲子依恋各维度与早期适应不良图式间的关系,而少有研究通过回归分析等统计方法来探讨不同类型的创伤经历对早期适应不良图式形成的影响,更极少有研究针对留守经历大学生这一特殊群体来对以上变量间的关系进行分析。因此本书试图针对留守经历大学生群体,采用相关分析、分层回归分析来考察儿童期创伤和亲子依恋各维度与早期适应不良图式间的关系及其对五大图式类别的影响,以期探明对留守经历大学生早期适应不良图式的形成存在显著影响的远近端环境因素。

已有多项研究证实,早期适应不良图式与多种心理障碍存在关联,并对其具有显著的正向预测作用(Calvete,Oruei & Hankin,2013;Jovev & Jackson,2004;Khosravani et al.,2016;Renner et al.,2012;Roelofs et al.,2011;Unoka et al.,2010),且其在儿童期创伤(Estévez et al.,2017;Gong

& Chan,2018)和亲子依恋(Bosmans et al.,2010；Roelofs et al.,2011；Roelofs et al.,2013)对心理病理症状产生影响的过程中起到部分或完全的中介作用。不同图式类别在其中所起的作用可能不同,且在这一过程中,图式与个体当前所面对的负性生活事件在对个体心理健康的影响中可能存在交互作用。目前有关这一假设的验证研究还很少,且研究所得的结果也不一致(Calvete et al.,2015；Cámara & Calvete,2012；Moberly & Watkin,2008),如Young等依据高阶图式概念化模型提出,这一调节作用可能受个体图式水平的影响,那些图式水平较高的个体因图式长期处于被激活的状态,因而显著的负性生活事件经历反而不太可能加剧他们痛苦的程度。因此,在图式水平较高的群体中,负性生活事件与图式的交互效应可能不显著(Calvete et al.,2015；Schmidt & Joiner,2004)。

由上文可知,已有研究虽证实早期适应不良图式在儿童期创伤及亲子依恋与个体后续发展中出现的心理病理症状之间起部分或完全的中介作用,但不同图式类别在其中所起的中介作用可能不同,且早期适应不良图式与负性生活事件在对心理健康的影响中的交互效应,以及Young等提出的高阶图式概念化模型还缺乏相关实证研究来对其加以验证。除此以外,已有研究证实,亲子依恋在儿童期虐待与青少年的情绪(张迎黎,张亚林,杨峘,等,2010)和行为问题(欧阳敏,2013)间起部分中介作用,而早期适应不良图式在儿童期创伤与心理病理症状间(Calvete,2014；Orue et al.,2014),以及在亲子依恋与心理病理症状间(Bosmans et al.,2010；Roelofs et al.,2011；Roelofs et al.,2013)起中介作用。这说明,儿童期创伤作为远期的负性生活事件不但对个体成年后的心理健康存在直接的影响,而且可通过亲子间不安全的依恋和早期适应不良图式对个体的心理健康产生间接的影响。而亲子间不安全的依恋既对个体的心理健康存在直接的影响,又会通过早期适应不良图式对个体的心理健康产生间接的影响。据此,我们可以假设,亲子间不安全的依恋和早期适应不良图式可能在儿童期创伤对心理健康的影响中起链式中介作用,但截至目前,少有研究对儿童期创伤、亲子依恋及早期适应不良图式影响心理健康的作用机制进行综合考察。

据此,我们试图探讨早期适应不良图式对留守经历大学生的心理健康发展存在什么样的影响,早期适应不良图式在儿童期创伤和亲子依恋方面对留守经历大学生心理健康的影响机制是怎样的,早期适应不良图式在对个体的心理健康产生影响中是否与个体所面对的负性生活事件之间存在交互作用,这一交互作用是否受个体图式水平的影响,早期适应不良图式及儿童期创伤和亲子依恋对留守经历大学生的心理健康存在什么样的综合影响等问题。

二、研究目的

本书试图考察留守过程中的远端环境因素对留守经历大学生早期适应不良图式形成的影响,留守过程中的近端环境因素之一的远期负性日常事件(儿童期创伤经历)及亲子关系(亲子依恋)对留守经历大学生早期适应不良图式形成的影响,留守过程中的远近端环境因素对早期适应不良图式形成的综合影响,留守经历大学生的早期适应不良图式对其心理健康的影响,早期适应不良图式及儿童期创伤(远期负性生活事件)、负性生活事件(近期负性生活事件)及亲子依恋影响留守经历大学生心理健康的机制。

三、研究假设

假设1:留守过程中的远端环境因素对早期适应不良图式的形成不具有显著的影响。

假设2:儿童期创伤各维度与五大图式类别显著正相关,且对五大图式类别均具有显著的正向影响。

假设3:亲子沟通、亲子信任与五大图式类别显著负相关,且对其均具有显著的负向影响;亲子疏离与五大图式类别显著正相关,且对其均具有显著的正向影响。

假设4:远端环境因素可以通过近端环境因素的中介作用对留守经历大学生早期适应不良图式的形成产生影响。

假设5:早期适应不良图式对留守经历大学生的心理病理症状水平具有显著的正向影响力。

假设6:早期适应不良图式在儿童期创伤对留守经历大学生心理健康的

影响中起中介作用,这一中介作用受负性生活事件及图式亚群体的调节作用。

假设7:早期适应不良图式在留守经历大学生亲子依恋对其心理健康的影响中起中介作用。

假设8:早期适应不良图式和亲子依恋在儿童期创伤对留守经历大学生的心理健康的影响中起链式中介作用。

四、研究方法

(一)研究对象

为了解留守经历大学生在早期适应不良图式上的表现特点,本书选取了全国9个省、自治区和直辖市(安徽省、江西省、江苏省、山东省、陕西省、四川省、吉林省、新疆维吾尔自治区和重庆市)的11所高等院校(其中211院校2所,普通本科院校7所,独立学院2所)中的28个班级共1560名在校大学生作为研究对象,以班级为单位进行集体施测,最终收回有效问卷1423份,有效回收率约为91.21%。被试年龄为16~24岁,平均年龄为19.52岁,标准差为1.39岁,其中留守经历大学生547人,非留守经历大学生876人。所有被试的人口学统计学信息如表3-1所示。

(二)研究工具

1. 基本信息问卷

基本信息问卷包括人口统计学变量(性别、年龄、年级、专业、来源地、家庭结构、是否独生、是否留守)和留守状态变量(留守起始年龄、留守阶段、留守类型、看护类型、与外出父母的联系频率、联系时长及见面间隔时长)。

2. 90项症状自评量表(SCL-90)

本次测量中总量表的Cronbach α 系数为0.98,各分量表的Cronbach α 系数为0.69~0.89。

3. Young图式问卷第三版中文版(YSQ-S3)

本书采用前述所论及的Young图式问卷第三版中文版来开展相关研

究。问卷共有90个条目,评估18种早期适应不良图式(每种图式包含5个条目),采用李克特六级评分法进行评分,1代表"完全不符合",2代表"大部分不符合",3代表"有一点符合",4代表"中度符合",5代表"大部分符合",6代表"完全符合",每个图式的得分为5~30分。18个早期适应不良图式分属五大图式类别(具体详见表1-1和图2-1),每个图式类别的得分均分为该类别里所有图式的得分之和再除以该类别所包含的图式数量,得分越高表明图式越明显。本次测量中,全问卷的Cronbach α 系数为0.96,18个分量表的Cronbach α 系数为0.60~0.82。

4. 儿童期创伤问卷(CTQ-SF)

本书采用了由美国临床心理学家Bernstein等编制、国内学者赵幸福修订的儿童期创伤问卷(childhood trauma questionnaire,CTQ-SF),以评估个体在16岁之前的创伤经历。问卷由情感虐待(emotional abuse)、情感忽视(emotional neglect)、躯体虐待(physical abuse)、躯体忽视(physical neglect)、性虐待(sexual abuse)5个维度组成,共有28个条目(包括25个临床条目和3个效度条目),每个条目根据创伤经历发生的频度采用五级计分法进行评分(1=从来没有,2=偶尔,3=有时,4=经常,5=总是)(其中第2、5、7、13、19、26、28题为反向计分题)。各维度得分及总得分越高,表示个体遭受的创伤越严重。参照已有研究,本书将每一维度均分大于2分作为划分有无创伤经历的标准,将在5个维度中任一维度上有创伤经历的个体归入有创伤组。在本次测量中,该问卷的Cronbach α 系数为0.85,各维度的Cronbach α 系数为0.60~0.86。

5. 父母与同伴依恋问卷简版(IPPA简版)

本书采用了Armsden和Greenberg编制的父母与同伴依恋问卷(inventory of parent and peer attachment,IPPA)简版施测,全量表共有25个条目,包括信任、沟通和疏离3个维度,用于评定青少年与父亲、母亲及同伴的依恋关系。王树青和宋尚桂(2012)对IPPA进行了修订和简化,修订后的简版问卷包括10个条目,其中信任和沟通维度各包括3个条目,疏离维度包括4个条目。本书只对青少年与父母间的依恋关系进行考察,所有条目均采用五级评分法进行评分(1=非常不符合,2=比较不符合,3=有时符合有时不符合,4=比较符合,5=非常符合)。其中信任和沟通维度得分越高,表示亲子之间的信任和沟通水平越高;疏离维度得分越高,表示亲子之间的疏离水平越高。在本次测量中,该问卷的 Cronbach α 系数为0.76,每个维度的 Cronbach α 系数为0.76~0.82。

6. 青少年生活事件量表(ASLEC)

青少年生活事件量表(adolescent self-rating life events check list, ASLEC)由刘贤臣等(1997)编制,主要用来测查被试在过去的一段时间里所遭受的负性事件及其对个体产生影响的程度。由于该量表编制的时间较早,且编制时的取样范围较小,因此辛秀红和姚树桥(2015)对其问卷结构和常模参数进行了修订,新量表各条目的拟合指标均优于1997年版的量表。修订后的ASLEC量表共有26个条目,涉及5个因子,分别是人际关系、学习压力、受惩罚、丧失、适应。所有条目采用五级评分法进行评分(1=无影响,2=轻度,3=中度,4=重度,5=极重度),得分越高表示个体所遇到的负性生活事件对其影响越大。在本次测量中,总量表的 Cronbach α 系数为0.93,各分量表的 Cronbach α 系数分别为0.66~0.89,仅适应维度的 Cronbach α 系数为0.66,小于0.70。

(三)施测程序

本书采用分层整群抽样的方法,在全国9个省、自治区和直辖市中抽取11所高等学校,再在每所学校中随机抽取2~3个班级,并考虑文理科平衡,共抽取28个班级的1560名在校大学生作为施测对象。班主任或辅导员担任主试,借助于问卷星平台,以班级为单位采用手机扫码的方式开展集体施测,被试当场提交问卷。施测前,研究人员应明确告知主试老师测试的流程及注意事项,确保其清楚测评的目的、内容、要求和如何应对突发事件等。

(四)数据分析

本书使用SPSS 20.0统计分析软件及其中的宏程序 Process v3.4 插件

对数据进行分析、处理。采用 Logistic 回归分析法对远端环境因素(人口学特征变量及留守状态变量)对留守经历大学生早期适应不良图式形成的影响进行探讨;采用相关分析法分析各变量间的相关性;采用分层回归法分析儿童期创伤和亲子依恋对留守经历大学生早期适应不良图式形成的影响,以及早期适应不良图式对心理症状各维度与心理健康总水平的影响;采用 SPSS 20.0 中的宏程序 Process v3.4 插件对近端环境因素在远端环境因素对早期适应不良图式形成的影响中的中介作用进行分析;采用结构方程模型分析早期适应不良图式在儿童期创伤、亲子依恋对留守经历大学生心理健康影响中的中介作用,以及早期适应不良图式和亲子依恋在儿童期创伤对留守经历大学生心理健康影响中的链式中介作用;采用 Process v3.4 插件对负性生活事件及图式亚群体在早期适应不良图式对留守经历大学生心理健康影响中的调节作用进行分析;采用 AMOS 17.0 中的多群组分析法对以上模型在留守经历和非留守经历大学生群体中的差异进行分析。

(五)共同方法偏差检验

本书所涉及的所有变量的测量数据均来自大学生的自我报告,因而其可能存在共同方法偏差效应方面的问题。对此我们采用 Harman 单因素检验法分析所测量的数据,以对各因子间是否存在共同方法偏差效应进行检验。对所有考察变量所涉及的条目进行未旋转的探索性因素分析,我们发现有 53 个特征根大于 1 的因子,第一个因子解释的变异量为 18.69%,小于 40%的临界值,因此可判定本次测量中不存在明显的共同方法偏差效应(熊红星,张璟,叶宝娟,等,2012)。

第二节 留守过程中的各因素对大学生心理健康影响的研究结果

一、远端环境因素对早期适应不良图式形成的影响

(一)人口统计学变量对早期适应不良图式形成的影响

为探讨作为远端环境因素的各人口统计学变量(性别、来源地、是否独生、家庭结构)对留守经历大学生早期适应不良图式形成的影响,前文中通过以潜在剖面分析所得的图式亚群体结果为因变量,以性别(以女生为参照)、来源地(以农村为参照)、是否独生(以非独生为参照)、家庭结构(以完整家庭为参照)为自变量进行多项 Logistic 回归分析,将无适应不良图式组(C1)作为比较参考类别,得到的具体分析结果如表 4-1 所示。

表 4-1 留守经历大学生不同图式亚类型在人口统计学变量上的多项 Logistic 回归分析($N=547$)

		适应不良图式临界组(C2)		适应不良图式组(C3)	
		OR	$CI(95\%)$	OR	$CI(95\%)$
性别	男	1.07	0.70~1.64	1.27	0.79~2.05
	女	1.00	—	—	—
来源地	城市	1.05	0.68~1.61	0.95	0.58~1.55
	农村	1.00			
是否独生	独生	0.75	0.46~1.23	0.77	0.44~1.37
	非独生	1.00			
家庭结构	不完整的家庭	1.46	0.76~2.80	0.96	0.44~2.10
	完整的家庭	1.00			

由表 4-1 可知,以无适应不良图式组(C1)为参照组,将适应不良图式临界组(C2)、适应不良图式组(C3)与其进行比较。由比值比 OR 值的结果可知,留守经历大学生早期适应不良图式亚群体中的"适应不良图式临界组"

(C2)和"无适应不良图式组"(C1)在所有人口统计学变量上均不存在显著的差异;适应不良图式组(C3)和无适应不良图式组(C1)在性别、来源地、是否独生、家庭结构等变量上的差异也均不显著。

(二)留守状态变量对早期适应不良图式形成的影响

为了探讨各留守状态变量(留守阶段、留守时长、留守类型、照看类型、联系频率、联系时长、见面间隔时长)对留守经历大学生早期适应不良图式形成的影响,本书以前文中通过潜在剖面分析所得的图式亚群体结果为因变量,以留守阶段(以11~16岁为参照)、留守时长(以1~3年为参照)、留守类型(以主要是父亲外出为参照)、照看类型(以留在家乡的父母一方为参照)、联系频率(以每周至少一次为参照)、联系时长(以20分钟以上为参照)及见面间隔时长(以半年一次为参照)为自变量进行多项 Logistic 回归分析,将无适应不良图式组(C1)作为比较参考类别,得到的具体分析结果如表4-2所示。

表4-2 留守经历大学生不同图式亚类型在留守状态变量上的多项 Logistic 回归分析($N=547$)

		适应不良图式临界组(C2)		适应不良图式组(C3)	
		OR	CI(95%)	OR	CI(95%)
留守阶段	11~16岁	1.00	—	1.00	—
	6~10岁	1.46	0.82~2.62	1.10	0.54~2.27
	3~5岁	1.40	0.74~2.67	1.23	0.61~2.50
	3岁以前	1.31	0.68~2.52	0.92	0.48~1.77
留守时长	1~3年	1.00	—	1.00	—
	4~6年	0.99	0.54~1.83	1.53	0.76~3.08
	7~10年	0.71	0.42~1.22	1.18	0.63~2.21
	10年以上	0.92	0.92~1.71	1.39	0.68~2.83
留守类型	主要是父亲外出	1.00	—	1.00	—
	主要是母亲外出	1.49	0.37~6.05	2.15	0.49~9.45
	父母均外出	1.07	0.64~1.79	1.10	0.61~1.99

续表

		适应不良图式临界组(C2)		适应不良图式组(C3)	
		OR	CI(95%)	OR	CI(95%)
照看类型	留在家乡的父母一方	1.00	—	1.00	—
	祖辈	0.91	0.53~1.55	1.11	0.60~2.05
	亲戚	1.50	0.64~3.53	1.04	0.37~2.93
	独自生活	0.75	0.24~2.33	1.04	0.30~3.66
联系频率	每周至少一次	1.00	—	1.00	—
	每两周一次	1.29	0.72~2.32	1.34	0.67~2.68
	每月一次	1.78	0.96~3.31	2.09*	1.03~4.23
	一个月以上一次	2.06*	1.21~3.50	2.73***	1.50~4.97
联系时长	20分钟以上	1.00	—	1.00	—
	10~20分钟	2.40**	1.28~4.51	2.11*	1.05~4.24
	5~10分钟	1.79*	1.04~3.09	1.49	0.81~2.76
	5分钟以内	1.98*	1.09~3.59	1.41	0.71~2.81
见面间隔时长	半年	1.00	—	1.00	—
	一年	0.97	0.61~1.54	1.34	0.80~2.24
	一年以上	1.21	0.55~2.65	1.79	0.77~4.17

注：* $p<0.05$，** $p<0.01$，*** $p<0.001$。

由表4-2可知，我们以无适应不良图式组(C1)为参照组，将适应不良图式临界组(C2)、适应不良图式组(C3)与其进行比较。由比值比 OR 值的结果可知，留守经历大学生早期适应不良图式亚群体中的适应不良图式临界组(C2)、适应不良图式组(C3)和无适应不良图式组(C1)在留守阶段、留守时长、留守类型、照看类型及见面间隔时长等变量上的差异均不显著，而在联系频率、联系时长变量上的差异显著。其中，在联系频率变量上，与每周至少一次相比，一个月以上一次的留守经历大学生更易被归入适应不良图式临界组(C2)($OR=2.06$，$p<0.05$)，每月一次($OR=2.09$，$p<0.05$)和一个月以上一次($OR=2.73$，$p<0.001$)的留守经历大学生更易被归入适应不良图式组

(C3);在联系时长变量上,与20分钟以上相比,"5分钟以内"($OR=1.98$, $p<0.05$)、"5~10分钟"($OR=1.79$, $p<0.05$)和"10~20分钟"($OR=2.40$, $p<0.01$)的留守经历大学生更容易被归入适应不良图式临界组(C2),"10~20分钟"($OR=2.11$, $p<0.05$)的留守经历大学生更容易被归入适应不良图式组(C3)。这说明在留守过程中与外出父母联系越少、联系时长越短的留守儿童更易形成早期适应不良图式。

二、近端环境因素对早期适应不良图式形成的影响

(一)儿童期创伤及亲子依恋与五大图式类别的相关研究

为探讨留守经历大学生儿童期创伤及亲子依恋与早期适应不良图式形成间的关系,本书采用Pearson相关分析法,分析留守经历大学生儿童期创伤及亲子依恋各维度与五大图式类别间的相关情况。同时,考虑到留守经历大学生五大图式类别在性别、联系频率及联系时长上存在着显著的差异,因此本书将这三个远端环境变量纳入相关分析范围,具体结果如表4-3所示。

由表4-3可知,性别与分离和拒绝、限制受损和过度标准三大图式类别以及与躯体虐待和性虐待显著负相关。联系频率与分离和拒绝、限制受损、过度标准及未分类四大图式类别,以及与情感虐待、躯体虐待、情感忽视、躯体忽视、父子疏离、母子疏离显著正相关,而与父子沟通、母子沟通、父子信任及母子信任显著负相关。这表明与外出父母联系频率越低的留守经历大学生,其不但在分离和拒绝、限制受损、过度标准及未分类四大图式类别上的水平越高,而且在情感虐待、躯体虐待、情感忽视、躯体忽视上的水平也越高;与父母间的关系越疏离,其与父母间的沟通与信任水平越低。联系时长仅与分离和拒绝图式类别显著负相关,而与父子沟通、母子沟通、父子信任及母子信任显著正相关。这表明与外出父母联系时长越长的留守经历大学生在分离和拒绝图式类别上的水平越低,在与父母的沟通与信任上的水平越高。

儿童期创伤各维度与分离和拒绝、自主性及能力受损、限制受损三大图式类别均显著正相关,情感忽视与过度标准图式类别显著负相关,而躯体忽视与过度标准图式类别显著正相关,情感虐待、躯体虐待、性虐待、躯体忽视

与未分类图式类别均显著正相关,达到显著水平的相关系数绝对值为0.11～0.37。这一结果表明,留守经历大学生早期适应不良图式与其儿童期创伤存在较为密切的关系,儿童期创伤经历越多的留守经历大学生,其早期适应不良图式的水平也越高。

父子间的沟通与信任、母子间的沟通与信任均与分离和拒绝、自主性及能力受损、限制受损及未分类四大图式类别显著负相关,而父子疏离、母子疏离则与这四大图式类别显著正相关,相关系数的绝对值为0.11～0.39;过度标准图式类别除与父子疏离显著正相关外,与其他亲子依恋维度相关均不显著。这一结果表明,与父母沟通得越多、父母对自己越信任的留守经历大学生,其早期适应不良图式的水平越低;而留守经历大学生与父母间的关系越疏离,其早期适应不良图式的水平则越高。

表 4-3 留守经历大学生儿童期创伤及亲子依恋各维度与五大图式类别间的相关研究情况（N=547）

	1	2	3	4	5	6	7	8	9	10	11	12	13	14	15	16	17	18
1. 性别	1																	
2. 联系频率	-0.01	1																
3. 联系时长	0.01	-0.24**	1															
4. D&R	-0.11**	0.13**	-0.09*	1														
5. IA&P	0.03	0.07	-0.04	0.76**	1													
6. IL	-0.09*	0.09*	-0.06	0.65**	0.60**	1												
7. ES	-0.09*	0.10*	0.04	0.29**	0.28**	0.39**	1											
8. UC	-0.08	0.09*	-0.03	0.67**	0.70**	0.66**	0.50**	1										
9. EA	0.03	0.09*	-0.05	0.37**	0.36**	0.27**	0.09	0.30**	1									
10. PA	-0.15**	0.08*	-0.06	0.23**	0.16**	0.21**	0.02	0.18**	0.59***	1								
11. SA	-0.11**	0.06	-0.04	0.17**	0.14**	0.16**	-0.03	0.11*	0.35***	0.44***	1							
12. EN	0.01	0.18**	-0.16**	0.25**	0.20**	0.13**	-0.13**	0.08	0.38***	0.26***	0.22***	1						
13. PN	-0.03	0.10*	-0.04	0.23**	0.22**	0.14**	0.14**	0.14**	0.27***	0.22***	0.22***	0.58***	1					
14. FGT	-0.04	-0.22**	0.17***	-0.33**	-0.28**	-0.25**	-0.03	-0.24**	-0.30***	-0.13**	-0.03	-0.36***	-0.21***	1				
15. FXR	0.02	-0.14**	0.10**	-0.29**	-0.26**	-0.21**	0.04	-0.17**	-0.33***	-0.21***	-0.06	-0.38***	-0.26***	0.75***	1			
16. FSL	-0.03	0.17**	-0.01	0.39***	0.41***	0.34***	0.13**	0.35***	0.41***	0.23***	0.10*	0.33***	0.26***	-0.44***	-0.39***	1		
17. MGT	0.01	-0.16**	0.18***	-0.22***	-0.18**	-0.15**	0.04	-0.11*	-0.24***	-0.15**	-0.12**	-0.32***	-0.16**	0.49***	0.40***	-0.17**	1	
18. MXR	-0.05	-0.16**	0.13**	-0.24***	-0.24***	-0.16**	0.05	-0.14**	-0.28***	-0.17**	-0.09*	-0.32***	-0.16**	0.39***	0.52***	-0.20***	0.79***	1
19. MSL	-0.01	0.11*	-0.06	0.36***	0.38***	0.28***	0.08	0.28***	0.34***	0.22***	0.10*	0.27***	0.19***	-0.22***	-0.23***	0.61***	-0.22***	-0.20***

注：性别中的 1 代表男性，2 代表女性；联系频率中的 1 代表每周至少联系一次，2 代表每两周联系一次，3 代表每月联系一次，4 代表一个月以上联系一次；联系时长中的 1 代表 5 分钟以内，2 代表 5~10 分钟，3 代表 10~20 分钟，4 代表 20 分钟以上；D&R，IA&P，IL，ES，UC 及 EA，PA，SA，EN，PN 的指代前文；FGT 代表父子沟通，FXR 代表父子信任，FSL 代表父子疏离，MGT 代表母子沟通，MXR 代表母子信任，MSL 代表母子疏离。* $p<0.05$，** $p<0.01$，*** $p<0.001$。

(二)儿童期创伤对早期适应不良图式的回归分析

为考察留守经历大学生儿童期创伤对早期适应不良图式形成的影响,本书采用分层回归法,分别在控制性别、联系频率和联系时长的情况下,依次以留守经历大学生五大图式类别为因变量,将儿童期创伤各维度作为自变量,对儿童期创伤早期适应不良图式作分层回归分析。

为了减少多重共线性,在进行分层回归分析前,本书对所有自变量进行中心化处理,并对性别、联系频率及联系时长作虚拟编码处理。在分层回归分析中,我们首先将虚拟编码后的性别、联系频率和联系时长作为协变量纳入回归分析的第一层,其次将儿童期创伤各维度中心化后的变量纳入回归分析的第二层,最后将性别、联系频率和联系时长分别与儿童期创伤总分的乘积项纳入回归分析的第三层。儿童期创伤对五大图式类别的回归分析结果如表4-4所示。

表4-4 儿童期创伤对五大图式类别的回归分析($N=547$)

	分离和拒绝	自主性及能力受损	限制受损	过度标准	未分类
第一层	—	—	—	—	—
性别虚拟	0.11**	−0.04	0.08	0.08	0.06
联系频率虚拟1	0.04	0.06	0.00	−0.05	0.02
联系频率虚拟2	0.09*	0.06	0.06	0.05	0.08
联系频率虚拟3	0.12*	0.07	0.09	0.12*	0.09
联系时长虚拟1	−0.01	−0.04	−0.04	0.11*	0.07
联系时长虚拟2	0.01	0.02	0.00	0.06	0.03
联系时长虚拟3	−0.09	−0.06	0.04	0.12*	0.02
R^2	0.04	0.01	0.02	0.04	0.02
第二层	—	—	—	—	—
情感虐待	0.34***	0.38***	0.22***	0.20***	0.31***
躯体虐待	−0.04	−0.10	0.02	−0.05	−0.01
性虐待	0.01	0.03	0.05	−0.06	0.00
情感忽视	0.06	0.02	−0.02	−0.20***	−0.11*

续表

	分离和拒绝	自主性及能力受损	限制受损	过度标准	未分类
躯体忽视	0.09	0.15**	0.06	0.01	0.12*
R^2	0.19	0.16	0.09	0.08	0.11
ΔR^2	0.15	0.15	0.075	0.05	0.10
ΔF	19.64***	19.26***	8.77***	5.24***	11.65***
第三层	—	—	—	—	—
性别×创伤	−0.05	−0.02	−0.03	−0.09	−0.09
联系频率×创伤	−0.06	−0.01	−0.01	−0.05	−0.02
联系时长×创伤	−0.06	−0.09	−0.01	−0.05	−0.05
R^2	0.20	0.17	0.09	0.09	0.12
ΔR^2	0.01	0.01	0.00	0.01	0.01
ΔF	1.51	1.06	0.14	0.93	0.81

注：* $p<0.05$，** $p<0.01$，*** $p<0.001$。

由表 4-4 可知，在控制了性别、联系频率和联系时长三个变量后，情感虐待对五大图式类别均具有显著的正向影响，情感忽视对过度标准和未分类两大图式类别具有显著的负向影响，躯体忽视对自主性及能力受损和未分类两大图式类别具有显著的正向影响，而躯体虐待和性虐待则对五大图式类别均不具有显著的影响。儿童期创伤和性别、联系频率及联系时长的交互项对五大图式类别的影响均不显著，也即性别、联系频率和联系时长在儿童期创伤各维度对五大图式类别的影响中不具有调节作用。

（三）亲子依恋对早期适应不良图式的回归分析

为考察留守经历大学生的亲子依恋对早期适应不良图式形成的影响，本书分别在控制性别、联系频率和联系时长的情况下，采用分层回归法，依次以留守经历大学生五大图式类别为因变量，以亲子依恋各维度为自变量作分层回归分析。

为了减少多重共线性，本书在进行分层回归分析前，对所有自变量进行中心化处理并对性别、联系频率和联系时长作虚拟编码处理。在分层回归分析中,我们首先将虚拟编码后的性别、联系频率和联系时长作为协变量纳入回归分析的第一层,其次将亲子依恋各维度中心化后的变量纳入回归分析的第二层,最后将性别、联系频率和联系时长分别与亲子依恋的乘积项纳入回归分析的第三层(为了简化运算,本书将父子沟通、父子信任、母子沟通和母子信任四个维度的得分合并为亲子安全依恋得分,将父子疏离和母子疏离两个维度的得分合并为亲子疏离得分)。亲子依恋对五大图式类别的回归分析结果如表 4-5 所示。

表 4-5 亲子依恋对五大图式类别的回归分析($N=547$)

	分离和拒绝	自主性及能力受损	限制受损	过度标准	未分类
第一层	—	—	—	—	—
性别虚拟	0.11**	−0.04	0.08	0.08	0.05
联系频率虚拟 1	0.05	0.06	0.00	−0.03	0.02
联系频率虚拟 2	0.10*	0.06	0.06	0.06	0.08
联系频率虚拟 3	0.13**	0.07	0.09	0.13*	0.10
联系时长虚拟 1	−0.01	−0.04	−0.04	0.11*	0.07
联系时长虚拟 2	0.01	0.02	0.00	0.06	0.03
联系时长虚拟 3	−0.09	−0.06	−0.04	0.11*	0.02
R^2	0.04	0.01	0.02	0.03	0.02
第二层					
父子沟通	−0.21**	−0.19*	−0.15*	−0.14	−0.27***
父子信任	0.02	0.07	0.04	0.18*	0.17*
父子疏离	0.15***	0.20***	0.20***	0.10	0.20***
母子沟通	0.07	0.16*	0.04	0.08	0.17*
母子信任	−0.15*	−0.25***	−0.09	−0.03	−0.20**
母子疏离	0.21***	0.23***	0.12*	0.04	0.14**
R^2	0.24	0.24	0.15	0.06	0.16
ΔR^2	0.20	0.23	0.13	0.03	0.15
ΔF	23.64***	26.39***	13.77***	2.69*	15.65***
第三层	—	—	—	—	—

续表

	分离和拒绝	自主性及能力受损	限制受损	过度标准	未分类
性别×亲子安全	0.02	0.07	−0.02	0.03	0.02
性别×亲子疏离	0.02	0.04	−0.08	−0.10	−0.06
联系频率×亲子安全	−0.00	−0.01	−0.11*	0.02	−0.05
联系频率×亲子疏离	0.04	0.05	0.02	0.08	0.06
联系时长×亲子安全	0.01	0.02	0.04	0.08	0.05
联系时长×亲子疏离	0.02	0.01	0.05	0.02	0.04
R^2	0.24	0.24	0.17	0.07	0.17
ΔR^2	0.00	0.00	0.02	0.02	0.01
ΔF	0.19	0.56	1.56	1.38	1.06

注：* $p<0.05$，** $p<0.01$，*** $p<0.001$。

由表 4-5 可知，在控制了性别、联系频率和联系时长后，父子沟通对除过度标准图式类别外的分离和拒绝、自主性及能力受损、限制受损及未分类的四大图式类别均具有显著的负向影响，父子信任只对过度标准及未分类的图式类别具有显著的正向影响；母子沟通对自主性及能力受损及未分类的图式类别具有显著的正向影响，母子信任则对分离和拒绝、自主性及能力受损和未分类的三大图式类别具有显著的负向影响；父子疏离和母子疏离均对除过度标准外的分离和拒绝、自主性及能力受损、限制受损与未分类的四大图式类别具有显著的正向影响。此外，联系频率与亲子安全依恋对限制受损图式类别的交互作用显著，也即亲子安全依恋对限制受损图式类别的影响受联系频率的调节作用。

依据表 4-5 中交互项对图式类别影响显著的维度表现，本书采用简单斜率分析法(simple slope analysis)(Porter, Aiken & West, 1994)对联系频率在亲子安全依恋对限制受损图式类别影响中的调节效应作进一步的分析，结果如图 4-1 所示。由图 4-1 可知，联系频率在亲子安全依恋对限制受损图式类别的影响中具有显著的调节作用。无论联系频率是每周一次还是每两周一次、每月一次或一个月以上一次，亲子安全依恋水平越高，留守经历大学生的限制受损图式类别的水平就越低。但对于每周至少联系一次的留守经历大学生来说，限制受损图式类别水平随安全依恋水平的增高而下降的速度明显快于其他三组，即每周和外出父母至少联系一次的留守经历大学生，其亲子安全依恋水平减少对限制受损类图式的形成具有更大的影响力。

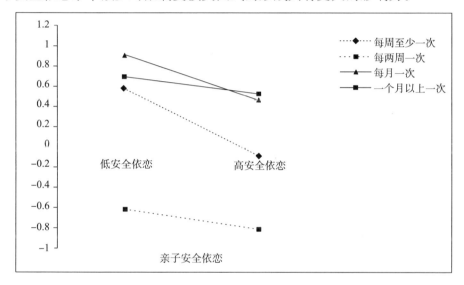

图 4-1　联系频率在亲子安全依恋对限制受损图式类别影响中的调节效应

三、远近端环境因素对早期适应不良图式形成的综合影响

上述分析已经证实，和父母联系频率越低、每次联系时长越短的留守经历大学生容易被归入适应不良图式临界组和适应不良图式组。相关分析的结果表明，留守经历大学生与外出父母联系频率越低，其图式水平越高，其儿童期创伤水平也越高，与父母间的关系越疏离，亲子沟通和亲子信任水平越低。而留守经历大学生与外出父母联系的时长越长，其在分离和拒绝图式类别上的水平越低，亲子沟通和亲子信任水平越高。据此我们可以假设，留守的远端环境因素中的联系频率和联系时长是通过对近端环境因素中的儿童期创伤和亲子依恋水平产生影响，进而对早期适应不良图式产生影响的，也即留守的近端环境因素在远端环境因素与心理发展结果之间起中介作用。

为了验证这一假设,我们分别以联系频率和联系时长为自变量,以儿童期创伤总分、亲子安全依恋(亲子沟通和亲子信任的总分)、亲子疏离为中介变量,以早期适应不良图式总分为因变量建立中介效应模型,并对该中介效应模型中各路径系数的显著性进行检验。

本书采用 Process v 3.4 插件中的模型 4 对各中介效应模型进行检验,结果如图 4-2、图 4-3 及图 4-4 所示。

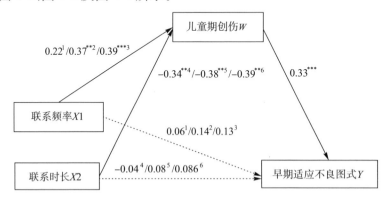

图 4-2　儿童期创伤在联系频率、联系时长对早期适应不良图式影响中的中介效应分析

注:1 代表联系频率为"每两周一次",2 代表联系频率为"每月一次",3 代表联系频率为"一个月以上一次",4 代表联系时长为"5~10 分钟",5 代表联系时长为"10~20 分钟",6 代表联系时长为"20 分钟以上",下同。

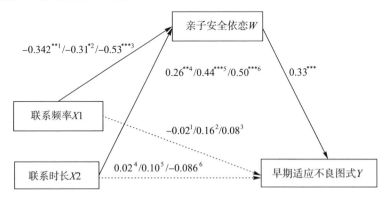

图 4-3　亲子安全依恋在联系频率、联系时长对早期适应不良图式影响中的中介效应分析

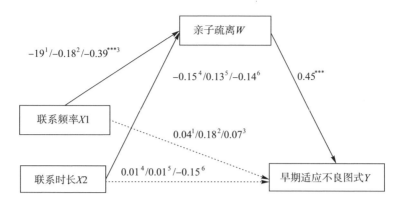

图 4-4　亲子疏离在联系频率、联系时长对早期适应不良图式形成影响中的中介效应分析

由图 4-2、图 4-3 及图 4-4 可知,在加入儿童期创伤、亲子安全依恋及亲子疏离作为中介变量后,联系频率及联系时长对早期适应不良图式不具有显著的预测作用,但儿童期创伤和亲子疏离对早期适应不良图式具有显著的正向预测作用,亲子安全依恋对早期适应不良图式具有显著的负向预测作用。相对于每周至少联系一次的联系频率,每月联系一次及一个月以上联系一次的联系频率对儿童期创伤具有显著的正向预测作用,每两周、每月及一个月以上联系一次的联系频率对亲子安全依恋具有显著的负向预测作用,一个月及以上联系一次的联系频率对亲子疏离具有显著的正向预测作用。相对于每次在 5 分钟以内的联系时长,每次大于 5 分钟的联系时长对儿童期创伤具有显著的负向预测作用,每次在 10 分钟以上的联系时长对亲子安全依恋具有显著的正向预测作用,但对亲子疏离不具有显著的预测作用。由此可见,儿童期创伤、亲子安全依恋在联系频率、联系时长对早期适应不良图式形成的影响中起完全中介作用,亲子疏离在联系频率对早期适应不良图式形成的影响中起完全中介作用。

四、早期适应不良图式对心理健康的影响

(一)早期适应不良图式与心理症状的相关分析

为探讨留守经历大学生早期适应不良图式对其心理健康的影响,本书采用 Pearson 相关分析法,分析留守经历大学生各人口统计学变量、各留守状

态变量、18个早期适应不良图式及五大图式类别与其心理症状各维度的相关情况,具体结果见表4-6(人口统计学变量及留守状态变量中未列出的变量均与心理症状相关不显著)。由表4-6可知,除过度标准图式类别及其所包含的自我牺牲和苛刻标准/吹毛求疵图式与心理症状中的躯体化、敌对及恐怖三个维度相关不显著外,五大图式类别及图式总水平与心理症状其余各维度的得分及总分均显著正相关,相关系数为0.09~0.57,特别是分离和拒绝、自主性及能力受损两大图式类别及其所包含的具体图式与除躯体化外的其余心理症状各维度的相关系数均在0.33以上,而心理症状中的强迫、人际关系敏感和抑郁三个维度与图式类别中除过度标准外的其余四个图式类别的相关系数也均在0.40以上,都达到了相关极显著的水平($p<0.001$)。这一结果表明,留守经历大学生早期适应不良图式与其心理症状水平间存在较为密切的关系,特别是分离和拒绝、自主性及能力受损两大图式类别及其所包含的具体图式与强迫、人际关系敏感及抑郁的关系更为密切。在总体上,图式水平越高的留守经历大学生,其心理症状水平也越高。

表 4-6 留守经历大学生早期适应不良图式与心理症状的相关分析

	躯体化	强迫	人际关系敏感	抑郁	焦虑	敌对	恐怖	偏执	精神病性	其他	心理症状总水平
联系频率	0.07	0.11*	0.09*	0.12**	0.10*	0.04	0.04	0.08	0.12**	0.11*	0.11*
情感剥夺	0.18***	0.38***	0.47***	0.50***	0.34***	0.31***	0.28***	0.34***	0.36***	0.27***	0.42***
遗弃/不稳定	0.16***	0.37***	0.40***	0.38***	0.30***	0.30***	0.33***	0.31***	0.29***	0.26***	0.37***
不信任/虐待	0.29***	0.35***	0.42***	0.38***	0.34***	0.36***	0.30***	0.50***	0.40***	0.31***	0.42***
社交孤立/疏离	0.22***	0.39***	0.48***	0.48***	0.36***	0.35***	0.30***	0.42***	0.40***	0.32***	0.45***
缺陷/羞耻	0.26***	0.40***	0.51***	0.52***	0.37***	0.40***	0.36***	0.41***	0.40***	0.31***	0.47***
失败	0.20***	0.47***	0.50***	0.50***	0.35***	0.28***	0.30***	0.29***	0.37***	0.25***	0.43***
依赖/无能力	0.19***	0.40***	0.41***	0.41***	0.33***	0.30***	0.37***	0.27***	0.33***	0.21***	0.39***
对伤害或疾病的易感性	0.33***	0.41***	0.43***	0.44***	0.40***	0.37***	0.36***	0.45***	0.42***	0.32***	0.46***
纠结/未发展的自我	0.30***	0.34***	0.34***	0.36***	0.36***	0.38***	0.38***	0.34***	0.33***	0.26***	0.40***
屈从	0.22***	0.44***	0.45***	0.43***	0.37***	0.30***	0.39***	0.33***	0.39***	0.22***	0.42***
自我牺牲	0.05	0.21***	0.15***	0.14***	0.12***	0.03	0.06*	0.09*	0.12***	0.08	0.13*
情感抑制	0.18***	0.45***	0.48***	0.44***	0.33***	0.27***	0.33***	0.35***	0.36***	0.27***	0.42***
苛刻标准/吹毛求疵	0.05	0.23***	0.19***	0.17***	0.15***	0.08	0.06	0.16***	0.18***	0.14***	0.17***
特权/夸张	0.17***	0.25***	0.30***	0.28***	0.23***	0.32***	0.19***	0.35***	0.28***	0.24***	0.30***

续表

	躯体化	强迫	人际关系敏感	抑郁	焦虑	敌对	恐怖	偏执	精神病性	其他	心理症状总水平
自控不足	0.18***	0.43***	0.42***	0.43***	0.30***	0.32***	0.27***	0.31***	0.35***	0.30***	0.40***
寻求认可	0.15***	0.38***	0.37***	0.36***	0.30***	0.34***	0.25***	0.34***	0.27***	0.23***	0.35***
消极/悲观	0.25***	0.47***	0.41***	0.46***	0.35***	0.30***	0.26***	0.35***	0.37***	0.31***	0.43***
惩罚	0.18***	0.33***	0.35***	0.35***	0.28***	0.25***	0.19***	0.32***	0.37***	0.27***	0.35***
分离和拒绝	0.27***	0.48***	0.57***	0.56***	0.42***	0.41***	0.39***	0.49***	0.47***	0.36***	0.53***
自主性及能力受损	0.30***	0.53***	0.55***	0.55***	0.45***	0.41***	0.46***	0.43***	0.46***	0.33***	0.53***
限制受损	0.20***	0.39***	0.42***	0.41***	0.31***	0.37***	0.26***	0.38***	0.36***	0.31***	0.40***
过度标准	0.06	0.25***	0.19***	0.17***	0.15***	0.06	0.07	0.14***	0.17***	0.12***	0.17***
未分类	0.23***	0.47***	0.45***	0.46***	0.37***	0.35***	0.28***	0.40***	0.40***	0.32***	0.45***

注：联系频率中分别用 1~4 代表与父母的联系频率为"每周至少一次""每两周一次""每月一次"及"一个月以上一次"。*$p<0.05$，**$p<0.01$，***$p<0.001$。

（二）早期适应不良图式对心理健康的回归分析

为考察在留守经历大学生群体中,早期适应不良图式对心理健康发展的影响,本书采用分层回归分析法,依次以心理症状各维度及总水平为因变量,以 18 个早期适应不良图式为自变量作回归分析。通过对留守经历大学生各人口统计学变量、各留守状态变量与心理症状进行相关分析发现,仅联系频率与 6 个心理症状维度及总水平显著相关(表 4-6),因此在接下来的分层回归分析中,我们只将联系频率及其与图式总水平的乘积项纳入回归方程。为了减少多重共线性,在进行分层回归分析前,我们对所有自变量进行中心化处理,并对联系频率进行虚拟编码。在分层回归分析中,我们首先将虚拟编码后的联系频率作为协变量纳入回归分析的第一层,其次将图式各维度中心化后的变量纳入回归分析的第二层,最后将联系频率与图式总水平的乘积项纳入回归分析的第三层。留守经历大学生 18 个早期适应不良图式对心理症状的回归分析如表 4-7 所示。

由表 4-7 可知,对伤害或疾病的易感性及纠结/未发展的自我两个图式社交孤立/疏离对躯体化维度具有显著的正向影响;失败、情感抑制、苛刻标准/吹毛求疵、寻求认可及消极/悲观五个图式对强迫维度具有显著的正向影响,而特权/夸张图式对其具有显著的负向影响;不信任/虐待、失败和情感抑制三个图式对人际关系敏感维度具有显著的正向影响;社交孤立/疏离和失败图式对抑郁具有显著的正向影响;社交孤立/疏离、对伤害或疾病的易感性及纠结/未发展的自我三个图式对焦虑具有显著的正向影响;纠结/未发展的自我和寻求认可图式对敌对维度具有显著的正向影响,而自我牺牲图式则对其具有显著的负向影响;遗弃/不稳定、纠结/未发展的自我、屈从和情感抑制四个图式对恐怖维度具有正向的影响;不信任/虐待、社交孤立/疏离、对伤害或疾病的易感性及寻求认可图式对偏执维度具有显著的正向影响;不信任/虐待、社交孤立/疏离及惩罚三个图式对精神病性维度具有显著的正向影响;纠结/未发展的自我及自控/自律不足图式对其他维度具有显著的正向影响;对心理症状总水平具有显著的正向影响的图式有不信任/虐待、失败、对伤害或疾病的易感性及纠结/未发展的自我四个图式。除此以外,联系频率及其与图式的乘积项对所有的心理症状维度均不具有显著的影响,也即联系频率在早期适应不良图式对心理症状的影响中不具有显著的调节作用。

为了考察各图式类别对心理症状各维度及心理症状总水平的预测作用,我们依次以心理症状各维度及心理症状总水平为因变量,以五大图式类别为自变量作回归分析。具体分析步骤同前文,回归分析的结果如表4-8所示。由表4-8可知,分离和拒绝图式类别对除躯体化和恐怖外的八个心理症状维度及心理症状总水平均具有显著的正向影响,其中对抑郁($\beta=0.34, p<0.001$)、人际关系敏感($\beta=0.30, p<0.001$)、偏执($\beta=0.31, p<0.001$)和精神病性($\beta=0.23, p<0.001$)四个维度的回归系数均达到了极显著的水平。自主性及能力受损图式类别对除偏执和其他外的其余八个心理症状维度及心理症状总水平均具有显著的正向影响,其中对强迫($\beta=0.32, p<0.001$)、人际关系敏感($\beta=0.27, p<0.001$)、抑郁($\beta=0.27, p<0.001$)、焦虑($\beta=0.29, p<0.001$)、恐怖($\beta=0.45, p<0.001$)和精神病性($\beta=0.21, p<0.001$)六个维度的回归系数均达到了极显著的水平。限制受损图式类别仅对敌对($\beta=0.16, p<0.05$)维度具有显著的正向影响。过度标准图式类别则对抑郁、敌对和偏执三个维度具有显著的负向影响,其中对敌对($\beta=-0.18, p<0.001$)维度的回归系数达到了极显著的水平。未分类图式类别仅对强迫和偏执两个维度具有显著的正向影响。

表 4-7 留守经历大学生 18 个早期适应不良图式对心理症状的回归分析

第一层	第二层	躯体化	强迫	人际关系敏感	抑郁	焦虑	敌对	恐怖	偏执	精神病性	其他	心理症状总水平
第一层		—	—	—	—	—	—	—	—	—	—	—
	第二层	各维度上的回归系数值同表5-5										
情感剥夺		-0.11	-0.08	0.01	0.09	-0.02	-0.05	-0.05	-0.07	-0.03	-0.07	-0.04
遗弃/不稳定		-0.06	0.05	0.09	0.06	0.03	0.03	0.13*	0.01	-0.01	0.06	0.044
不信任/虐待		0.10	0.08	0.11*	0.04	0.06	0.08	0.01	0.26***	0.12*	0.09	0.11*
社交孤立/疏离		0.05	0.08	0.09	0.13*	0.13*	0.04	0.03	0.14*	0.13*	0.12	0.11
缺陷/羞耻		0.05	-0.07	0.07	0.06	-0.06	0.11	0.03	-0.02	-0.03	0.00	0.02
失败		0.04	0.17**	0.21***	0.18**	0.08	0.02	-0.00	0.03	0.08	0.03	0.12*
依赖/无能力		-0.06	0.04	0.00	0.02	-0.01	-0.02	0.06	-0.06	-0.01	-0.05	-0.01
对伤害或疾病的易感性		0.19**	0.02	0.06	0.06	0.14*	0.07	0.11	0.14*	0.14*	0.12	0.12*
纠结/未发展的自我		0.18***	0.07	0.00	0.05	0.14**	0.17***	0.17***	0.06	0.07	0.11*	0.11*
屈从		-0.03	0.03	0.01	-0.02	0.06	-0.02	0.12*	0.03	0.06	-0.11	0.02
自我牺牲		0.01	0.01	-0.01	-0.02	-0.04	-0.11*	-0.08	-0.07	-0.05	-0.03	-0.03
情感抑制		-0.01	0.16**	0.14**	0.03	0.05	0.02	0.16***	0.05	0.03	0.04	0.08
苛刻标准/吹毛求疵		-0.10	-0.00	-0.04	-0.04	-0.02	-0.06	-0.06	-0.05	-0.02	-0.05	-0.05

续表

	躯体化	强迫	人际关系敏感	抑郁	焦虑	敌对	恐怖	偏执	精神病性	其他	心理症状总水平
特权/夸张	-0.03	-0.12*	-0.04	-0.08	-0.07	0.08	-0.06	0.04	-0.04	-0.04	-0.05
自控不足	0.04	0.13*	0.06	0.09	0.03	0.08	0.03	0.03	0.09	0.16**	0.09
寻求认可	-0.03	0.10*	0.08	0.05	0.07	0.15**	0.05	0.10*	-0.03	-0.02	0.06
消极/悲观	-0.07	0.13*	-0.07	0.05	0.01	-0.05	-0.09	-0.03	-0.01	0.03	0.02
惩罚	0.05	-0.03	0.01	0.01	0.04	0.02	0.00	0.06	0.16**	0.10	0.04
R^2	0.16	0.35	0.38	0.39	0.24	0.27	0.25	0.32	0.29	0.19	0.35
ΔR^2	0.15	0.34	0.37	0.37	0.23	0.25	0.25	0.31	0.26	0.17	0.33
ΔF	5.22**	15.22***	17.59***	17.39***	8.97***	10.12***	9.59***	13.22***	10.81***	6.16***	14.71***
第三层	—	—	—	—	—	—	—	—	—	—	—
联系频率×图式	0.01	0.01	0.03	0.01	-0.03	-0.02	0.06	-0.05	-0.05	-0.03	-0.00
R^2	0.16	0.35	0.38	0.39	0.25	0.27	0.25	0.32	0.29	0.19	0.35
ΔR^2	0.00	0.01	0.01	0.02	0.02	0.02	0.00	0.01	0.00	0.00	0.00
ΔF	0.04	0.08	0.32	0.03	0.46	0.20	1.74	1.32	0.97	0.29	0.01

注：* $p<0.05$，** <0.01，*** <0.001。

表 4-8 留守经历大学生五大图式类别对心理症状的回归分析

	躯体化	强迫	人际关系敏感	抑郁	焦虑	敌对	恐怖	偏执	精神病性	其他	心理症状总水平
第一层											
联系频率虚拟1	-0.02	0.01	0.05	0.03	0.02	0.01	0.02	0.01	0.03	0.06	0.03
联系频率虚拟2	0.05	0.10*	0.10*	0.13**	0.10*	0.12**	0.05	0.13**	0.15**	0.13**	0.12**
联系频率虚拟3	0.07	0.11*	0.09	0.12*	0.10*	0.01	0.04	0.07	0.12*	0.12*	0.11*
R^2	0.01	0.02	0.01	0.02	0.01	0.01	0.00	0.02	0.02	0.02	0.02
第二层	—	—	—	—	—	—	—	—	—	—	—
分离和拒绝	0.10	0.13*	0.34***	0.30***	0.16*	0.14*	0.12	0.31***	0.23***	0.17*	0.24***
自主性及能力受损	0.21**	0.32***	0.27***	0.27***	0.29***	0.20**	0.44***	0.09	0.21***	0.08	0.29***
限制受损	0.00	0.01	0.02	0.01	-0.02	0.16**	-0.00	0.07	0.05	0.10	0.04
过度标准	-0.08	0.02	-0.04	-0.09*	0.05	-0.18**	-0.00	-0.10*	-0.05	-0.07	-0.08
未分类	0.06	0.13*	0.04	0.11	0.09	0.10	-0.06	0.14*	0.09	0.12	0.10
R^2	0.10	0.31	0.37	0.37	0.23	0.24	0.22	0.27	0.26	0.16	0.33
ΔR^2	0.10	0.30	0.35	0.35	0.22	0.22	0.22	0.25	0.24	0.14	0.32
ΔF	11.42**	46.05***	59.94***	58.85***	30.07***	31.06***	30.72***	36.53***	34.24***	17.77***	51.05***
第三层	—	—	—	—	—	—	—	—	—	—	—
联系频率*图式	0.04	0.00	0.01	-0.01	-0.02	-0.00	0.08	-0.03	-0.03	-0.02	0.00

续表

	躯体化	强迫	人际关系敏感	抑郁	焦虑	敌对	恐怖	偏执	精神病性	其他	心理症状总水平
R^2	0.10	0.31	0.37	0.37	0.23	0.24	0.23	0.27	0.26	0.16	0.33
ΔR^2	0.00	0.00	0.00	0.00	0.00	0.00	0.00	0.00	0.00	0.00	0.00
ΔF	0.73	0.01	0.05	0.04	0.18	0.00	3.09	0.43	0.54	0.12	0.01

注：* $p<0.05$，** $p<0.01$，*** $p<0.001$。

五、早期适应不良图式及近端环境因素对心理健康的影响机制

(一)各变量间的相关分析

由于进行中介效应分析的前提是自变量、中介变量及因变量间存在显著的相关关系,因此我们首先对五大图式类别与儿童期创伤、亲子安全依恋(亲子沟通和亲子信任的总分)、亲子疏离(父子疏离和母子疏离的总分)、负性生活事件及心理症状总水平的相关关系进行分析,结果如表4-9所示。由表4-9可知,除过度标准图式类别与儿童期创伤及亲子安全依恋相关不显著外,其余变量间均存在显著的相关关系。其中分离和拒绝、自主性及能力受损、限制受损及未分类四大图式类别、儿童期创伤、亲子疏离、负性生活事件及心理症状总水平间均显著正相关,亲子安全依恋则与除过度标准外的其余各变量均显著负相关。

表4-9 留守经历大学生各分析变量相关分析

	1	2	3	4	5	6	7	8	9
1.分离和拒绝	1	—	—	—	—	—	—	—	—
2.自主性及能力受损	0.75***	1	—	—	—	—	—	—	—
3.限制受损	0.65***	0.60***	1	—	—	—	—	—	—
4.过度标准	0.33***	0.33***	0.43***	1	—	—	—	—	—
5.未分类	0.67***	0.70***	0.68***	0.55***	1	—	—	—	—
6.儿童期创伤	0.36***	0.31***	0.24***	−0.06	0.21***	1	—	—	—
7.亲子安全依恋	−0.33***	−0.29***	−0.24***	0.03	−0.20***	−0.42***	1	—	—
8.亲子疏离	0.42***	0.44***	0.35***	0.12**	0.35***	0.41***	−0.36***	1	—
9.负性生活事件	0.34***	0.39***	0.25***	0.13**	0.31***	0.29***	−0.14***	0.32***	1
10.心理症状总水平	0.53***	0.53***	0.40***	0.17***	0.45***	0.36***	−0.23***	0.35***	0.51***

注:* $p<0.05$,** $p<0.01$,*** $p<0.001$。

(二)早期适应不良图式在儿童期创伤对心理健康影响中的作用机制

1. 五大图式类别在儿童期创伤对心理健康影响中的中介作用

为考察早期适应不良图式在儿童期创伤这一留守近环境因素中的远端负性事件对心理健康影响中的作用,本书以留守经历大学生儿童期创伤为自变量,以分离和拒绝、自主性及能力受损、限制受损及未分类四大图式类别为中介变量(因过度标准图式类别与儿童期创伤相关不显著,故在中介效应分析中不对其进行分析),以心理症状总水平为因变量,运用 Mplus 7.1 对建构的结构方程模型进行检验,并采用偏差校正的非参数百分位 Bootstrap 法对中介效应进行检验,在原始调查数据中随机重复抽取 5000 个样本,计算 95%的置信区间。结果发现,各模型总体拟合良好(各模型拟合指标如表4-10 所示)。

表 4-10　四大图式类别在儿童期创伤对心理健康影响中的中介效应模型拟合情况

	$\chi^2(df)$	χ^2/df	RMSEA(90%的 CI 区间)	CFI	TLI	SRMR
分离和拒绝	647(167)	3.87	0.074(0.068,0.080)	0.94	0.92	0.05
自主性及能力受损	706(186)	3.80	0.073(0.067,0.079)	0.93	0.92	0.05
限制受损	407(116)	3.51	0.070(0.063,0.077)	0.95	0.94	0.04
未分类	447(132)	3.39	0.068(0.061,0.075)	0.95	0.94	0.04

各中介模型的路径图及分离和拒绝图式类别作为中介变量的模型的路径系数如图 4-5 所示。因自主性及能力受损、限制受损及未分类三大图式在儿童期创伤对心理健康影响中的中介效应模型与图 4-5 的模型一致,所以下文仅以表格形式呈现这三大图式类别作中介变量时的各路径系数,结果如表 4-11 所示。其中潜变量自主性及能力受损为中介变量时,各分维度显变量的因子载荷分别为遗弃/不稳定(0.62)、失败(0.75)、依赖/无能力(0.79)、对伤害或疾病的易感性(0.72)、纠结/未发展的自我(0.67)、屈从(0.80);潜变量限制受损为中介变量时,各分维度显变量的因子载荷分别为自控/自律不足(0.81)、特权/夸张(0.62);潜变量未分类为中介变量时,各分维度显变量的

因子载荷分别为寻求认可(0.69)、消极/悲观(0.84)、惩罚(0.73)。以上各显变量对潜变量的因子载荷均达到了显著水平，$p<0.001$。

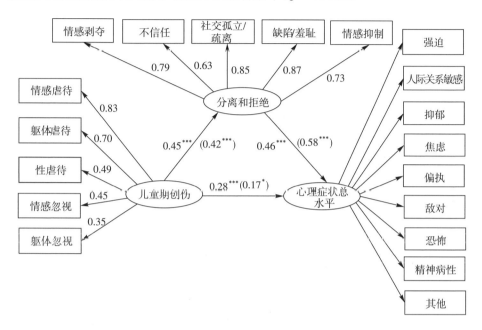

图 4-5　分离和拒绝图式类别在儿童期创伤对心理健康影响中的中介模型

注：括号内的数字为非留守经历大学生的路径系数，下同。

说明：在下文中对其他中介模型进行分析时，因儿童期创伤、分离和拒绝图式类别及心理症状总水平三个潜变量的各分维度显变量的因子载荷基本一致，故在各中介模型的分析图中省去这三个潜变量的各分维度表达的内容。* $p<0.05$，** $p<0.01$，*** $p<0.001$。

表 4-11　三大图式类别在儿童期创伤对心理健康影响中的中介模型各路径系数

路径	自主性及能力受损	限制受损	未分类
a	0.40***(0.43***)	0.37***(0.30***)	0.35***(0.36***)
b	0.47***(0.57***)	0.40***(0.43***)	0.40***(0.50***)
c	0.26**(0.17*)	0.32***(0.29***)	0.32***(0.24***)

注：a 路径为儿童期创伤对图式类别的影响，b 路径为图式类别对心理健康的影响，c 路径为儿童期创伤对心理健康的影响。* $p<0.05$，** $p<0.01$，*** $p<0.001$。

由图 4-5 和表 4-11 可知，在各模型中，儿童期创伤对心理症状总水平均具有显著的正向预测作用，同时对分离和拒绝($\beta=0.45, t=6.92, p<0.000$)、自主性及能力受损($\beta=0.40, t=5.66, p<0.000$)、限制受损($\beta=$

0.30,$t=4.23$,$p<0.000$)及未分类($\beta=0.35$,$t=6.30$,$p<0.000$)四大图式类别均具有显著的正向预测作用,四大图式类别对心理症状总水平均具有显著的正向预测作用。

四大图式类别在儿童期创伤对心理健康影响中的中介效应值与效果量如表4-12所示。由表4-12可知,分离和拒绝、自主性及能力受损、限制受损及未分类四大图式类别在儿童期创伤与心理症状总水平间的中介效应95％置信区间均不包含0,即这四大图式类别在留守经历大学生儿童期创伤和心理症状总水平间的部分中介效应均显著。据此我们不仅可以通过留守经历大学生的儿童期创伤直接正向预测其成年后的心理症状总水平,而且可以通过分离和拒绝、自主性及能力受损、限制受损及未分类这四大图式类别的中介作用对其成年后的心理症状总水平进行预测。四大图式类别的中介效应效果量由大到小依次为分离和拒绝(44.3％)＞自主性及能力受损(34.8％)＞限制受损(31.7％)＞未分类(30.3％)。

表4-12 四大图式类别在儿童期创伤对心理健康影响中的中介效应值与效果量

中介变量	效应类别	效应值	效果量	95％CI区间
分离和拒绝	直接效应	0.258(0.171)	0.557(0.410)	[0.114,0.401]
	中介效应	0.450×0.456≈0.205(0.246)	0.443(0.590)	[0.136,0.274]
	总效应	0.258+0.205=0.463(0.417)	—	—
自主性及能力受损	直接效应	0.276(0.172)	0.652(0.413)	[0.116,0.436]
	中介效应	0.397×0.471≈0.187(0.244)	0.348(0.587)	[0.116,0.258]
	总效应	0.276+0.187=0.463(0.416)	—	—
限制受损	直接效应	0.315(0.288)	0.683(0.692)	[0.167,0.462]
	中介效应	0.367×0.397≈0.146(0.128)	0.317(0.308)	[0.079,0.213]
	总效应	0.315+0.146=0.461(0.416)	—	—
未分类	直接效应	0.322(0.238)	0.697(0.569)	[0.185,0.458]
	中介效应	0.347×0.403≈0.140(0.180)	0.303(0.431)	[0.086,0.193]
	总效应	0.322+0.140=0.462(0.418)	—	—

注:括号中的数字为非留守经历大学生在以上中介效应模型中的效应值与效果量值。

为了检验以上中介模型是否仅适用于留守经历大学生群体,本书采用AMOS 17.0中的多群组分析法对有无留守经历大学生两个群组在以上中介模型中的适配性进行比较,得到两个群组在以上中介模型中的测量模型和结构模型的差异检验结果,如表 4-13 所示。

表 4-13　有无留守经历大学生图式类别在儿童期创伤与心理症状间
中介效应模型中的两个群组分析结果

图式类别	模型类别	$\chi^2(df)$	CFI	TLI	RMSEA	Δdf	$\Delta\chi^2$	p	ΔCFI	ΔTLI
分离和拒绝	未限定模型	1312.21(327)	0.951	0.943	0.046	—	—	—	—	—
	测量模型	1363.01(341)	0.949	0.944	0.046	17	50.80	0.000	0.002	0.001
	结构模型	1367.64(344)	0.949	0.944	0.046	3	4.630	0.201	0.000	0.000
自主性及能力受损	未限定模型	1422.98(362)	0.948	0.940	0.045	—	—	—	—	—
	测量模型	1455.13(380)	0.947	0.942	0.045	18	32.15	0.021	0.001	0.002
	结构模型	1459.44(383)	0.947	0.942	0.044	3	4.31	0.230	0.000	0.000
限制受损	未限定模型	842.20(222)	0.962	0.954	0.044	—	—	—	—	—
	测量模型	874.95(236)	0.961	0.955	0.044	14	32.76	0.003	0.001	0.001
	结构模型	875.27(239)	0.961	0.956	0.043	3	0.321	0.956	0.000	0.001
未分类	未限定模型	932.09(254)	0.961	0.953	0.043	—	—	—	—	—
	测量模型	964.22(269)	0.960	0.955	0.042	15	32.61	0.005	0.001	0.002
	结构模型	967.58(272)	0.960	0.955	0.042	3	3.36	0.340	0.000	0.000

由表 4-13 可知,各中介模型中的测量模型 $\Delta\chi^2/\Delta df$ 均达到了差异显著水平,据此可判断两个群组在测量模型系数上存在显著的差异。但因为 χ^2 值受样本量的影响较大,所以我们结合 CFI 和 TLI 两个拟合指标在未限定模型与测量模型间的差值大小来判断测量模型在两群组间的等值性。当这两个指标的差值小于 0.01 时,我们可认为两个群组在测量指标因子载荷上具有等值性(王孟成,2018)。由表 4-13 可知,各个中介模型中的 CFI 和 TLI 两个拟合指标在未限定模型与测量模型间的差值均小于 0.01,据此可判断两个群组在各个中介模型中的指标因子载荷上具有等值性。同时由表 4-13 可知,两个群组在结构模型系数上均不存在显著的差异($\Delta\chi^2/\Delta df$ 的显著性

水平均大于0.05),即有无留守经历大学生两个群组在以上中介模型中的路径系数(具体路径系数如图4-5和表4-11所示)不存在显著的差异,这说明早期适应不良图式在儿童期创伤对心理症状影响中的中介模型在有无留守大学生两个群体中具有等值性。但据表4-12中的效果量我们可以看出,在留守经历大学生群体中,儿童期创伤对心理症状的直接效应强;在非留守经历大学生群体中,儿童期创伤通过早期适应不良图式对心理症状的间接效应强。

2. 负性生活事件的调节作用

从上面的分析中可以看出,早期适应不良图式在儿童期创伤这一留守经历中的远期负性生活事件对心理健康的影响中均起部分中介作用。但Young等(2003)的图式治疗理论认为,早期适应不良图式在通常情况下处于一种稳定和潜在的状态,直到被与图式相关的压力源激活后才会导致功能失调的情绪和行为的出现。据此,本书假设早期适应不良图式对心理健康的影响受负性生活事件的调节作用。

为了检验负性生活事件在上述中介模型中是否具有调节作用,研究人员遵循简化原则,采用SPSS 20.0软件中的Process v3.4插件对负性生活事件在四大图式类别对留守经历大学生心理健康影响中的调节效应进行检验。因四大图式类别在中介模型中的效应量的差异不大,所以在接下来的分析中,我们将在四大图式类别上的得分合并为早期适应不良图式总分,并依据理论假设,只对负性生活事件在早期适应不良图式与心理症状中的调节效应进行检验,因此选择Process v3.4插件中的模型14(图4-6)。同时为了减小多重共线性的影响并使结果易于被解释,我们对所有变量进行标准化处理,检验结果如图4-7所示。我们考察了这一模型在非留守经历大学生群体中的适用性,同时在非留守经历大学生群体中对该调节效应进行检验,各路径系数如图4-7括号中的数字所示。

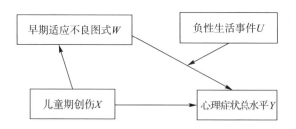

图 4-6　负性生活事件在早期适应不良图式对心理健康影响中有调节的中介模型

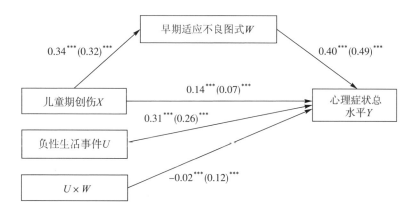

图 4-7　负性生活事件在早期适应不良图式对心理健康影响中效应的调节效应

由图 4-7 可知,在"加入"了负性生活事件在早期适应不良图式对留守经历大学生心理健康影响中的调节作用后,无论是在留守经历大学生群体中还是在非留守经历大学生群体中,儿童期创伤、早期适应不良图式、负性生活事件对心理症状总水平,以及儿童期创伤对早期适应不良图式均具有显著的正向预测作用。但在留守经历大学生群体中,儿童期创伤对心理症状的预测力($\beta=0.14, t=3.98, p<0.001$)明显大于非留守经历大学生群体($\beta=0.07, t=2.50, p<0.05$);同时,在留守经历大学生群体中,负性生活事件在早期适应不良图式对心理症状影响中的调节效应不显著($\beta=-0.02, t=-0.06, p=0.953$),但在非留守经历大学生群体中该调节效应显著($\beta=0.12, t=5.75, p<0.000$),负性生活事件在早期适应不良图式对心理健康影响中具有显著的正向调节作用。

采用简单斜率分析法对负性生活事件在图式对非留守经历大学生心理健康影响中的调节效应作进一步的分析,结果如图 4-8 所示。由图 4-8

可知,无论是在低负性生活事件组还是在高负性生活事件组中,随着图式水平的升高,个体的心理症状水平也随之升高。但在高负性生活事件组中,个体的心理症状水平随图式水平升高而升高的速度更快,也即在高负性生活事件组中,图式对个体的心理症状的影响更大。

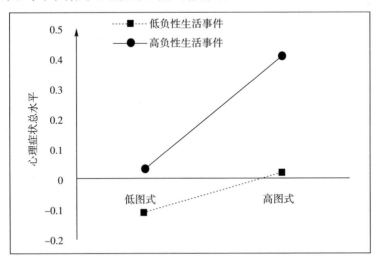

图 4-8 非留守经历大学生群体中负性生活事件在图式对心理健康影响中的调节效应简单斜率图

3. 负性生活事件和图式亚群体的双调节作用

在留守经历大学生群体中,负性生活事件在早期适应不良图式对心理症状影响中的调节效应不显著,这可能是群体异质性对其的影响所致。因此,为了进一步检验在留守经历大学生群体中,负性生活事件的调节效应是否会受到群体异质性的影响,我们构建了图式亚群体、负性生活事件在早期适应不良图式对留守经历大学生心理健康影响中的调节效应模型,选择 Process v3.4 插件中的模型 8(图 4-9)对该调节效应进行检验。同时为了降低多重共线性的影响,以及使结果易于被解释,本书对所有连续变量进行标准化处理,对图式亚群体这一分类变量进行虚拟化处理,采用偏差校正的非参数百分位 Bootstrap 法对这一双调节效应进行检验,在原始调查数据中随机重复抽取 5000 个样本,计算 95% 的置信区间,分析结果如图 4-10 所示。

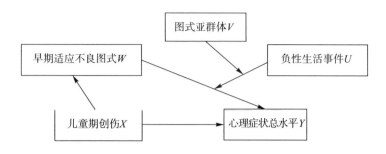

图 4-9　图式亚群体、负性生活事件在早期适应不良图式对心理健康影响中的调节效应模型

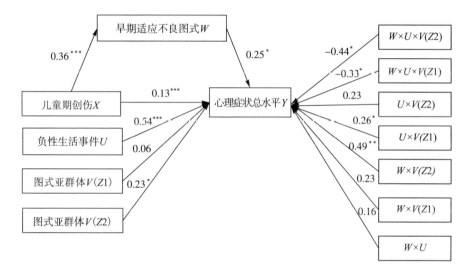

图 4-10　图式亚类型对负性生活事件调节效应的调节

注：Z1 表示图式亚类型中适应不良图式临界组的虚拟变量，Z2 表示适应不良图式组的虚拟变量，无适应不良图式组为参照组。* $p<0.05$，** $p<0.01$，*** $p<0.001$。

由图 4-10 可知，早期适应不良图式与适应不良图式组的乘积项（$\beta=0.49$，$t=2.81$，$p=0.005$，95% CI [0.147, 0.834]）、负性生活事件与适应不良图式临界组的乘积项（$\beta=-0.26$，$t=-1.99$，$p=0.047$，95% CI [−0.516, −0.004]）、早期适应不良图式与负性生活事件和适应不良图式临界组的乘积项（$\beta=-0.33$，$t=-2.07$，$p=0.039$，95% CI [−0.642, −0.017]）及早期适应不良图式与负性生活事件和适应不良图式组的乘积项（$\beta=-0.44$，$t=-2.44$，$p<0.015$，95% CI [−0.786, −0.084]）对心理症状总水平均具有显著的预测作用，这说明负性生活事件在早期适应不良图式对心理症状影响中的调节作用

受图式亚群体的影响。

本书采用简单斜率分析法对该调节效应作进一步的分析,结果如图 4-11 所示。由图 4-11 可知,在无适应不良图式组中,负性生活事件在早期适应不良图式对心理健康的影响中起正向调节作用,即低负性生活事件组的心理症状水平基本不受图式水平的影响,但高负性生活事件组的心理症状水平随图式水平的升高而明显上升。而在适应不良图式临界组和适应不良图式组中,负性生活事件在早期适应不良图式对心理健康的影响中起负向调节作用,也即无论负性生活事件水平的高低,负性生活事件组的心理症状水平都随着图式水平的升高而上升。在低负性生活事件组中,心理症状水平随图式水平的升高而上升的速度更快,也即图式对心理症状的影响更大;而在高负性生活事件组中,个体的心理症状水平受图式水平的影响较小。

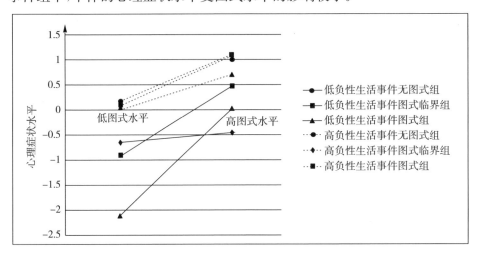

图 4-11　负性生活事件及图式亚群体在图式对心理健康影响中调节效应的简单斜率

(三)早期适应不良图式在亲子依恋对心理健康影响中的作用机制

1. 早期适应不良图式在亲子依恋对心理健康影响中的中介作用

为了考察早期适应不良图式在亲子依恋这一留守近端环境因素中反映亲子关系的变量对心理健康影响中的作用,本书以留守经历大学生亲子安全依恋和亲子疏离为自变量,以分离和拒绝、自主性及能力受损、限制受损、过度标准及未分类五大图式类别为中介变量,以心理症状总水平为因变量,运用 Mplus 7.1 对建构的结构方程模型进行检验,并采用偏差校正的非参数百分位 Bootstrap 法对中介效应进行检验,在原始调查数据中随机重复抽取 5000 个样本,计算 95% 的置信区间。研究结果表明,各模型总体拟合良好(各模型拟合指标如表 4-14 所示)。

表 4-14 五大图式类别在亲子依恋对心理健康影响中的中介效应模型的拟合情况

	$\chi^2(df)$	χ^2/df	RMSEA(90%的CI区间)	CFI	TLI	SRMR
分离和拒绝	642.73(177)	3.63***	0.069(0.064,0.075)	0.948	0.938	0.050
自主性及能力受损	731.23(197)	3.71***	0.070(0.065,0.076)	0.940	0.930	0.050
限制受损	414.81(123)	3.37***	0.066(0.059,0.073)	0.960	0.951	0.044
过度标准	367.84(123)	2.99***	0.060(0.053,0.067)	0.966	0.958	0.045
未分类	464.43(140)	3.32***	0.065(0.059,0.072)	0.958	0.949	0.045

五大图式类别在亲子安全依恋和亲子疏离对心理健康影响中的中介效应模型及分离和拒绝图式类别在模型中的各路径系数如图 4-12 所示,其余四大图式类别在各路径上的系数如表 4-15 所示(括号内的数字表示在非留守经历大学生中的各路径的系数)。由图 4-12 及表 4-15 可知,留守经历大学生亲子安全依恋对心理症状总水平不具有显著的预测作用,亲子安全依恋除对分离和拒绝图式类别具有显著的负向预测作用外,对其余四个图式类别不具有显著的预测作用;亲子疏离对五大图式类别均具有显著的正向预测作用,并在分离和拒绝($\beta=0.17, t=2.14, p<0.05$)、限制受损($\beta=0.18, t=2.05, p<0.05$)及过度标准($\beta=0.35, t=2.93, p<0.01$)三大图式类别作为中介变量时对心理症状总水平具有显著的正向预测作用,但在自主性及能力受损和未分类两大图式类别作中介变量时对心理症状总水平不具有显著的预测作用;五大图式类别对心理症状总水平均具有显著的正向预测作用。

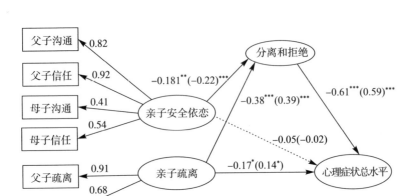

图 4-12　分离和拒绝图式类别在亲子依恋对心理健康影响中的中介模型各路径系数

表 4-15　四大图式类别在亲子依恋对心理健康影响中的中介模型各路径系数

路径	自主性及能力受损	限制受损	过度标准	未分类
$a1$	0.43***（0.41***）	0.38***（0.30***）	0.24*（0.03）	0.39***（0.30***）
$a2$	−0.17（−0.19***）	−0.13（−0.15***）	0.05（−0.05）	−0.07（−0.15**）
b	0.52***（0.58***）	0.43***（0.40***）	0.12*（0.20***）	0.44***（0.49***）
$c1$	0.15（0.13**）	0.18*（0.24**）	0.30**（0.37***）	0.57***（0.22**）
$c2$	0.03（−0.04）	0.01（−0.08）	−0.07（−0.15*）	−0.02（−0.07）

注：$a1$ 路径为亲子疏离对图式类别的影响，$a2$ 路径为亲子安全依恋对图式类别的影响，b 路径为图式类别对心理健康的影响，$c1$ 路径为亲子疏离对心理健康的影响，$c2$ 路径为亲子安全依恋对心理健康的影响。* $p<0.05$，** $p<0.01$，*** $p<0.001$。

在非留守经历大学生群体中，亲子安全依恋对除过度标准图式类别外的四大图式类别均具有显著的负向预测作用，并且在限制受损和过度标准两大图式类别作中介变量时，对心理症状总水平具有显著的负向预测作用。除此以外，在非留守经历大学生群体中，亲子疏离对过度标准图式类别不具有显著的预测作用，且在五大图式类别作中介变量时，其对心理症状总水平具有显著的正向预测作用。由此可见，在留守经历和非留守经历大学生群体中，除分离和拒绝图式类别外，其余四大图式类别在中介效应模型中所起的作用与其在留守经历大学生中所起的作用存在差异。

虽然在留守经历大学生群体中，亲子安全依恋对分离和拒绝图式类别的路径系数及分离和拒绝图式类别对心理症状的路径系数均显著，但这一中介效应的95%置信区间为[－0.156,0.073](包含0),因此分离和拒绝图式类别在亲子安全依恋对心理健康影响中的中介效应不显著,也即五大图式类别在亲子安全依恋对心理健康影响中的中介效应均不显著。五大图式类别在亲子疏离对心理健康影响中的中介效应值与效果量如表4-16所示。由表4-16可知,分离和拒绝、自主性及能力受损、限制受损及未分类四大图式类别在亲子疏离与心理症状总水平间的中介效应95%置信区间均不包含0,即这四大图式类别在留守经历大学生亲子疏离与心理症状总水平间的中介效应均显著,而过度标准图式类别在亲子疏离与心理症状总水平间的中介效应95%置信区间包含0,也即其中介效应不显著。在亲子疏离与心理症状间起中介作用的四个图式类别中,分离和拒绝、限制受损两大图式类别在亲子疏离与心理症状总水平间起部分中介作用,而自主性及能力受损、未分类两大图式类别在亲子疏离与心理症状总水平间起完全中介作用。

表 4-16　五大图式类别在亲子疏离对心理健康影响中的中介效应值与效果量

		效应值	效果量	95%CI 区间
分离和拒绝	直接效应	0.17(0.14)	0.46(0.38)	—
	中介效应	0.20(0.23)	0.54(0.62)	[0.113,0.278]
	总效应	0.37(0.37)	—	—
自主性及能力受损	直接效应	0.15(0.13)	0.41(0.35)	—
	中介效应	0.22(0.24)	0.59(0.65)	[0.128,0.324]
	总效应	0.37(0.37)	—	—
限制受损	直接效应	0.18(0.24)	0.53(0.67)	—
	中介效应	0.16(0.12)	0.47(0.33)	[0.083,0.246]
	总效应	0.34(0.36)	—	—
过度标准	直接效应	0.30(0.37)	0.91(0.97)	—
	中介效应	0.03(0.01)	0.09(0.03)	[－0.008,0.065]
	总效应	0.33(0.38)	—	—
未分类	直接效应	0.17(0.22)	0.50(0.59)	—
	中介效应	0.17(0.15)	0.50(0.41)	[0.098,0.243]
	总效应	0.34(0.37)	—	—

为了检验以上中介模型是否仅适用于留守经历大学生群体,本书采用了

AMOS 17.0 中的多群组分析法对有无留守经历大学生两个群组在以上中介模型中的适配性进行比较,得到两个群组大学生在以上中介模型中的测量模型和结构模型的差异检验结果,如表 4-17 所示。由表 4-17 可知,各中介模型中的测量模型 $\Delta\chi^2/\Delta df$ 均差异显著,据此可判断两个群组在测量模型系数上存在显著的差异。但因为 χ^2 值受样本量的影响较大,所以本书结合 CFI 及 TLI 两个拟合指标在未限定模型和测量模型间的差值大小来判断测量模型在两个群组间的等值性。当这两个指标的差值小于 0.01 时,我们可认为两个群组在测量指标因子载荷上具有等值性(王孟成,2018)。由表 4-17 可知,各个中介模型中的 CFI 与 TLI 两个拟合指标在未限定模型和测量模型间的差值均小于 0.01,据此可判断两个群组在各个中介模型中的指标因子载荷上具有等值性。同时由表 4-17 可知,两个群组在结构模型系数上均不存在显著的差异,即有无留守经历大学生两个群组在以上中介模型的路径系数上不存在显著的差异,这说明五大图式类别在亲子依恋对心理健康影响中的中介模型在有无留守经历大学生两个群体中具有等值性。

表 4-17 有无留守经历大学生图式类别在亲子依恋与心理症状间的中介效应模型的差异分析

图式类别	模型类别	$\chi^2(df)$	CFI	TLI	RMSEA	Δdf	$\Delta\chi^2$	p	ΔCFI	ΔTLI
分离和拒绝	未限定模型	1385.52(354)	0.955	0.946	0.045	—	—	—	—	—
	测量模型	1435.52(371)	0.953	0.947	0.045	17	50.00	0.000	0.002	0.001
	结构模型	1440.61(376)	0.953	0.947	0.045	5	5.090	0.505	0.000	0.000
自主性及能力受损	未限定模型	1514.21(394)	0.951	0.943	0.045	—	—	—	—	—
	测量模型	1547.56(412)	0.951	0.945	0.044	18	33.15	0.015	0.000	0.002
	结构模型	1550.72(417)	0.951	0.945	0.044	5	3.16	0.676	0.000	0.000
限制受损	未限定模型	873.68(259)	0.967	0.962	0.041	—	—	—	—	—
	测量模型	878.30(264)	0.967	0.962	0.040	5	4.62	0.465	0.000	0.001
	结构模型	888.45(267)	0.967	0.962	0.040	3	10.15	0.017	0.000	0.000

续表

图式类别	模型类别	$\chi^2(df)$	CFI	TLI	RMSEA	Δdf	$\Delta\chi^2$	p	ΔCFI	ΔTLI
过度标准	未限定模型	794.45(259)	0.971	0.966	0.038	—	—	—	—	—
	测量模型	811.98(264)	0.971	0.966	0.038	5	17.54	0.004	0.000	0.000
	结构模型	820.86(267)	0.970	0.966	0.038	3	8.88	0.031	0.000	0.000
未分类	未限定模型	953.34(280)	0.966	0.959	0.041	—	—	—	—	—
	测量模型	991.49(295)	0.965	0.960	0.041	15	38.15	0.001	0.001	0.000
	结构模型	996.13(300)	0.965	0.960	0.040	5	4.63	0.462	0.000	0.001

2. 早期适应不良图式、亲子疏离的链式中介作用

由前文的分析可知,分离和拒绝、自主性及能力受损、限制受损和未分类四大图式类别分别在儿童期创伤和心理症状总水平间,以及在亲子疏离和心理症状总水平间起完全或部分中介作用。为了综合分析留守经历大学生早期适应不良图式及儿童期创伤和亲子疏离这两大留守过程中的近端环境因素对个体心理健康产生影响的作用机制,本书试图建立早期适应不良图式及亲子疏离在儿童期创伤和心理症状总水平间的链式中介模型,如图4-13所示。本书以留守经历大学生儿童期创伤为自变量,以亲子疏离为第一中介变量,分别以分离和拒绝、自主性及能力受损、限制受损及未分类四大图式类别为第二中介变量,以心理症状总水平为因变量,运用Mplus 7.1对建构的结构方程模型进行检验,并采用偏差校正的非参数百分位Bootstrap法对中介效应进行检验,在原始调查数据中随机重复抽取5000个样本,计算95%的置信区间。研究结果表明,各模型总体拟合较好(各模型拟合指标如表4-18所示)。

表 4-18　五大图式类别和亲子疏离在儿童期创伤与心理健康间的链式中介模型拟合情况

图式类别	$\chi^2(df)$	χ^2/df	RMSEA（90%的 CI 区间）	CFI	TLI	SRMR
分离和拒绝	726.14(198)	3.67***	0.070(0.064,0.075)	0.937	0.927	0.048
自主性及能力受损	801.80(219)	3.66***	0.070(0.065,0.075)	0.930	0.919	0.049
限制受损	486.89(141)	3.45***	0.067(0.061,0.074)	0.949	0.939	0.041
未分类	525.41(159)	3.30***	0.065(0.059,0.071)	0.949	0.940	0.042

注:因各潜变量的分维度显变量及路径系数在前文模型图中已有标注,此处不再叙述该项内容。

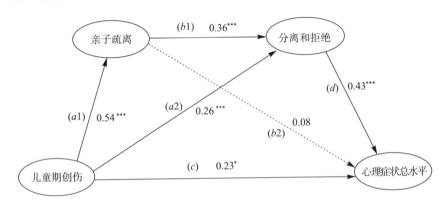

图 4-13　早期适应不良图式、亲子疏离在儿童期创伤对心理健康影响中的链式中介模型

亲子疏离与分离和拒绝图式类别在儿童期创伤对心理健康影响中的链式中介效应各路径系数如图 4-13 所示,其余三大图式类别在各路径上的系数如表 4-19 所示。

表 4-19　三大图式类别及亲子疏离在儿童期创伤对心理健康影响中的链式中介模型各路径系数

路径	自主性及能力受损	限制受损	未分类
$a1$	0.54***	0.53***	0.53***
$a2$	0.27*	0.16	0.15*
$b1$	0.44***	0.39***	0.37***
$b2$	0.04	0.09	0.09
d	0.46***	0.37***	0.37***
c	0.26***	0.28***	0.28***

注:"各路径如图 4-13 所示",$a1$ 路径为儿童期创伤对亲子疏离的影响,$a2$ 路径为儿童期

创伤对图式类别的影响，b_1 路径为亲子疏离对图式类别的影响，b_2 路径为亲子疏离对心理症状总水平的影响，c 路径为儿童期创伤对心理症状总水平的影响，d 路径为图式类别对心理症状总水平的影响。* $p<0.05$，** $p<0.01$，*** $p<0.001$。

由图 4-13 和表 4-19 可知，在亲子疏离作第一中介变量、四大图式类别分别作第二中介变量的链式中介模型中，儿童期创伤对亲子疏离和心理症状总水平均具有显著的正向预测作用，但对第二中介变量中的限制受损图式类别的预测作用不显著，对分离和拒绝、自主性及能力受损及未分类三大图式类别的正向预测作用显著。除此以外，在加入四大图式类别这一第二中介变量后，亲子疏离对心理症状总水平的预测作用均不显著，但对四大图式类别的直接预测作用均显著；四大图式类别对心理症状总水平仍具有显著的直接预测作用。

对以上链式中介模型中各路径的效应值、效果量及间接效应的 95%CI 区间进行统计并计算，结果如表 4-20 所示。由表 4-20 可知，亲子疏离在儿童期创伤对心理健康影响中的中介效应 95%CI 区间均包含 0，即该中介效应不显著；而在加入亲子疏离这一中介变量后，分离和拒绝、自主性及能力受损、限制受损及未分类四大图式类别在儿童期创伤对心理健康影响中的中介效应 95%CI 区间均不包含 0，即该中介效应显著。同时，亲子疏离与四大图式类别在儿童期创伤对心理健康影响中的链式中介效应的 95%CI 区间也均不包含 0，即链式中介效应均显著。

表 4-20　链式中介模型中各路径的效应值、效果量及间接效应的 95%CI 区间

中介变量	路径	效应值	效果量	95%CI 区间
1. 亲子疏离 2. 分离和拒绝	c	0.227	0.489	—
	$a1b1$	0.043	0.093(0.181)	[−0.035,0.121]
	$a2b2$	0.110	0.237(0.464)	[0.049,0.171]
	$a1db2$	0.084	0.183(0.361)	[0.041,0.126]
	总中介效应	0.237	0.507	[0.152,0.320]
	总效应	0.464	—	—

续表

中介变量	路径	效应值	效果量	95%CI 区间
1. 亲子疏离 2. 自主性及能力受损	c	0.258	0.557	—
	a1b1	0.020	0.043(0.098)	[−0.060,0.110]
	a2b2	0.077	0.166(0.376)	[0.012,0.143]
	a1db2	0.107	0.231(0.522)	[0.051,0.164]
	总中介效应	0.205	0.443	[0.129,0.281]
	总效应	0.463	—	—
1. 亲子疏离 2. 限制受损	c	0.281	0.606	—
	a1b1	0.047	0.101(0.257)	[−0.036,0.130]
	a2b2	0.059	0.127(0.322)	[−0.002,0.120]
	a1db2	0.077	0.166(0.421)	[0.029,0.124]
	总中介效应	0.183	0.394	[0.099,0.267]
	总效应	0.464	—	—
1. 亲子疏离 2. 未分类	c	0.284	0.613	—
	a1b1	0.048	0.104(0.268)	[−0.033,0.128]
	a2b2	0.057	0.123(0.318)	[0.010,0.104]
	a1db2	0.074	0.022(0.080)	[0.031,0.117]
	总中介效应	0.179	0.269	[0.102,0.256]
	总效应	0.463	—	—

第三节 讨论与反思

一、远端环境因素对早期适应不良图式形成的影响

本书通过多项 Logistic 回归分析发现，留守远端环境因素中的性别、来源地、是否独生及家庭结构是否完整、留守阶段、留守时长、留守类型、照看类型及见面间隔时长等对留守经历大学生早期适应不良图式的形成均不具有显著的影响。这一结果部分验证了本书的研究假设1，也验证了申继亮和刘

霞在"农村留守儿童心理发展的生态模型"中提出的"留守的远环境对留守儿童心理和社会发展的结果往往缺乏解释力"的理论假设。但不同联系频率和联系时长对早期适应不良图式的影响显著,这一影响总体表现为在留守过程中与外出父母的联系越少、联系时长越短的留守经历大学生越容易被归入适应不良图式临界组和适应不良图式组。这与已有研究得出的与外出父母联系得越少、沟通得越少的留守经历大学生易出现心理问题的结论一致(励骅,昕彤,2016;李晓敏,罗静,高文斌,等,2009;杨影,蒋祥龙,2019)。这充分说明了留守过程中与外出父母在物理空间上的分离不一定会对个体的心理发展产生明显的负面影响,而对其真正产生负面影响的因素是个体与外出父母在心理和情感上的分离。这会导致个体与父母之间难以建立亲密的、安全的依恋关系,这也是 Young 等(2003)在图式理论中提出的影响早期适应不良图式形成的关键因素。这一结果揭示我们,在当前对留守儿童的教育与管理中,当地政府和学校应加强宣传,引导外出父母多和留守在家的孩子联系与沟通,同时学校也可引导留守在家的孩子主动和外出父母多联系、多交流。除此以外,学校还可以组织开展多种形式的活动,帮助留守儿童学会和父母分享自己的日常生活,引导留守儿童学会向父母表达自己内心的感受,帮助留守儿童与父母之间建立情感连接,使其从中获得情感上的支持。

二、近端环境因素对早期适应不良图式形成的影响

(一)儿童期创伤及亲子依恋与五大图式类别间的相关情况

本书通过相关分析发现,留守经历大学生儿童期创伤各维度与分离和拒绝、自主性及能力受损、限制受损三大图式类别均显著正相关,情感虐待、躯体虐待、性虐待、躯体忽视与未分类图式类别显著正相关,这与已有的研究结果基本一致(Orue et al.,2014;Wesley & Manjula,2015;梁洁霜,张珊珊,吴真,2019)。这说明早期适应不良图式与儿童期创伤间存在密切的关系,儿童期遭遇创伤经历越多的个体,其越容易形成适应不良图式。本书还发现,情感忽视与过度标准图式类别显著负相关,这与已有的部分研究的结果一致(Estévez et al.,2017)。

在亲子依恋各维度上,父子沟通及父子信任、母子沟通及母子信任与分离和拒绝、自主性及能力受损、限制受损及未分类四大图式类别均显著负相关,而父子疏离、母子疏离则与分离和拒绝、自主性及能力受损、限制受损及未分类四大图式类别显著正相关。这一结论与已有的研究结果一致(Roelofs et al. ,2011;Langhinrichsen-Rohling et al. ,2017),说明亲子依恋质量与早期适应不良图式间存在密切的关系,与父母之间的安全依恋水平越高,个体的适应不良图式水平就越低;相反,与父母之间的疏离感越强,则个体的适应不良图式水平就越高。值得注意的是,本书发现,过度标准图式类别(具体包括自我牺牲和苛刻标准/吹毛求疵两个图式)除与父子疏离显著正相关外,与其他亲子依恋维度的相关均不显著,这与 Roelofs 等针对非临床青少年样本(年龄为12~18岁)的研究结果不一致。在 Roelofs 等(2011)的研究中,亲子沟通、亲子信任与自我牺牲及苛刻标准/吹毛求疵两个图式均显著负相关,与亲子疏离均显著正相关。但另一项针对美国女大学生适应不良图式中亲子依恋与自杀倾向和自杀意念间关系的研究表明,自我牺牲图式与亲子信任、亲子沟通和亲子疏离三个维度间均不存在显著的相关关系,但苛刻标准/吹毛求疵图式与亲子信任和亲子沟通显著正相关,与亲子疏离间的相关关系不显著(Langhinrichsen-Rohling et al. ,2017)。由此可见,人们对过度标准图式类别及其所包含的自我牺牲和苛刻标准/吹毛求疵图式与亲子依恋间的关系的认知受被试样本的年龄及文化差异的影响而不同,人们需要开展更多的研究来探索两者之间的关系。

(二)儿童期创伤对早期适应不良图式形成的影响

本书通过分层回归分析发现,在控制了性别、联系频率、联系时长及见面间隔时长这些变量后,情感虐待对五大图式类别均具有显著的正向影响,情感忽视对过度标准和未分类两大图式类别具有显著的负向影响,躯体忽视对自主性及能力受损和未分类两大图式类别具有显著的正向影响,而躯体虐待和性虐待对五大图式类别均不具有显著的影响。这说明在儿童期创伤的各维度上,情感虐待对早期适应不良图式形成的影响更大,这与已有的研究结果一致(Estévez et al. ,2017;Calvete,Orue & González-Diez,2013;Calvete,

2014),这进一步证实了 Young 等(2003)在图式治疗理论中所提出的早期适应不良图式主要源于个体在童年时期未得到充分的情感关爱的理论假设。值得注意的是,本书研究发现,情感忽视对过度标准和未分类两大图式类别具有显著的负向影响,这与本书的研究假设不符,也与 Calvete 等的研究结果不一致(Calvete,OrueI & Hankin,2013;Calvete,2014),但与已有的部分研究的结果一致(Estévez et al.,2017)。这可能是因为:一方面,在情感上感觉被父母忽视的留守经历大学生,其在成长过程中很少感受到来自外界的主动关爱,也即外界没有给他们提供学习关爱他人的机会,他们很难做到牺牲自己去关爱他人,从而不易形成自我牺牲的类型图式;另一方面,在情感上被忽视的留守经历大学生,受到父母和周围人的关注较少,容易形成自由散漫的性格特点,从而难以形成苛刻标准/吹毛求疵类型的图式。

本书研究还发现,躯体忽视对留守经历大学生自主性及能力受损和未分类两大图式类别均具有显著的正向影响,而躯体虐待和性虐待则对留守经历大学生五大图式类别均不具有显著的影响,这与已有研究的结果存在不一致的地方。已有研究发现,性虐待和躯体虐待与对伤害或疾病的易感性这类与"危险"主题相关的图式存在密切的关系。而在忽视类创伤中,虽然躯体忽视与早期适应不良图式间的相关性较弱,但与情感剥夺和社交孤立/疏离这类与"失去"及"不重要"主题相关的图式关系密切(Lumley & Harkness,2007)。以上结果差异产生的原因可能是东西方文化不同。在西方文化中,无论是在家庭教育中还是在学校教育中,对儿童实施体罚都是不被允许的,儿童从小就懂得保护自己的身体不被侵害。一旦发生身体被侵害的情况,儿童会形成外界是危险的认知,从而容易形成与"危险"主题相关的图式。相反,在中国文化背景下,受"棍棒底下出孝子""不打不成器"等传统思想的影响,家庭教育和学校教育中出现体罚儿童的现象往往不足为怪。在这种文化背景下,儿童即便遭受了身体上的虐待,然而其心理也不会遭受很大的冲击,因而躯体虐待对图式的形成不具有预测作用。同时由于中国传统文化对性的避讳,所以即使留守儿童在留守过程中遭受了性侵害,其也可能选择性地忘记这一经历,从而使这一经历不会对其适应不良图式的形成产生显著的影响。

(三)亲子依恋对早期适应不良图式形成的影响

本书研究发现,在控制了性别、联系频率和联系时长后,亲子依恋的不同维度对留守经历大学生早期适应不良图式的预测作用不同,具体表现在以下几个方面。

首先,父子沟通对除过度标准图式类别外的分离和拒绝、自主性及能力受损、限制受损及未分类四大图式类别均具有显著的负向影响,而母子沟通则对自主性及能力受损与未分类图式类别具有显著的正向影响。

其次,父子信任只对过度标准及未分类图式类别具有显著的正向影响,而母子信任则对分离和拒绝、自主性及能力受损和未分类三大图式类别具有显著的负向影响。

由此可见,父子沟通和母子沟通在留守经历大学生早期适应不良图式的形成中所起的作用不同。父子沟通降低了多数适应不良图式形成的风险,而母子沟通则增加了某些适应不良图式形成的风险。与此相反的是,父子信任增加了留守经历大学生形成过度标准和未分类两大图式类别的风险,而母子信任则降低了留守经历大学生形成分离和拒绝、自主性及能力受损和未分类三大图式类别的风险,这一结果符合多重依恋理论的独立组织假说。该假说认为,父子依恋和母子依恋在影响儿童、青少年心理发展中的作用同等重要,但各自影响个体心理发展的不同方面或对个体心理发展的同一方面所产生的影响不同(邢淑芬等,2016)。这可能主要是因为父亲和母亲在家庭中所扮演的角色和在孩子成长中所发挥的功能不同。母亲在家庭中主要承担着养育孩子的任务,她们不但要负责孩子的饮食起居,还要给予孩子情感上的支持。有人将母亲在家庭中的功能比喻为孩子的安全基地和避风的港湾,因此与母亲沟通更多的留守经历大学生可能在生活上和情感上对母亲更依赖,这影响了其自主性和独立性的发展,进而使其容易形成自主性及能力受损图式,而自我的无能感又会使个体对自己的能力及未来的发展感到悲观。同时由于对母亲过于依赖,其对母亲的期望和评价更为敏感,所以其易形成未分类图式类别中的寻求认可图式及惩罚图式。母子之间的高信任则是母子之间安全依恋关系好的体现,这有利于减少适应不良图式的形成。相反,父亲是引导孩子走向外部世界的桥梁,其在家庭中所发挥的功能不在于满足孩子的情感需求,而在于引导或鼓励孩子去探索新情境。因此父亲和子女之间的沟通越多不但能培养子女的合作意识,而且能提高子女解决问题的能力,这有利于增加他们的信心和迎接外界挑战的勇气(Grossmann et al.,2002),从而减少适应不良图式形成的风险因素。父亲的信任可能促使儿童过度责任意识的形成,使其易形成过度标准图式。父亲的信任也可能导致儿童对自我的期望较高,因此易产生挫败感和对自己感到悲观失望。

最后,父子疏离和母子疏离对除过度标准外的四大图式类别均具有正向影响,也即和父母任何一方的疏离都会增加早期适应不良图式形成的风险因素。这与已有的研究结果一致(Langhinrichsen-Rohling et al.,2017;Roelofs et al.,2011),也符合图式治疗理论的假设,即与重要他人之间形成亲密安全的依恋关系的需要难以得到满足是早期适应不良图式形成的重要影响因素(Young et al.,2003)。

通过交互效应检验我们发现,联系频率在亲子安全依恋对限制受损图式类别的影响中起调节作用。每周和外出父母至少联系一次的留守经历大学生,随着亲子安全依恋水平的提高,其限制受损图式类别的水平呈显著下降趋势。这说明亲子之间互动频繁且亲子之间保持良好的关系能有效地降低个体形成限制受损类图式的风险。然而联系频率为每两周一次、每月一次和一个月以上一次的留守经历大学生,随着亲子安全依恋水平的升高,其限制受损图式类别的水平则下降得不明显。这可能是因为只有在亲子关系良好的前提下,父母的言语管教才能对留守儿童的行为产生正面的影响,而这种影响只有在父母频繁的教导下才能持续发挥作用,并逐渐内化到留守儿童的认知体系中,促使留守儿童形成有关自我行为的规则意识。

三、远近端环境因素对早期适应不良图式形成的综合影响

对留守过程中的近端环境因素(儿童期创伤和亲子依恋)在远端环境因素(联系频率和联系时长)对留守经历大学生早期适应不良图式影响中的中介效应模型进行分析发现,儿童期创伤、亲子安全依恋在联系频率和联系时长对早期适应不良图式的影响中起完全中介作用,亲子疏离则在联系频率对

留守经历大学生早期适应不良图式的影响中起完全中介作用,也即联系频率和联系时长是通过儿童期创伤、亲子依恋对留守经历大学生早期适应不良图式的形成产生间接影响的。这一结果验证了本书的研究假设4,同时也验证了申继亮和刘霞(2015)在"农村留守儿童心理发展的生态模型"中所提出的理论假设:留守的远环境因素往往对留守儿童心理和社会发展的结果缺乏解释力,而对留守儿童心理健康发展更具解释力的则是留守的近端环境因素。这主要可能是因为与外出父母联系得越少、联系时长越短的留守儿童,其不但难以从父母那里获得生活上的指导,而且难以从父母那里获得情感上的支持,这就增加了他们暴露于虐待环境下的风险,也使其体验到更多的情感忽视和躯体忽视。同时由于和外出父母间的联系及沟通匮乏,留守儿童难以和父母形成相互信赖与亲密的安全依恋关系,亲子之间关系的疏离,也使其在面对困难时难以从父母那里获得情感上的支持和物质上的帮助。这会使他们逐渐形成对自我及自我与他人之间关系的消极认知,觉得没有人真正爱自己、自己是不重要的,以及他人是难以信赖的。长此以往,这些消极认知会内化为个人的信念系统,促使适应不良图式的形成。

四、早期适应不良图式对心理健康的影响

(一)早期适应不良图式与心理症状相关

本书通过对留守经历大学生各早期适应不良图式及五大图式类别与心理症状各维度间的相关性进行分析发现,除过度标准图式类别及其所包含的自我牺牲和苛刻标准/吹毛求疵图式与心理症状中的躯体化、敌对及恐怖三个维度间相关不显著外,五大图式类别及图式总分与心理症状的其余各维度及总分均显著正相关。这一结果表明,留守经历大学生早期适应不良图式与其心理症状水平间存在较为密切的关系,即图式水平越高的留守经历大学生,其心理症状水平越高,也即其心理健康状况越差,这与已有的多项研究结果一致(Calvete,2014;Eberhart et al.,2011;Karatzias et al.,2016;Renner et al.,2012)。这一结果也验证了Young等在图式治疗理论中提出的观点,即在早期有害经历背景下形成的适应不良图式将在个体的一生中持久地存

在着,增加个体在以后的生活中出现心理病理症状的风险。

(二)早期适应不良图式对心理健康的回归分析

本书通过分层回归分析发现,不同的图式对 SCL-90 中各因子的预测力不同,这与 Karatzias 等(2016)的研究结论一致。但在不同的早期适应不良图式对不同的心理症状维度的预测中,本书研究所得的结果与已有研究结果既有一致的地方,也有不一致的地方。其与已有研究结果一致的是:对伤害或疾病的易感性图式对躯体化、焦虑及精神病因子预测显著,不信任/虐待因子对人际关系敏感因子预测显著,不信任/虐待和社交孤立/疏离图式对偏执因子预测显著(Renner et al.,2012)。其与已有研究结果不一致的是:本书研究发现对抑郁因子有显著预测作用的仅有社交孤立/疏离和失败图式,而已有研究认为,对抑郁具有显著预测作用的还有情感剥夺、缺陷/羞耻、对伤害或疾病的易感性、依赖/无能力及遗弃/不稳定等图式,但本书研究发现以上图式对抑郁的预测均不显著,对焦虑具有显著预测作用的图式除对伤害或疾病的易感性外,还有社交孤立/疏离和纠结/未发展的自我两个图式。对人际关系敏感具有显著预测作用的除不信任/虐待图式外,还有失败和情感抑制图式。除此以外,对其他因子具有显著预测力的图式也与 Karatzias 等(2016)的研究结果不一致。这一方面可能是因为东西方的文化差异,另一方面是因为取样偏差。在一项针对中国大学生样本的研究中,研究者证实对抑郁具有显著预测的图式有特权/夸张、苛刻标准/吹毛求疵、自我牺牲、依赖/无能力及遗弃/不稳定(崔丽霞,罗小婧,肖晶,2011)。而 Renner 等(2012)对抑郁症患者的调查研究发现,与抑郁症状严重程度有关的图式是失败、情感剥夺和遗弃/不稳定。甚至有研究发现,所有的图式对抑郁均具有显著的预测作用(Lumley & Harkness,2007;Saariaho et al.,2012)。由此可见,对于不同的早期适应不良图式对不同的心理症状的影响的特异性,不同的研究所得到的结果也不同,这就需要后续有更多的研究者来对这一内容作补充,并尝试通过元分析等手段来获得图式对心理症状预测更为稳定和一致的研究结果,以为后续理解和干预个体心理症状提供参考。

虽然本书研究发现不同的早期适应不良图式对不同的心理症状维度的

预测作用与已有研究存在不一致之处,但在不同图式类别对心理症状各维度的预测作用上,特别是在对抑郁因子的预测上,本书的结论和已有多项研究得出的结论基本一致。研究发现,对心理症状的多个维度及心理症状总水平最具有预测力的是分离和拒绝与自主性及能力受损两大图式类别,其中分离和拒绝图式类别对强迫、人际关系敏感、抑郁、焦虑、偏执、精神病性、其他及心理症状总水平均具有显著的正向预测作用,特别是对抑郁、人际关系敏感和精神病性因子的预测力较强,这与已有的多项研究结果基本一致(Calvete,2014;Renner et al.,2012;Roelofs et al.,2011)。自主性及能力受损图式类别对除偏执外的其余九个心理症状维度及心理症状总水平均具有显著的正向预测作用,特别是对恐怖、强迫和焦虑因子的预测力较强,这也与已有的多项研究结果基本一致(Calvete et al.,2013;Calvete,2014)。这进一步说明,分离和拒绝与自主性及能力受损两大图式类别对个体的心理健康发展具有强有力的预测作用。除此以外,研究还发现,未分类图式类别对强迫、抑郁和偏执因子具有显著的正向预测作用,而限制受损图式类别仅对敌对因子具有显著的预测作用,过度标准图式类别则对敌对、恐怖和偏执因子具有显著的负向预测作用。这说明未分类和限制受损两大图式类别对心理健康的预测力较弱,而过度标准图式类别则在中国文化背景下对心理健康的预测不具有影响力。

五、早期适应不良图式及近端环境因素对心理健康的影响机制

(一)各变量间的相关分析

相关分析发现,在留守经历大学生中,除过度标准外的四大图式类别、儿童期创伤、亲子疏离、负性生活事件及心理症状总水平各变量间均存在显著的正相关关系,亲子安全依恋与以上变量间均存在显著的负相关关系。这说明在留守经历大学生中,儿童期创伤和亲子依恋不但与早期适应不良图式间存在密切的关系,而且与负性生活事件及心理症状总水平间也存在密切的关系,这与已有的多项研究结果一致(李翠,2018;李晓敏,代嘉幸,魏翠娟,等,2017;梁洁霜,张珊珊,吴真,2019;潘贵霞,李兵,王静,等,2019)。这一结果

进一步提示我们,留守经历大学生的心理健康状况既与留守过程中的外部环境因素有关,也与个体的内在特征因素有关;既与远期的负性事件(儿童期创伤)有关,也与当前的负性事件(负性生活事件)有关。

(二)早期适应不良图式在儿童期创伤对心理健康影响中的作用机制

1. 早期适应不良图式在儿童期创伤对心理健康影响中的中介作用

本书通过对结构方程模型中各路径系数及中介效应进行检验发现,儿童期的创伤经历对留守经历大学生的心理症状总水平具有显著的直接预测作用,这一结论与已有的研究结论基本一致(Calvete,2014;梁洁霜,张珊珊,吴真,2019;潘贵霞,李兵,王静,等,2019)。这进一步证实了儿童期的创伤经历是个体成年后出现心理病理症状的重要危险因素,同时也说明了留守经历大学生更易出现心理问题的可能原因是其在成长过程中遭遇了更多的被虐待和被忽视的经历。

通过中介效应分析发现,分离和拒绝、自主性及能力受损、限制受损及未分类四大图式类别在儿童期创伤与心理症状总水平间起部分中介作用,这与已有的研究结果基本一致(Calvete,2014;王湃,刘爱书,2017)。Young 等(2003)在图式治疗理论中提出,有害的童年经历是早期适应不良图式形成的主要影响因素,那些遭受遗弃、虐待、忽视和拒绝的儿童,由于稳定、安全、爱的抚育的基本需求没有得到满足,从而形成了与"失去""自己不重要"等主题相关的图式。而这些适应不良图式作为个体处理外在信息的模式,影响了个体对生活事件的情感反应,从而增加了个体出现心理病理症状的风险。从四大图式类别在中介效应中的效果量可以看出,分离和拒绝图式类别在中介模型中所占的效果量最大(占总效应的 44.3%),这与 Young 等在图式治疗理论中提出的观点一致。Young 等(2003)认为在所有图式中,遗弃/不稳定、不信任/虐待、情感剥夺、缺陷/羞耻四个图式最为强大且破坏性最强,早期核心家庭的不稳定、不安全,充满了虐待或忽视等是个体形成这四个早期适应不良图式的主要原因。这四个图式中的不信任/虐待、情感剥夺、缺陷/羞耻都属于分离和拒绝图式类别,而早期核心家庭的不稳定、不安全,充满虐待或忽视正是留守儿童在早期成长过程中易遭遇的家庭环境。

对留守经历与非留守经历大学生在以上中介模型中适配性的多群组进行分析发现,两个群组在以上中介模型中的各路径系数不存在显著的差异,这说明早期适应不良图式在儿童期创伤对心理健康影响中的中介模型在有无留守经历大学生两个群体中具有等值性。这一结果说明,无论是在留守经历大学生群体中还是在非留守经历大学生群体中,儿童期创伤和早期适应不良图式都是个体成年后出现心理病理症状的危险因素,且儿童期创伤可以通过早期适应不良图式对个体成年后的心理健康产生负面影响,这与已有的研究结论一致(Calvete,2014)。虽然以上中介模型在留守经历和非留守经历大学生群体中具有等值性,但从中介模型的直接效应和间接效应的效果量来看,在留守经历大学生群体中,儿童期创伤对心理症状产生的直接效应更大;而在非留守经历大学生群体中,儿童期创伤通过早期适应不良图式对心理症状产生的间接效应则更大。这可能是因为留守经历大学生在留守过程中遭遇了更多或更严重的被虐待及被忽视的经历,其在成年后易出现情绪和行为方面的问题。而对于非留守经历大学生,因其在儿童期所遭遇的创伤经历较少,所以儿童期创伤对其成年后的心理症状的直接预测力不强,其成年后的情绪和行为问题更多受其适应不良图式的影响。这表明留守经历本身这一远端环境因素并不是导致留守经历大学生更易出现心理问题的关键因素,导致留守经历大学生更易出现情绪和行为问题的关键因素可能是留守经历中的近端环境因素,如儿童在日常经历及与他人的互动或关系的模式中所遭受的虐待和忽视及由此而形成的消极的认知模式等,这与申继亮和刘霞(2015)在"农村留守儿童心理发展的生态模型"中提出的观点是一致的。

2. 负性生活事件的调节作用

虽然前述研究和已有的多项研究均证实儿童期创伤对个体成年后的心理症状水平既具有直接的预测作用,也可以通过早期适应不良图式对个体的心理症状水平起到间接的预测作用。但Young等(2003)提出,早期适应不良图式在通常情况下是处于稳定和潜在的状态的,直到被与图式相关的压力源激活,其才会导致个体出现功能失调的情绪和行为。同时,抑郁的认知易感性应激模式(cognitive vulnerability-stress theories)也提出,"抑郁的发生发展是认知易感因素和负性应激源(生活事件)交互作用的结果,负性应激既是认知易感性的重要源起,也是未来触发认知易感性的因素,两者相互作用增加了抑郁发生的可能"(Hamkin et al.,2004;邹涛,姚树桥,2006)。据此,本书对负性生活事件这一当前的负性应激源在远期负性应激源(儿童期创伤)通过早期适应不良图式对个体成年后的心理病理症状产生影响的过程中的调节效应进行检验,结果显示,在留守经历大学生群体中,负性生活事件在早期适应不良图式对心理症状影响中的调节效应不显著,而这一调节效应在非留守经历大学生群体中则显著。根据简单斜率分析的结果我们可以看出,在非留守经历大学生群体中,相对于低负性生活事件组,高负性生活事件组随着图式水平的提高,其心理症状水平提高得更快,即负性应激水平越高,早期适应不良图式对心理症状的预测力越强,也即个体越容易受到适应不良图式的影响。这一结果与已有的研究结果基本一致(Cámara & Calvete,2012),也为Young等(2003)在图式治疗理论中提出的"图式只有在被与此相关的压力源激活时才会导致功能失调的情绪和行为的发展"这一理论假设提供了实证支持。至于该调节效应为什么在留守经历大学生群体中不显著,这可能是因为留守经历大学生图式整体水平相对较高。对此Young等(1999)在其高阶图式概念化模型中提出:适应不良图式会在那些图式水平相对较高的个体中长期地被激活。因此,显著的负性生活事件经历不太可能加剧那些有适应不良图式的人痛苦的程度(Schmidt & Joiner,2004)。

3. 负性生活事件和图式亚群体的调节作用

为了进一步验证Young等在高阶图式概念化模型中提出的假设,本书对通过潜在剖面分析获得的不同图式亚群体对生活事件在模型中的调节作用进行了检验,结果显示,图式亚群体和负性生活事件的交互项在早期适应不良图式对心理健康的影响中具有显著的调节作用,也即在不同图式亚群体中,负性生活事件在适应不良图式对心理健康的影响中的调节效应存在差异。从简单斜率分析的结果可以看出,在图式整体水平较低的无适应不良图式组中,负性生活事件水平的高低在早期适应不良图式对心理健康影响中的调节作用显著,高负性生活事件组图式水平对心理健康的影响力更大。而在图式整体水平较高的适应不良图式临界组和适应不良图式组中,负性生活事件水平的高低在早期适应不良图式对心理健康影响中的调节作用不显著,心理症状水平主要受到图式水平的影响,这进一步证明了 Young 等在高阶图式概念化模型中提出的理论假设(Schmidt & Joiner,2004)。

(三)早期适应不良图式在亲子依恋对心理健康影响中的中介作用

本书研究发现,在留守经历大学生群体中,亲子安全依恋除对分离和拒绝图式类别具有显著的负向预测作用外,对心理症状总水平及其余四个图式类别均不具有显著的预测作用,这与已有的研究结果一致。Mason 等(2005)对 72 名寻求精神卫生服务的男女样本进行研究发现,具有安全型依恋风格的人只存在很少的几种适应不良图式。这进一步说明良好的亲子依恋关系与适应不良图式的形成和心理病理症状间的关系微弱。相反,亲子疏离对五大图式类别均具有显著的正向预测作用,并在分离和拒绝、限制受损及过度标准三大图式类别作中介变量时对心理症状总水平具有显著的直接正向预测作用,但在自主性及能力受损和未分类两大图式类别作中介变量时对心理症状总水平不具有显著的直接预测作用。这说明在留守经历大学生群体中,亲子关系不良是个体早期适应不良图式形成及成年后出现心理症状的风险因素,这与已有的研究结果一致(Langhinrichsen-Rohling et al. ,2017; Mason et al. ,2005; Roelofs et al. ,2011),也说明留守经历大学生更易出现心理问题的原因之一是其在留守过程中和父母没有形成安全的依恋关系。

中介效应的检验结果包括以下两个方面的内容。首先,五大图式类别在亲子安全依恋对心理症状影响中的中介效应均不显著,这与 Roelofs 等(2013)的研究结果一致。Roelofs 等(2013)在一项针对临床青少年样本的研究中发现,各图式类别在亲子沟通与行为问题间的中介效应均不显著。这进一步说明亲子安全依恋与早期适应不良图式的形成及后期的心理病理症状间的关系微弱。其次,在亲子疏离与心理症状总水平间,除过度标准图式类别外,分离和拒绝、自主性及能力受损、限制受损与未分类四大图式类别在这两者间均存在显著的中介作用,其中分离和拒绝及限制受损图式类别在亲子疏离与心理症状总水平间起部分中介作用,而自主性及能力受损与未分类图式类别在亲子疏离和心理症状总水平间起完全中介作用。

上述研究结果表明,与父母之间不安全的依恋关系会导致涉及自我及自我与他人关系的适应不良图式的形成,这种图式会增加个体出现心理病理症状的风险。这一结果验证了依恋理论和图式治疗理论所提出的观点。依恋理论认为,与主要照顾者(大多数情况下是父母)长期分离易导致不安全的依恋类型,这导致个体不易与他人接近,从而阻碍了其调节痛苦情绪能力的发展,并增加了其成年后出现精神病理学症状的风险。Young等(2003)在图式治疗理论中提出,那些遭受遗弃、虐待、被忽视和拒绝的儿童,由于稳定、安全、爱的抚育的基本需求没有得到满足,从而形成了与"失去""自己不重要"等主题相关的图式。而这些适应不良图式作为个体处理外在信息的模式,影响了个体对生活事件的情感反应,增加了心理问题发生的可能性。与父母长期分离的留守经历大学生,因缺乏和父母亲密互动的经验,其往往与父母间的关系更为疏离,更易将这种疏离内化为与"失去""自己不重要、不可爱""容易被他人拒绝"及"他人不可信"等主题相关的图式。这些图式影响了他们应对人际情境和生活事件压力的方式,使其更易产生否定自我价值及对他人失去信赖的消极情绪,从而增加了心理问题发生的风险。

这一结果也与已有的几项研究结果部分一致。Roelofs等(2013)在一项针对临床青少年样本的研究中发现,分离和拒绝及限制受损图式类别在对父母缺乏信任与行为问题间起中介作用。而他们在另一项针对非临床青少年样本的研究中则发现,分离和拒绝(特别是其中的不信任/虐待和社交孤立/疏离图式)及他人导向(特别是其中的自我牺牲图式)两大图式类别在青少年的不安全依恋与抑郁症状间起中介作用(Roelofs, et al., 2011)。Bosmans等(2010)在针对289名平均年龄为21岁的青年的一项研究中发现,分离和拒绝图式类别(个体在亲密关系中的基本需求不会以可预测的方式得到满足)与他人导向图式类别(过分关注他人欲望而牺牲自己需求的模式)在依恋焦虑和精神病理学之间起完全中介作用。

(四)早期适应不良图式及亲子疏离的链式中介作用

我们对亲子疏离和四大图式类别在儿童期创伤与心理健康间的链式中

介效应进行检验发现,儿童期创伤不但对分离和拒绝、自主性及能力受损、未分类三大图式类别与心理症状水平具有显著的正向预测作用,也对亲子疏离具有显著的正向预测作用。这一结果一方面说明儿童期创伤不但是早期适应不良图式形成和心理病理症状产生的重要影响因素,而且是不良亲子依恋关系形成的风险因素之一,这与已有的研究结果一致(欧阳敏,2013;张迎黎,张亚林,杨峘,等,2010);另一方面说明那些在成年后与父母间关系疏离的留守经历大学生可能在儿童期遭遇了更多的被虐待和被忽视经历。

链式中介效应检验的结果显示,儿童期的创伤经历不但对亲子疏离、早期适应不良图式及心理症状均具有直接的预测作用,而且会通过亲子疏离和早期适应不良图式的链式中介作用对其成年后的心理健康产生影响。虽然目前还缺少有关亲子依恋和早期适应不良图式在儿童期创伤与心理病理症状间链式中介效应的研究,但亲子依恋在儿童期虐待与青少年的情绪(张迎黎,张亚林,杨峘,等,2010)和行为问题(欧阳敏,2013)间起部分中介作用,早期适应不良图式在儿童期创伤与心理病理症状间(Calvete et al.,2013;Orue et al.,2014),以及在亲子依恋与心理病理症状间(Bosmans et al.,2010;Roelofs et al.,2011;Roelofs et al.,2013)的中介效应已得到多个研究的证实。因此,本书一方面进一步验证了既有研究的结论及依恋理论和图式治疗理论提出的理论观点;另一方面丰富了已有的研究内容,即那些与父母长期分离的留守经历大学生,因在留守过程中遭遇了情感和身体上被忽视和被虐待的经历,会逐渐将这种早年的不良经历内化为一种功能失调的内部工作模型,并表现为在情感和行为上与父母疏离。这将阻碍他们在后续的生活中与他人产生亲近感,导致他们在人际互动情境中表现得更为敏感和退缩,从而难以与他人建立亲密的关系及获得适当的情感支持,在面对外部应激事件时也难以获得足够的社会支持。他们会逐渐将这种在人际互动过程中产生的不良体验内化为"自己易被拒绝、不可爱、不够好、无价值"及"他人不友好、不可信赖"等涉及自我及自我与他人关系的适应不良图式,且这些适应不良图式及功能失调的应对方式会随着时间的推移而僵化,进而强烈地预测个体的多种精神病理学症状,如异常的认知、情绪和行为表现(Young et al.,2003)。

六、反思与启示

生态系统理论指出,个体的发展是个体自身与由周围环境所构成的生态系统相互作用的结果,留守作为外部环境因素中的远端环境因素,并不能直接用来解释个体心理发展的差异(申继亮,2008),即使是在留守儿童内部,其在心理健康发展水平上也存在异质性亚群体(申继亮,武岳,2008)。由此可见,以往研究多从外在环境因素及群体间差异的角度去分析留守经历对个体心理健康发展的影响,这将不利于我们对留守儿童和留守经历大学生群体形成正确的认识,也不利于我们针对这一群体制定科学、合理及有效的教育与管理措施。因此,本书尝试从多个层次出发来分析留守经历大学生心理健康发展的状况,以及影响其心理健康发展的诸多因素。

第一,在外部环境因素中,影响留守经历大学生心理健康发展的主要是近端环境因素。首先,本书通过 Logistic 回归分析发现,性别、来源地、家庭结构及留守的起始年龄、留守时长、留守类型、照看类型等远端环境因素对早期适应不良图式均不具有显著的预测作用。这说明远环境因素往往只是一个标签,其不必然对个体的心理健康发展产生影响(申继亮,2008)。其次,本书通过分层回归分析发现,儿童期创伤和亲子依恋这两个近端环境因素对早期适应不良图式的形成具有显著的预测作用。这说明在留守过程中,个体直接接触的发展环境和日常体验是影响其心理健康发展的关键因素,这些因素会直接影响个体对不利处境及生活压力的适应(申继亮,2008)。最后,亲子之间的联系频率和联系时长对早期适应不良图式的形成具有显著的影响,那些与外出父母沟通、联系少的留守经历大学生易被归入适应不良图式组。这说明在留守过程中与外出父母保持较为频繁的沟通和交流可以有效地降低个体形成早期适应不良图式的风险,这与已有研究得出的亲子沟通在减少留守儿童出现心理问题的过程中起保护性作用的结论一致(申继亮,武岳,2008;王树青,张文新,陈会昌,2006;詹启生,武艺,2016),但亲子沟通本身并不是减少早期适应不良图式形成的直接因素。我们通过中介效应分析发现,联系频率和联系时长主要通过儿童期创伤和亲子依恋间接地影响早期适应不良图式的形成,也即亲子沟通只有起到满足儿童的情感需求、减少儿童遭遇创伤经历和建立起安全的依恋关系的作用,其才会有利于个体心理健康的发展,才能弥补父母缺位所带来的家庭功能的损伤。这与家庭系统理论的观点(Beavers & Hampson,2000)及已有的一些研究结果一致(Demby,Riggs & Kaminski,2017;邓林园,方晓义,伍明明,等,2013)。

以上研究结果进一步验证了申继亮和刘霞(2015)在"农村留守儿童心理发展的生态模型"中提出的理论假设,即留守儿童的心理健康发展是留守过程中的外部远、近环境因素,以及个体内在特征因素通过各种方式相互作用的结果,但留守的远端环境因素在某种程度上只是一些缺乏解释力的标签,而对留守儿童心理健康发展更具解释力的则是留守的近端环境因素。这启示我们,留守本身不一定会对个体的心理健康发展产生消极的影响,决定留守对个体的心理健康发展产生何种影响的更为直接的因素是个体直接接触和面对的环境。虽然父母在个体成长的过程中处于缺位状态,但空间上的缺位可以通过心理上的补位来弥补,以减少不利处境给个体心理健康发展所带来的消极影响。

第二,个体内在特征因素是外部环境因素对个体心理健康发展产生影响的转化器。个体的心理发展往往受到外部环境及个体自身特质等诸多因素的影响,且环境因素往往通过与个体内在特征因素的交互作用来影响个体的心理健康发展(朱智贤,1979)。在"农村留守儿童心理发展的生态模型"中,申继亮和刘霞(2015)提出在留守儿童—留守环境这一动态系统中,远近环境因素,以及个体特征会通过各种方式作用于儿童心理健康发展,本书的研究结果充分验证了以上的理论观点。

本书在研究中,通过中介效应分析发现,分离和拒绝、自主性及能力受损、限制受损与未分类四大图式类别在儿童期创伤和亲子疏离对心理健康的影响中均起部分或完全中介作用,来源于早期核心家庭不安全、不稳定处境下的分离和拒绝图式类别在以上中介作用中所发挥的作用最大。这说明留守近环境因素中的有害经历和不安全的亲子依恋关系既可以直接对个体的心理健康发展产生影响,也可以通过个体的内在特征因素对个体的心理健康发展产生间接的影响。那些在留守过程中遭遇更多创伤经历的个体,由于稳定、安全、爱的抚育的基本需求没有得到满足,所以其更易形成与"失去""自己不重要"等主题相关的图式。而这些适应不良图式作为个体处理外在信息的模式,影响了个体对生活事件的情感反应,从而增加了个体出现心理病理症状的风险(Young et al.,2003)。与此同时,留守过程中与主要照顾者(在大多数情况下是父母)长期分离更易导致不安全的依恋类型,导致个体不易与他人接近,从而阻碍了其调节痛苦情绪的能力的发展,并增加了其成年后出现精神病理学症状的风险。与此相反的是,早期适应不良图式在亲子安全依恋对心理健康的影响中不起中介作用,这说明与父母具有安全的亲子依恋关系的留守经历大学生不易形成早期适应不良图式,不易出现心理问题,也即亲子安全依恋与早期适应不良图式及心理症状间的关系微弱,这与已有的研究结果一致(Roelofs et al.,2013)。

第三,留守经历大学生的心理健康发展是留守过程中远近期负性日常事件、亲子依恋等近端环境因素与早期适应不良图式这一个体内在特征因素综合作用的结果。首先,在研究中,本书通过结构方程模型分析发现,早期适应不良图式在儿童期创伤这一远期的负性日常事件对心理健康影响中的中介作用受到个体近期的负性日常事件的强度及个体自身图式水平高低的影响,这解释了为什么留守经历对个体的心理发展会产生持久的影响。那些在留守这一不利处境下遭遇更多创伤经历的个体,他们将在早期成长过程中经历的负面体验内化为对自我及自我与他人关系的消极认知。这些消极认知影响了他们对生活事件的情感反应和行为应对方式,使其形成适应不良的认知图式。不同的个体在图式水平上存在差异,那些图式水平较高的个体,其适应不良图式长期处于被激活的状态,这种状态会持续地对个体的情绪和行为产生消极影响;而那些图式水平不高的个体,其适应不良图式在通常情况下处于相对稳定的状态,这种状态并不会对个体的情绪和行为产生持久的影响。个体只有在遇到与图式形成相关的负性生活压力事件时,个体的适应不良图式才会被激活并对其情绪调节和行为应对方式产生影响,进而导致心理病理症状的出现。其次,在研究中,通过链式中介效应检验我们发现,亲子疏离及适应不良图式在儿童期创伤对心理健康的影响中起链式中介作用。这说明那些在留守过程中有更多创伤经历的留守经历大学生会逐渐将这些创伤经历内化为对他人的不信任,并在情感和行为上表现为与父母疏离。这将阻碍他们在后续生活中与他人亲近,导致他们在人际互动情境中表现得更为敏感,出现退缩行为,从而难以与他人建立亲密的关系及获得适当的情感满足,在面对外部应激事件时也难以获得足够的社会支持。他们会逐渐将这种在人际互动过程中所产生的不良体验内化为对自我及自我与他人关系的消极认知,即形成适应不良图式。而这些适应不良图式及功能失调的应对方式会随着时间的推移而僵化,进而强烈地预测个体的多种精神病理学症状,如异常的认知、情绪和行为表现(Young et al.,2003)。

本书的研究结果不但验证了 Young 等(2003)提出的图式只有在被与此相关的压力源激活时才会导致功能失调的情绪和行为的发展的理论假设,而且为 Young 等在其高阶图式概念化模型中提出的"适应不良图式会在那些图式水平相对较高的个体中被长期激活,显著的负性生活事件经历不太可能加剧这些人所经历的痛苦程度"(Schmidt & Joiner,2004)的理论假设提供了实证支持。这也提示我们,在对留守经历大学生进行心理健康教育和心理干预时,我们一方面应特别关注留守过程中个体更易遭遇的早期不利处境及在此处境下更易形成的早期适应不良图式;另一方面应针对不同的亚群体制定不同的心理健康教育方案,分类施策。

由前述研究中的分析结果可知,不同图式亚群体出现心理症状的风险不同,在成长过程中接触的外部环境因素也不同,因此我们有必要针对不同的图式亚群体采取不同的教育与管理措施。针对"高风险"的适应不良图式组,我们应着重采用个体心理咨询或团体心理辅导的方式对其进行积极的干预,通过矫正其对自我及对自我与他人关系的不合理认知及适应不良的行为应对方式来提升其认知的灵活性和应对外界环境变化的能力,降低其在后续生活中出现心理病理症状的风险。针对"中风险"的适应不良图式临界组,应着重借助于心理健康教育课程、专题心理讲座及其他心理健康教育方式,从积极心理学的角度,引导他们以更积极的态度看待自我及日常生活事件,尽量减少图式被负性生活事件激活后所引发的不良情绪反应。而对于"低风险"的无适应不良图式组,我们需发挥榜样示范及朋辈互助的作用,通过主题班会、励志演讲等形式让这一群体中的优秀者分享他们对留守经历的看法,或让他们担任班级心理委员,充分利用人际交往中的"相似性原则",发挥他们对有相似留守经历的"中风险"和"高风险"同学的朋辈互助的作用。

对留守经历大学生中的"高风险"群体进行个体心理咨询或团体心理辅导时,我们要综合考虑留守过程中远近环境因素及个体内在特征因素的相互作用,综合运用多种干预技术对其心理进行干预,具体应注意以下几点。

第一,充分了解并理解干预对象当前心理症状与早期成长经历之间的关系。我们可以通过在开展个体心理咨询前收集成长史资料、在团体心理辅导活动正式开始前开展个别访谈的方式,充分了解干预对象在留守过程中与外出父母之间的互动情况、在家庭或学校中是否有被虐待和被忽视的经历,以及当前其与父母之间的关系,在此基础上对干预对象当前的心理症状的发生和发展形成正确的认识。

第二,准确识别干预对象在成长过程中所形成的典型适应不良图式,并对其进行有针对性的干预。早期适应不良图式不但是个体在留守过程中未被满足的核心情感需要的集中反映,而且是影响个体处理外在信息和对生活事件作出情感反应的模式,还是连接早期留守经历中不利处境与当前心理症状的桥梁。因此,对典型适应不良图式进行识别和干预,一方面通过体验技术可以使个体早年缺失的部分情感需要得到一定的满足;另一方面通过认知技术和行为技术可以改变个体对过去经验的片面解读及当前面对压力情境时适应不良的行为应对模式,提升其认知的灵活性和应对外界环境变化的能力,进而改善其当前的心理症状和减少以后出现心理症状的风险。

第三,综合考虑早期经历与当前应激事件对干预对象心理状态的影响,综合运用多种心理咨询技术改善干预对象当前的心理症状和提升应对外界环境变化的能力。早期适应不良图式虽是在个体早期不利的成长环境下逐渐形成的,但其一般处于稳定的状态。只有被当前的生活事件激活时,其才会对个体的情感反应和行为表现产生影响。因此,无论是在个体心理咨询中还是在团体心理辅导中,咨询师或咨询团体带领者不但要引导干预对象认识并理解自己当前的心理症状与早期留守经历间的关系,而且要采用问题解决策略引导干预对象采用更有效的应对方法去解决现实问题,并且通过布置家庭作业的方式,让干预对象将在咨询和团体心理辅导中学习到的认知调节和行为应对策略有效地迁移到自己的日常生活中,从而实现干预的长期目标。

第五章
改善留守经历大学生心理健康状况的团体干预

第一节 改善留守经历大学生心理健康状况的团体干预的研究思路

一、问题的提出

我们在前述研究中已发现,留守经历大学生心理症状各维度和心理症状总水平均显著高于非留守经历大学生,特别是在人际关系敏感、抑郁和精神病性三个维度上的症状检出率极显著地高于非留守经历大学生。这与已有的多项研究结果基本一致,即处于成年早期的留守经历大学生出现心理病理症状的风险高,具体表现为更易出现抑郁和焦虑等情绪问题,以及在人际交往中表现得更为被动、退缩和敏感(和红,曾巧玲,王和舒琦,2018;刘海霞,王玖,林林,等,2015;庞锐,彭娟,2018)。

发现问题是为了解决问题,研究留守经历大学生心理健康发展的状况及其影响因素,目的是制定有效的教育与管理措施来减少留守经历对这一群体所造成的不良影响,帮助他们在大学里获得更好的心理成长,从而使其在走出校门后能更好地适应社会,并在促进社会和谐发展和构建幸福快乐的家庭中发挥自己应有的功能,而不是一直受到留守经历的不利影响,甚至是将在这一经历中由于教养缺失和基本的情感需要未被满足而形成的人格缺陷传递给后代。因此,对留守经历大学生这一群体的心理开展干预研究显得尤为重要。但已有关于留守经历大学生心理健康发展的相关研究对留守经历大学生心理健康发展状况关注得较多,而对干预其心理健康发展情况则关注得较少。

我们在前述研究中,通过对留守中的远近端环境因素和个体内在特征因素对心理健康影响的作用机制分析发现,留守经历大学生的心理症状是留守过程中的近端环境因素——儿童期创伤和亲子依恋及个体内在特征因素——早期适应不良图式综合作用的结果。这具体表现为儿童期创伤和亲子依恋均是通过早期适应不良图式这一个体内在特征因素的中介作用对留守经历大学生的心理健康产生影响的。由此可见,在留守过程中遭遇什么样的创伤经历,以及亲子间依恋关系的质量是影响留守经历大学生心理健康发展的关键性外部环境因素,但留守中危险性的外部环境因素不会必然导致留守经历大学生出现心理问题。只有他们将在这些危险环境中的生活体验内化为对自我及自我与他人关系的消极认知,即早期适应不良图式时,其才会出现心理问题。这些适应不良的认知图式阻碍了个体在后续生活中亲近他人,导致他们在人际互动情境中表现得更为敏感和退缩,从而难以与他人之间建立亲密的关系及获得适当的情感支持,在面对外部应激事件时也难以获得足够的社会支持,进而强烈地预测了个体的多种精神病理学症状,如异常的认知、情绪和行为表现(Young et al.,2003)。对留守经历大学生在早期不利处境中所形成的适应不良图式进行干预不但能在短时间内降低他们的心理症状水平,而且可以通过修正适应不良图式,使他们换一种视角去看待自己的留守经历,学会以更积极、更合适的方式去面对生活,这会对其心理健康发展产生长久的积极影响。

已有关于图式治疗的干预研究对临床样本关注得多,而对非临床样本关注得少;采用个体形式进行干预研究的多,而采用团体形式进行干预的研究少,更缺乏基于图式治疗理论而开展的针对留守经历大学生心理干预的研究。但已有研究证实,短程的团体图式治疗(SCBT-g)具有经济高效、脱落率低等优势,且更适用于核心基础图式尚未完全形成的年轻人。那么基于图式治疗理论所设计的短程团体图式干预方案是否能有效改善留守经历大学生所拥有的早期适应不良图式,进而改善其心理病理症状,提升其心理健康水平,我们对此展开了研究。

已有研究和本书中前述研究均证实,留守经历大学生较为突出的心理症状是人际关系敏感及易抑郁。但根据依恋理论和已有研究可知,有与主要抚养者长期分离或被主要照顾者虐待和忽视经历的个体,易形成不安全的依恋类型。而不安全依恋的个体因缺乏基本的人际安全感,在人际交往中往往表现得敏感多疑,易将人际互动过程中的信息解读为自己不够好、不值得被爱等负面的评价,从而体验到生命无意义感,进而陷入抑郁(侯艳飞,赵静波,杨雪岭,2010)。已有研究发现,人际关系敏感与分离和拒绝图式类别在儿童期创伤对抑郁的影响中起链式中介作用(秦红霞,许燕,杨颖,等,2019),也即抑郁状态在某种程度上是个体在人际关系中过于敏感的情绪表现。据此,本书主要选取了人际关系敏感这一心理症状及与此关系密切的早期适应不良图式作为团体干预中主要的考察指标。

二、研究目的

本研究的目的是对基于图式治疗理论而开发的团体干预方案对留守经历大学生的人际关系敏感及与其关系密切的早期适应不良图式的干预效果进行考察。

三、研究假设

假设1:团体干预能有效地降低实验组(团体干预组)的人际关系敏感水平及与其关系密切的早期适应不良图式水平。

假设2:对照组(无干预组)的人际关系敏感水平及与其关系密切的早期适应不良图式水平在实验干预过程中无显著的变化。

假设3:实验组的人际关系敏感水平及与其关系密切的早期适应不良图式水平在实验干预过程中呈显著下降趋势。

四、研究方法

(一)研究对象

研究人员采用网络招募的方式在安徽省某高等院校征集到符合筛选条件(在至少三个早期适应不良图式分量表上的得分均分≥3分且在人际关系敏感维度上的得分≥2.5分)的留守经历大学生24人,其中男生12人,女生12人,将男生和女生随机分配到实验组与对照组,每组12人,男、女生各6人。实验组和对照组被试的人口统计学信息如表5-1所示。

表5-1 实验组和对照组被试的人口统计学信息

		实验组(人)	对照组(人)
性别	男	6	6
	女	6	6
年级	大一	4	5
	大二	4	4
	大三	2	2
	大四	2	1
专业	文科	3	4
	理科	4	4
	工科	5	4

(二)研究工具

1. Young 图式问卷第三版中文版

同前文所述,本书选择 Young 图式问卷第三版中文版中的与人际关系敏感关系密切的情感剥夺、不信任/虐待、社交孤立/疏离、缺陷/羞耻、失败、情感抑制和寻求认可七个分量表。在本研究中,总量表在前测、后测和追踪测中的 Cronbach α 系数分别为 0.97、0.95、0.98;各分量表三次测量中的 Cronbach α 系数分别为情感剥夺 0.89、0.74、0.85,不信任/虐待 0.90、0.89、0.93,社交孤立/疏离 0.93、0.91、0.93,缺陷/羞耻 0.86、0.78、0.91,失败

0.92,0.88,0.93,情感抑制 0.85,0.71,0.90,寻求认可 0.86,0.82,0.90。

2. 90 项症状自评量表(SCL-90)

同前述研究,本研究选用了 SCL-90 中的人际关系敏感分量表。该分量表共九题,在本研究的前测、后测和追踪测中的 Cronbach α 系数分别为 0.85,0.90,0.92。

(三)研究程序

1. 团体干预方案的开发

基于 Vreeswijk 和 Broersen 开发的短程团体图式认知行为疗法(SCBT-g)模型,同时参考崔丽霞研究团队在中国大学生中实施的个体和团体图式干预方案(陈博,2009;崔丽霞等,2011;蔺雯雯,2008)开发出留守经历大学生"人际关系敏感及与此关系密切的早期适应不良图式团体干预方案"(详见附录)。请在认知行为治疗和图式治疗领域具有丰富咨询经验的心理咨询师、心理学教授对编制好的方案进行评估,提出修改意见并对方案进行完善。

2. 研究方案的设计

本研究采用"实验组、对照组"加"前测、后测、追踪测"的 2×3 实验设计。实验组接受每周一次,每次 120 分钟,连续 10 周的团体干预,对照组不接受任何干预;前测在研究对象招募的过程中完成,后测在 10 周的团体干预活动结束后的一周内完成,追踪测在团体干预活动结束的三个月后完成。研究人员均采用相同的工具,借助于问卷星平台让被试通过手机扫码完成三次测量。

3. 研究对象的招募

研究者在自己所工作的安徽省某高等院校易班网络平台上发布招募公告,同时请各学院的心理辅导老师在本学院的学生群里发布网络招募公告的链接,最终有 142 名留守经历大学生参与了前测。

4. 研究对象的筛选

对初测数据进行整理,以在七个早期适应不良图式分量表中,至少有三个分量表上的得分均分≥3 分(有明显图式的临界值),且在人际关系敏感维度上的得分≥2.5分(2分为有症状的临界值,2.5分为症状较突出)作为筛查标准,最终选出32名符合筛查标准的留守经历大学生。

采用电话、QQ或面对面的形式对符合筛查标准的32名大学生进行逐一访谈,排除有重大创伤经历、有临床心理症状正在接受心理治疗及正在接受个体心理咨询的学生。在征得本人同意的前提下,综合考虑性别和年级分布的均衡性,选取其中24名符合筛查标准的留守经历大学生作为研究对象,将男、女生随机分入实验组和对照组,每组12人(6名男生,6名女生)。通过电话或QQ将分组结果告知每位学生,并向对照组学生承诺在该实验研究结束后,其可以本着自愿原则选择个体心理咨询和优先参与后续的团体心理辅导活动。

5. 团体干预的实施

对实验组的12名学生进行每人30~60分钟的面对面访谈,具体了解其留守过程中的经历及其与父母之间的关系,了解其图式形成的渊源,在此基础上对每一个研究对象形成初步的个案概念化。

对实验组进行每周一次、每次120分钟、连续10周的团体心理干预;对照组不接受任何干预。实验组整个团体干预过程的带领者为研究者本人,同时为其配备一名研究助手。整个干预过程中仅有一名被试缺席一次,无被试脱落。

6. 团体干预效果的评估

在团体干预结束后的一周内及三个月后分别收集实验组和对照组在各测量指标上的测试数据,对干预的短时效果和长时效果进行评估。

(四)数据分析

本书采用SPSS 20.0软件对收集的数据进行整理和分析,采用独立样本t检验对实验组和对照组分别在前测、后测中的得分差异进行检验,采用配对样本t检验分别对实验组和对照组在前测与后测上的差异进行检验,采用重复测量的方差分析法分别对实验组和对照组在前测、后测及追踪测中的得分差异进行检验。

第二节 改善留守经历大学生心理健康状况的团体干预方案的设计

一、理论依据

人际关系敏感指个体在人际交往情境中对他人的行为和反应表现出过度敏感的一种特质,具有这种特质的人会选择性地关注人际交往中的负面信息,对来自他人的批评或拒绝过于敏感,并对他人的行为和情绪反应保持高度的警惕。人际关系敏感既包含认知成分和情感成分,也包含行为成分和动机成分(赖运成,叶一舵,2014)。认知成分表现为个体对人际情境中的信息解读,高人际关系敏感的个体在人际互动过程中过分地关注他人的评价,其往往将别人的积极评价解读为消极评价;情感成分主要表现为在心理上惧怕别人对自己进行负面评价;行为成分主要表现为在人际情境中,为了避免来自他人的负面评价,个体往往会顺从别人,以及压抑自己的情感,甚至是逃避或回避社交情境,动机成分即寻求他人认同的内在需要。据此,本书拟通过团体辅导的方式来设计改善人际关系敏感的干预方案,一方面主要从调整认知和改变行为的角度去设计团体活动;另一方面通过团体中的人际互动环节来增加团体成员的积极情感体验。

图式治疗指在对来访者的图式进行评估并帮助其认识和理解图式形成的原因及其与当前来访者所面临的问题之间的关系的基础上,综合运用认知策略、体验策略、行为模式击溃等技术帮助来访者修复自身的适应不良图式,学会用更有效的行为模式来应对生活中的压力事件(Young et al., 2003)。Vreeswijk 和 Broerson(2006)在个体图式治疗技术的基础上开发了短程团体图式认知行为疗法(SCBT-g)。SCBT-g 的整个干预过程包括三个阶段:第一个阶段主要开展心理教育,让干预对象了解自己图式的特点、自己的图式与早期经历之间的关系,以及图式维持的心理机制;第二个阶段主要是认知策略的运用,通过寻找支持和反驳图式的"证据",让干预对象认识到图式背后存在的不合理认知及适应不良的应对方式,并通过图式方与健康方的对话、记录图式日记及填写图式应对卡等具体的方法来改变原有的不合理认知;第三个阶段主要关注识别激活图式的触发事件及有效的应对策略的训练,以防止个体的适应不良图式在以后的生活中被再次激活。这一方案不但大大缩短了治疗的周期,而且被证实更适用于图式不太刻板、仍处于发展变化中的年轻人(Renner et al.,2013)。但 SCBT-g 主要针对的是人格障碍患者及存在人格问题的门诊患者,这一群体不但图式的严重程度和固着程度高于非临床群体,而且存在除适应不良图式外的诸多人格障碍患者所具有的心理病理症状,其社会功能受损严重,因此这一方案并不完全适用于非临床大学生群体。基于以上考虑,本研究在保留 SCBT-g 三个治疗阶段的基础上,将每个阶段的团体干预次数减半,进一步缩短了整个团体干预的周期。

在以上理论基础上,本书还借鉴了国内学者针对大学生人际困扰与亲密关系恐惧所开发的个体和团体图式治疗方案(陈博,2009;崔丽霞等,2011;蔺雯雯,2008),但将认知调整的侧重点放在识别图式激活后的自动思维及运用图式应对卡、记录图式日记等策略来对自动思维进行修正上。与此同时,根据前述研究中得到的儿童期创伤中的情感虐待和亲子依恋中的亲子疏离是留守经历大学生早期适应不良图式形成的主要影响因素的结论,本书在引导组员对图式形成原因进行探索的过程中,侧重于对早年可能遭遇的情感虐待经历及亲子间不良的互动经历进行分析。根据前述研究中得到的早期适应不良图式对心理健康产生影响受负性生活事件调节的作用机制,在方案设计中,我们通过在每次团体活动开始前设置心情报告环节,来减小负性生活事件对个体图式的影响。

二、活动方案

近年来,社会各界容易将留守儿童和留守经历大学生当作问题群体,导致高校中的留守经历大学生往往比较排斥针对这一群体所开展的心理健康教育和心理干预活动。为了使更多的留守经历大学生愿意参加干预活动,研究人员将该团体活动命名为"人际成长训练营",以降低留守经历大学生的人际关系敏感度,提升其人际交往技能。在实际的团体活动中,研究人员将

SCBT-g 的 3 个干预阶段和干预目标融入整个团体活动中。整个干预方案共有 10 次活动,每周 1 次,每次 120 分钟,包含 3 个阶段。第一个阶段为心理教育阶段,这一阶段由 3 次团体活动组成(其中第一次为团体组建活动),主要目的是让团体活动成员了解人际关系敏感与图式之间的关系,以及这些图式的特点,了解图式与早期成长经历间的关系,以及这些图式激活的在人际情境中对自己及对他人的不合理信念。第二个阶段为认知策略干预阶段,它由 4 次团体活动组成,主要目的是帮助团体成员识别人际关系敏感过程中的不良情绪和歪曲的自动思维,并训练团体成员掌握寻找到更为合理的替代想法的方法,使其在此基础上学会记录图式日记,改变其对留守过程中所遭遇的创伤经历及自己与父母关系的认知。第三阶段为行为策略干预阶段,它由三次团体活动组成(其中第 10 次为团体结束活动),主要目的是训练团体成员掌握克服人际交往中由适应不良图式驱动的屈从、回避和过度补偿的应对策略及行为模式。每次团体活动开始前设置的心情报告环节,一方面用于评估组员过去一周总体的情绪状态,减少负面情绪对团体活动的影响;另一方面可以帮助组员及时处理负性生活事件导致图式激活带来的不良情绪及学习新的应对策略。每次团体活动结束后,研究人员布置相应的家庭作业以巩固团体干预的效果,并要求团体成员将团体活动中习得的人际交往策略及图式改变策略迁移到各自现实的人际交往过程中。团体心理干预的总体安排及活动内容如表 5-2 所示,具体活动方案及说明见附录。

表 5-2 团体心理干预的总体安排及活动内容

阶段	次数	团体活动名称	团体活动目标	团体活动内容安排
第一阶段心理教育	第一次	有缘相识	消除陌生感,培养小组气氛,初步建立信任,确立团体公约	1.活动目的、意义简介
				2.热身活动:握手+滚雪球
				3.自制胸卡
				4.天使之翼
				5.明确团体目标、达成心理契约
				6.结束分享

续表

阶段	次数	团体活动名称	团体活动目标	团体活动内容安排
第一阶段心理教育	第二次	与"敏"相知	让组员了解人际关系敏感在各自身上的表现及其产生的可能原因	1. 心情报告 2. 热身活动：抢椅子 3. 与"敏"相随 4. "敏"从哪里来 5. 结束分享，布置作业
第一阶段心理教育	第三次	与"图"相识	让组员了解自己最突出的三个图式的特点，并对图式的起源形成初步的认知	1. 心情报告＋作业回顾 2. 热身活动：解开千千结 3. 我的图式 4. 图式起源：我的生命线故事 5. 结束分享，布置作业
第二阶段认知策略干预	第四次	"敏"的背后	让组员识别人际关系敏感背后对自己及对人际互动不合理的认知	1. 心情报告＋作业回顾 2. 热身活动：爱心传递 3. 情绪ABC 4. 给我一双慧眼 5. 结束分享，布置作业
第二阶段认知策略干预	第五次	"敏""图"相会	让组员了解人际关系敏感背后不合理的信念与典型图式之间的关系，尝试对人际敏感情境中的不合理信念发起挑战	1. 心情报告＋作业回顾 2. 热身活动：同舟共济 3. 连连看 4. 合理取代 5. 结束分享，布置作业
第二阶段认知策略干预	第六次	换个视角	让组员通过寻找支持和反驳图式的证据，学会转换视角看问题，学会记录图式日记	1. 心情报告＋作业回顾 2. 热身活动：信任摔倒 3. 搜索证据 4. 图式日记练习 5. 结束分享，布置作业

续表

阶段	次数	团体活动名称	团体活动目标	团体活动内容安排
第二阶段认知策略干预	第七次	互帮互助	让组员通过图式日记分享和互帮互助环节,进一步理解图式背后的不合理的信念并向不合理的信念发起挑战	1.心情报告 2.热身活动:松鼠与大树 3.图式日记分享 4.互帮互助 5.结束分享,布置作业
第三阶段行为策略干预	第八次	角色扮演	让组员通过角色扮演,学习新的应对方式和应对策略,用更积极、更变通的方式来应对人际关系敏感情境	1.心情报告+作业回顾 2.热身活动:信任之旅 3.图式应对卡 4.角色扮演 5.结束分享,布置作业
第三阶段行为策略干预	第九次	图式应对	让组员进一步练习和巩固在人际情境中学习到的应对方式和行为模式	1.心情报告+作业回顾 2.热身活动:超人圈 3.图式应对练习 4.结束分享,布置作业
第三阶段行为策略干预	第十次	说声"再见"	让组员整理自己在团体中的收获,分享自己在团体活动过程中的成长经验,处理离别情绪	1.心情报告+作业回顾 2.热身活动:成长三部曲 3.我的成长与变化 4."天使之翼"揭晓 5.告别寄语

第三节 改善留守经历大学生心理健康状况的团体干预结果

一、实验组和对照组的前测结果比较

为了考察实验分组的等同性,本书对实验组和对照组两组被试在各测量指标上的前测得分进行了差异检验,结果如表5-3所示。由表5-3可知,实验

组和对照组在人际关系敏感及其他七个早期适应不良图式的前测水平上均无显著的差异,两组在各指标上的方差齐性检验均不显著。这说明在实验处理前,两组在各观测指标上处于同一水平,组间具有同质性。

表 5-3 实验组和对照组在人际关系敏感及早期适应不良图式上的前测结果比较

	实验组 (n=12)		对照组 (n=12)		t	p	F	sig
	M	SD	M	SD				
人际关系敏感	3.26	0.44	3.15	0.56	0.54	0.593	0.05	0.822
情感剥夺	3.70	0.84	3.82	1.05	−0.30	0.766	0.18	0.68
不信任/虐待	2.88	1.12	2.78	1.01	0.23	0.821	0.14	0.712
社交孤立/疏离	3.73	0.95	3.72	1.14	0.04	0.969	0.07	0.790
缺陷/羞耻	3.15	0.55	3.42	0.91	−0.87	0.395	1.77	0.197
失败	3.77	1.09	3.77	0.86	0.00	1.000	2.53	0.126
情感抑制	4.21	0.87	3.83	0.81	1.10	0.285	0.52	0.478
寻求认可	3.58	0.96	3.45	0.97	0.34	0.738	0.23	0.637
图式总水平	25.03	3.48	24.78	5.43	0.13	0.894	0.46	0.505

二、实验组和对照组的前后测结果比较

(一)实验组的前后测结果比较

为了考察团体干预是否对实验组的人际关系敏感和其他七个早期适应不良图式产生了影响,本书采用配对样本 t 检验对实验组在各观测指标上的前后测得分进行差异检验,结果如表 5-4 所示。由表 5-4 可知,实验组在人际关系敏感及其他七个早期适应不良图式的前测水平和后测水平均存在极显著的差异,且后测水平均显著低于前测水平,差异的效应量 $Cohen's d$ 为 1.00~3.10。这说明团体干预有效地降低了团体成员的人际关系敏感水平及与其相关的早期适应不良图式水平。

表 5-4　实验组的前后测结果比较

	前测($n=12$)		后测($n=12$)		t	p	Cohen's d
	M	SD	M	SD			
人际关系敏感	3.26	0.44	2.00	0.37	7.27	0.000	3.10
情感剥夺	3.70	0.84	2.38	0.71	4.76	0.001	1.70
不信任/虐待	2.88	1.12	1.93	0.75	3.94	0.002	1.00
社交孤立/疏离	3.73	0.95	2.32	0.70	4.86	0.001	1.69
缺陷/羞耻	3.15	0.55	2.05	0.64	4.23	0.001	1.84
失败	3.77	1.09	2.15	0.75	4.50	0.001	1.73
情感抑制	4.21	0.87	2.62	0.85	5.08	0.000	1.85
寻求认可	3.58	0.96	2.48	0.73	3.34	0.007	1.29
图式总水平	25.03	3.48	15.93	4.12	5.52	0.000	2.39

(二)对照组的前后测结果比较

为了考察对照组在实验组进行团体干预的这段时间内各观测指标是否发生了变化,本书采用配对样本 t 检验对对照组在各观测指标上的前后测得分进行差异检验,结果如表 5-5 所示。由表 5-5 可知,对照组各观测指标的前后测得分除在人际关系敏感和不信任/虐待图式上不存在显著的差异外,其在情感剥夺、社交孤立/疏离、缺陷/羞耻、失败、情感抑制和寻求认可六个图式及图式总水平上均存在显著的差异,后测水平均显著低于前测水平,差异的效应量 Cohen's d 为 0.44~1.55。这说明对照组在实验组进行团体干预的这段时间里,其人际关系敏感水平和不信任/虐待图式水平没有发生显著的变化,而其余六个图式水平及图式总水平则显著降低了,但其降低幅度小于实验组,差异的效应量也均小于实验组。

表 5-5　对照组的前后测结果比较

	前测($n=12$)		后测($n=12$)		t	p	Cohen's d
	M	SD	M	SD			
人际关系敏感	3.15	0.56	2.57	0.79	2.08	0.062	0.85
情感剥夺	3.82	1.05	2.63	0.88	2.43	0.033	1.23

续表

	前测($n=12$)		后测($n=12$)		t	p	Cohen'sd
	M	SD	M	SD			
不信任/虐待	2.78	1.01	2.42	0.59	1.04	0.323	0.44
社交孤立/疏离	3.72	1.14	2.50	0.78	2.77	0.018	1.25
缺陷/羞耻	3.42	0.91	2.43	0.78	2.51	0.029	1.17
失败	3.77	0.86	2.47	0.82	3.34	0.007	1.55
情感抑制	3.83	0.85	2.73	0.84	4.60	0.001	1.30
寻求认可	3.45	0.97	2.57	0.74	2.65	0.023	1.02
图式总水平	24.78	5.43	17.75	4.68	3.16	0.009	1.39

（三）实验组和对照组的后测结果比较

为了进一步考察接受团体心理干预后，实验组和对照组在各观测指标上是否存在差异，本书对两组的后测结果进行了独立样本 t 检验，结果如表 5-6 所示。由表 5-6 可知，实验组和对照组的后测水平除在人际关系敏感上（$t=2.26, p<0.05$）存在显著的差异外，在其他七个早期适应不良图式上虽然实验组的得分均低于对照组，但差异均不显著，仅在不信任/虐待图式上的得分处在边缘显著水平上（$t=1.76, p=0.093$）。这说明团体干预降低实验组被试人际关系敏感水平的短时效果明显好于对照组，但其图式水平降低的短时效果并没有明显优于对照组。

表 5-6 实验组和对照组的后测结果比较

	实验组($n=12$)		对照组($n=12$)		t	p	Cohen'sd
	M	SD	M	SD			
人际关系敏感	2.00	0.37	2.57	0.79	2.26	0.039	0.92
情感剥夺	2.38	0.71	2.63	0.88	0.77	0.451	0.31
不信任/虐待	1.93	0.75	2.42	0.59	1.76	0.093	0.73
社交孤立/疏离	2.32	0.70	2.50	0.78	0.60	0.582	0.24
缺陷/羞耻	2.05	0.64	2.43	0.78	1.32	0.202	0.53

续表

	实验组 (n=12)		对照组 (n=12)		t	p	Cohen's d
	M	SD	M	SD			
失败	2.15	0.75	2.47	0.82	0.99	0.335	0.41
情感抑制	2.62	0.85	2.73	0.84	0.34	0.738	0.13
寻求认可	2.48	0.73	2.57	0.74	0.28	0.786	0.12
图式总水平	15.93	4.12	17.75	4.68	1.01	0.324	0.41

三、实验组前测、后测及追踪测间的差异比较

为了进一步检验团体干预的长时效果,本书采用重复测量的方差分析法对实验组和对照组在人际关系敏感及其他七个早期适应不良图式总分上的三次测量结果进行差异检验。其中人际关系敏感的莫奇莱球形检验结果为 $\chi^2=3.38, df=2, p=0.18$;其他七个早期适应不良图式总水平的莫奇莱球形检验结果为 $\chi^2=8.45, df=2, p=0.02$。人际关系敏感和图式总水平的重复测量方差分析结果如表5-7所示。

表5-7　人际关系敏感和图式总水平的重复测量方差分析结果

因变量	自变量	平方和	自由度	均方	F	p	偏 η^2
人际关系敏感	时间	13.54	2	6.77	27.95	0.000	0.56
	组别	2.97	1	2.97	5.93	0.023	0.21
	时间×组别	2.52	2	1.26	5.20	0.009	0.19
	残差	10.66	44	0.24	—	—	—
图式总水平	时间	1000.33	1.5	665.88	30.61	0.000	0.58
	组别	101.15	1	101.15	3.37	0.080	0.13
	时间×组别	103.39	1.5	68.83	3.16	0.068	0.08
	残差	916.09	44	20.82	—	—	—

由表5-7可知,人际关系敏感随时间变化的主效应显著,$F(2,44)=27.95, p=0.000$,偏 $\eta^2=0.56$;组别的主效应显著,$F(1,44)=5.93, p<0.05$,偏 $\eta^2=0.21$;时间和组别的交互效应显著,$F(2,44)=5.20, p<0.01$,

偏 $\eta^2=0.19$。图式总水平随时间变化的主效应显著,$F(2,44)=30.61$,$p=0.000$,偏 $\eta^2=0.58$,但组别的主效应 $F(1,44)=3.37$,$p=0.080$,偏 $\eta^2=0.13$,以及时间与组别的交互效应 $F(2,44)=3.16$,$p=0.068$,偏 $\eta^2=0.08$,均处在边缘显著水平上。

因为人际关系敏感的交互效应显著,所以我们对其作进一步的简单效应分析,结果如表5-8所示。由表5-8可知,在被试内水平上,实验组的前测、后测和追测水平间存在极显著的差异,$F(2,44)=28.37$,$p=0.000$。通过Bonferroni事后检验发现,后测和追踪测水平显著低于前测水平;对照组的前测、后测和追踪测水平间也存在显著的差异,$F(2,44)=4.78$,$p<0.05$。但通过Bonferroni事后检验发现,前测、后测和追踪测水平间均不存在显著的差异,仅在LSD差异检验中,前测水平和追踪测水平间存在显著的差异($\Delta M=0.486$,$p<0.05$)。在被试间水平上,两组在前测水平上不存在显著的差异,而在后测水平上差异显著,$F(1,22)=5.09$,$p<0.05$,同时在追踪测水平上也存在显著的差异,$F(1,22)=9.87$,$p<0.01$。实验组在后测和追踪测中的人际关系敏感水平均显著低于对照组。这说明团体干预降低实验组被试人际关系敏感水平的短时效果和长时效果均优于对照组。

表5-8 人际关系敏感及图式总水平的简单效应分析及事后检验

			平方和	自由度	均方	F	p	事后检验
人际关系敏感	被试内	实验组	13.74	2	6.87	28.37	0.000	$T1>T2$、$T3$
		对照组	2.31	2	1.16	4.78	0.013	$T1>T2$
	被试间	组别×前测	0.07	1	0.07	0.29	0.593	—
		组别×后测	1.95	1	1.95	5.09	0.034	
		组别×追踪测	3.46	1	3.46	9.87	0.005	
图式总水平	被试内	实验组	792.92	2	396.46	22.11	0.000	$T1>T2$、$T3$
		对照组	310.81	2	155.41	9.51	0.000	$T1>T2$、$T3$
	被试间	组别×前测	0.38	1	0.38	0.02	0.894	—
		组别×后测	19.80	1	19.80	1.02	0.324	
		组别×追踪测	184.26	1	184.26	8.22	0.009	

注:$T1$、$T2$ 和 $T3$ 分别代表前测、后测和追踪测水平。

因图式总水平随时间变化的主效应显著,所以我们对其作进一步的事后检验,结果如表 5-8 所示。由表 5-8 可知,实验组和对照组在七个早期适应不良图式总水平上的后测和追踪测得分均显著低于前测得分,两组在后测的得分上不存在显著的差异,$F(1,22)=1.02$,$p=0.324$,但两组在追踪测的得分上差异显著,$F(1,22)=8.22$,$p<0.01$。这说明团体干预降低图式总水平的短时效果并没有优于对照组,但其长时效果却显著优于对照组。

团体干预的效果也可以通过人际关系敏感和图式总水平在三次测量中的边际平均值变化图(图 5-1 和图 5-2)表现出来。由图 5-1 和图 5-2 可以看出,实验组在接受团体干预后的人际关系敏感及图式的后测水平和三个月后的追踪测水平均呈现出持续下降的趋势,而对照组虽然在后测中的人际关系敏感和图式总水平相较于前测水平呈显著下降的趋势,但其追踪测水平相较于后测水平呈上升趋势,这说明实验组接受团体干预后的长时效果要优于对照组。

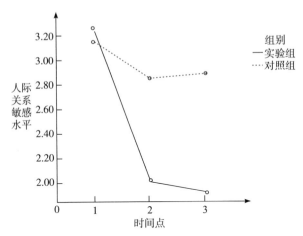

图 5-1 实验组和对照组人际关系敏感水平在三次测量中的边际平均值变化

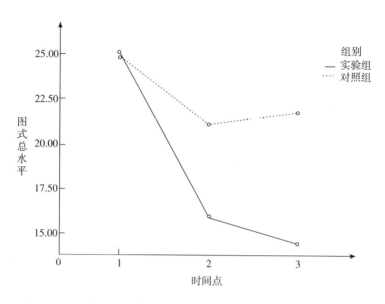

图 5-2 实验组和对照组图式水平在三次测量中的边际平均值变化

第四节 讨论与反思

一、团体干预的短时效果

本书研究发现,经过 10 次的团体干预后,实验组人际关系敏感及与其关系密切的早期适应不良图式水平均显著地下降了,这与已有的研究结果一致(陈博,2009;崔丽霞等,2011;蔺雯雯,2008;罗小婧,崔丽霞,蔺雯雯,等,2011),也验证了本章的研究假设 1。

对照组在实验组接受团体干预的这段时间里,其人际关系敏感水平及与其相关的早期适应不良图式水平明显地下降了,这一结果与本章的研究假设 2 不符。通过对实验组和对照组在各观测变量上的后测水平差异进行检验发现,实验组和对照组在人际关系敏感水平上存在显著的差异,其中实验组的人际关系敏感水平显著低于对照组。这说明团体干预对降低留守经历大学生的人际关系敏感水平具有良好的短时效果,这与已有的研究结果一致

(陈博,2009),也部分证实了本章的假设3。但在各早期适应不良图式水平的后测水平上,实验组仅在不信任/虐待图式上与对照组之间的差异达到了边缘显著水平,其他六个早期适应不良图式水平虽低于对照组,但两组之间的差异均不显著,即实验组虽然图式水平的下降幅度大于对照组,但这一差异并没有达到显著水平。这说明团体干预后实验组的图式水平显著下降不一定是实验的效果,也即假设3没有得到完全的证实。出现这一结果可能有以下几个方面的原因:第一,处于成年早期的留守经历大学生,核心基础图式尚未完全形成,不太固定,容易发生改变(Renner et al.,2013);第二,参与实验研究和回答问卷的过程本身可以促使被试进行自我觉察与自我反省,他们会在这一段时间里觉察自身的感受及意识到自己不合理的消极认知,并在后续的生活中以更有效的方式来调整自己不合理的消极认知,比如尝试表达自己的情感,而不是像以前那样压抑自己的情感,这使得回答问卷本身具有一定的心理疗愈作用,这一现象在已有的其他同类研究中也曾出现(Alba et al.,2018);第三,对照组的被试在被通知参与实验研究但又不接受任何实验处理时,其一方面会觉得自己是被特别关注着的,另一方面可能觉得自己的问题不像自己想象的那么严重,从而以更加积极的态度和应对方式去面对生活;第四,通过实验结束后的访谈发现,在实施前测时,其中一名对照组的被试正面临生活环境变化的情况,一名被试正经历家庭中的负性生活事件,一名被试正处于失恋状态,这三人都表述当时自己的情绪处于低谷期,所以对自身和人际关系的评价均偏向消极。但在实施后测时,这三名被试参与前测时所经历的负性生活事件均得到了有效的解决,导致其对人际关系及对自身的评价更积极。这与Young等(2003)所提出的外界压力源对图式具有激活作用的理论假设一致,也与前述研究中所得到的负性生活事件在图式对心理健康影响的过程中具有调节作用的结果一致。

二、团体干预的长时效果

(一)人际关系敏感干预的长时效果

本书采用重复测量的方差分析法对实验组和对照组在团体干预前后人

际关系敏感水平的差异进行检验发现,人际关系敏感的时间主效应、组别主效应及时间和组别的交互效应均显著,这说明团体干预对实验组和对照组人际关系敏感水平的影响效果不同。进一步进行简单效应分析发现,实验组后测和追踪测水平均显著低于对照组,这说明团体干预在降低实验组被试的人际关系敏感水平上不但具有良好的短时效果,还具有较好的长时效果,研究假设3得到了部分验证。这也证明了整个团体干预方案的设计和实施具有较强的针对性及可行性。整个团体干预方案是在文献综述的基础上,依据人际关系敏感的相关理论来设计每次团体活动中的游戏环节,同时结合研究者10余年高校心理健康教育工作和心理咨询工作的经验而设计的。拟好的方案,研究者咨询了相关领域的专家和认知行为取向领域的心理咨询师,根据他们的建议对方案进行了修改。在实施方案的过程中,首先,让每位组员在每次活动的最后一个环节中总结自己在该次活动中的收获和感悟,从而促使其将活动中所习得的认知技能和行为技术进一步内化到自己的认知体系中;其次,每次活动结束时,收集每位组员的反馈意见,并根据组员的反馈意见及干预实施情况对下一次活动进行调整和优化,即边实施、边优化;最后,每次活动结束后,研究者布置与本次活动内容相关的家庭作业,促使组员进一步练习和巩固在活动过程中习得的改善人际关系敏感的认知技能及行为技术。这就促使其在团体活动中习得的方法得到了有效的迁移,进一步指导其在以后的人际情境中采取更为积极的应对方式,从而获得良好的人际互动体验,也强化了团体干预的长时效果。

(二)早期适应不良图式干预的长时效果

本书研究发现,图式总水平仅在时间主效应上显著,而在组别主效应和时间与组别的交互效应上均处在边缘显著水平上。这说明团体干预前后实验组和对照组的图式总水平都随着时间发生了显著的变化,但实验组和对照组在变化的趋势上不存在显著的差异。进一步的事后检验发现,虽然实验组和对照组在后测与追踪测中的图式水平均显著低于前测,但两组在后测中的图式总水平上的差异不显著,仅在追踪测中存在显著的差异。实验组追踪测中的图式总水平显著低于对照组,且从实验组和对照组图式总水平在三次测量中的边际平均值变化趋势图可以看出,实验组的图式总水平在团体干预后仍呈现持续下降的趋势,但对照组的图式总水平在追踪测中反而呈现上升的趋势。这一结果说明,团体干预在降低留守经历大学生图式总水平上的长时效果优于对照组,这与已有的研究结果一致(陈博,2009;崔丽霞等,2011)。出现这一结果的原因可能是实验干预所带来的时间累积效应发挥了作用。实验组在整个团体干预的过程中,不但清楚地知道自己所存在的典型的适应不良图式及其表现,也理解这些图式是怎样形成及其怎样对自己的当前生活产生影响的,并习得了修正自身适应不良图式的认知策略和行为应对技术。在团体活动结束后,其仍能将这些策略和技术运用到自己的实际生活中,使自己的适应不良图式得到持续的改善。与之相反的是,对照组实验研究给予的特别关注及回答问卷本身带来的自我疗愈效果虽在短时间内降低了其图式水平,但因为其并没有得到有针对性的认知策略和行为应对技术的相关训练,故随着时间的推移,当生活中再次出现负性事件时,对照组的图式会再次被激活,从而导致由实验关注所带来的短时效果逐渐减弱,不过这一推断还需要在更长时间的追踪研究中去加以验证。以上结果进一步验证了Young等(2003)在图式治疗理论中提出的图式治疗会产生持久的效果,并且可以有效防止心理症状复发的研究结论。

三、反思与启示

探究问题发生与发展的内在规律的目的是解决问题,因此,开展实际的干预研究进而探索可行、有效的干预方法或干预模式是心理学研究的关键和落脚点(熊猛,叶一舵,曾鑫,2016)。

本书在前面两个研究结果的基础上,设计了基于图式治疗理论的针对留守经历大学生的团体干预方案。研究人员在实施团体干预后发现,12名留守经历大学生在接受团体干预后的一周内的人际关系敏感水平和早期适应不良图式水平均有显著的降低,并且这一效果在团体干预三个月后依然在持续。这说明本团体干预方案对降低留守经历大学生的人际关系敏感水平和早期适应不良图式水平具有良好的长时效果,可有效地改善留守经历给个体心理发展带来的持久的消极影响,这与已有的多项研究结果一致(陈博,

2009;崔丽霞等,2011;蔺雯雯,2008)。

本团体干预方案之所以能取得良好的效果,首先是因为本团体干预方案的设计是建立在图式治疗理论基础上的。Young 等(2003)的图式治疗理论认为,图式治疗的目标是修复来访者的早期适应不良图式,以及导致图式持久化的适应不良的应对风格。研究人员在图式治疗的过程中会综合运用认知策略、体验策略和行为模式击溃技术来帮助来访者修复自身适应不良图式,教会来访者用更有效的行为模式来应对图式激活后的不良情绪体验及适应不良的应对方式。当图式被与未满足的需求相关联的事件触发时,来访者会用更合适的方式应对这一情况,因此,图式治疗会产生持久的效果,并且可以有效地防止心理症状复发。其次是因为本团体干预方案的设计和实施均是以已有实证研究成果为基础的。本团体干预方案在设计上主要遵循了短程团体图式认知行为疗法的三个主要阶段,在总体设计上聚焦于留守经历中影响个体心理健康发展的内外部因素,同时充分考虑了远期负性日常事件(儿童期创伤)和亲子关系对图式形成的影响,以及近期负性日常事件对图式的激活作用。研究人员通过"'敏'从哪里来""我的生命线故事"及"连连看"活动让组员了解自己当前的心理困扰与早期经历之间的关系,以及心理困扰与适应不良图式之间的关系;通过"图式日记""图式应对卡"及"图式应对练习"等活动教会组员使用更为积极有效的应对策略和行为方式。除此以外,考虑到负性生活事件对图式的激活作用,研究人员在每次活动开始时设计"心情分享"环节以帮助组员认清负性生活事件对图式的激活作用,以及被激活的图式对自己情绪和行为的影响。与此同时,考虑到图式是个体内化的信念系统,对其进行改变是一个"由里及表"的过程,在每次活动结束后,研究人员通过布置家庭作业的形式让组员进行适当的行为练习,从而巩固其在活动中所学到的策略和方法,不断强化干预的效果。

本团体干预方案具有显著效果的实验结果提示我们,在对留守经历大学生进行团体干预时,首先,应聚焦于留守这一特殊的成长过程;其次,方案的设计应建立在理论和实证研究的基础上;再次,在实施团体干预方案的过程中要充分考虑内外部因素及远近期日常事件对个体心理状态的综合影响;最后,通过持续的练习来巩固和强化团体干预的效果。

参考文献

Agerup, T., Lydersen, S., Wallander, J., & Sund, A. Associations between parental attachment and course of depression between adolescence and Young adulthood[J]. Child psychiatry & human development,2015,46(4):632~642.

Alba, J., Calvete, E., Wante, L., Van Beveren, M., & Braet, C. Early maladaptive schemas as moderators of the association between bullying victimization and depressive symptoms in adolescents[J]. Cognitive therapy and research,2018,42(1):24~35.

Baranoff, J., Oei, T., Cho, S., & Kwon, S. Factor structure and internal consistency of the Young schema questionnaire (short form) in Korean and Australian samples[J]. Journal of affective disorders,2006,93(1~3):133~140.

Barazandeh, H., Kissane, D., Saeedi, N., & Gordon, M. A systematic review of the relationship between early maladaptive schemas and borderline personality disorder/traits[J]. Personality and individual differences,2016,94:130~139.

Beavers, R., & Hampson, R. The beavers systems model of family functioning[J]. Journal of family therapy,2000,22(2):128~143.

Beck A T, Rush AJ, Shaw BF, & Emery G. Cognitive therapy of depression[M]. New York: Guilford Press,1979:425.

Beck, A. T. The current state of cognitive therapy: A 4-year retrospective[J]. Archives of general psychiatry,2005,62:953~959.

Beck,A. ,& Dozois,D. Cognitive therapy: current status and future directions[J]. Annual review of medicine,2011,62(1):397~409.

Bendall, S. , Alvarez-Jimenez, M. , Hulbert, C. , Mcgorry, P. , & Jackson,H. Childhood trauma increases the risk of post-traumatic stress disorder in response to first-episode psychosis[J]. Australian and New Zealand journal of psychiatry,2012,46(1):35~39.

Bernstein,D. ,Nijman,H. ,Karos,K. ,Keulen-de Vos,M. ,De Vogel, V. ,& Lucker,T. Schema therapy for forensic patients with personality disorders: design and preliminary findings of a multicenter randomized clinical trial in the Netherlands[J]. International journal of forensic mental health: the 2nd bergen conference on the treatment of psychopathy,2012,11 (4),312~324.

Blake, A. J. , McNeish, D. , Chassin, L. Heterogeneity in effects of parent-child separation on Young-adult substance use disorder[J]. Journal of family psychology,2022,(2):159~169.

Blissett,J. ,& Farrow,M. Stability and continuity of women's core beliefs and psychopathological symptoms from pregnancy to one year postpartum[J]. Cognitive therapy and research,2007,31(5):589~602.

Bosmans, G. , Braet, C. , & Van Vlierberghe, L. Attachment and symptoms of psychopathology: early maladaptive schemas as a cognitive link? [J]. Clinical psychology & psychotherapy,2010,17(5):374~385.

Calvete, E. , Orue, I. , & González-Diez, Z. An examination of the structure and stability of early maladaptive schemas by means of the Young schema questionnaire-3[J]. European journal of psychological assessment, 2013,29:283~290.

Calvete, E. , Orue, I. , & Hankin, B. Early maladaptive schemas and social anxiety in adolescents: the mediating role of anxious automatic thoughts[J]. Journal of Anxiety Disorders,2013,27(3):278~288.

Calvete, E. Emotional abuse as a predictor of early maladaptive schemas in adolescents: contributions to the development of depressive and social anxiety symptoms[J]. Child abuse & neglect, 2014, 38(4):735～746.

Calvete, E., Orue, I., & Hankin, B. A longitudinal test of the vulnerability-stress model with early maladaptive schemas for depressive and social anxiety symptoms in adolescents[J]. Journal of psychopathology and behavioral assessment, 2015, 37(1):85～99.

Cámara, M., & Calvete, E. Early maladaptive schemas as moderators of the impact of stressful events on anxiety and depression in university students[J]. Journal of psychopathology and behavioral assessment, 2012, 34(1):58～68.

Cecero, J., Marmon, T., Beitel, M., Hutz, A., & Jones, C. Images of mother, self, and god as predictors of dysphoria in non-clinical samples[J]. Personality and Individual differences, 2014, 36(7):1669～1680.

Cheng, J., Sun, YH. Depression and anxiety among left-behind children in China: a systematic review[J]. Child care healthDev, 2015, 41(4):515～523.

Conway, C. A., Roy K., Choque G., et al.. Family separation and parent-child relationships among latinx immigrant youth[J]. Journal of latinx psychology, 2020(4):300～316.

Cukor, D., & Mcginn, L. History of child abuse and severity of adult depression: the mediating role of cognitive schema[J]. Journal of child sexual abuse, 2006, 15(3):19～34.

Cui, L., Lin, W., & Oei, T. Factor structure and psychometric properties of the Young schema questionnaire (short form) in Chinese undergraduate students[J]. International mournal of mental health and addiction, 2011, 9(6):645～655.

Culpin, I., Heron, J., Araya, R., Melotti, R., Lewis, G., & Joinson, C. Father absence and timing of menarche in adolescent girls from a UK cohort: the mediating role of maternal depression and major financial problems[J]. Journal of adolescence,2014,37(3):291~301.

Demby, K., Riggs, S., & Kaminski, P. Attachment and family processes in children's psychological adjustment in middle childhood[J]. Family Process,2017,56(1):234~249.

Dickhaut, V., & Arntz, A. Combined group and individual schema therapy for borderline personality disorder: a pilot study[J]. Journal of behavior therapy and experimental psychiatry, 2014,45(2):242~251.

Easton, S., Renner, L., & O'leary, P. Suicide attempts among men with histories of child sexual abuse: examining abuse severity, mental health, and masculine norms[J]. Child abuse & neglect, 2013,37(6):380~387.

Estévez, A., Jauregui, P., Ozerinjauregi, N., & Herrero-Fernández, D. The role of early maladaptive schemas in the appearance of psychological symptomatology in adult women victims of child abuse[J]. Journal of child sexual abuse, 2017,26(8): 889~909.

Gauthier, L., Stollak, G., Messé, L., & Aronoff, J. Recall of childhood neglect and physical abuse as differential predictors of current psychological functioning[J]. Child Abuse & neglect, 1996,20(7):549~559.

Gay, L., Harding, H., Jackson, J., Burns, E., & Baker, B. Attachment style and early maladaptive schemas as mediators of the relationship between childhood emotional abuse and intimate partner violence[J]. Journal of aggression maltreatment & trauma, 2013,22(4):408~424.

Gibb, B., Butler, A., & Beck, J. Childhood abuse, depression, and anxiety in adult psychiatric outpatients[J]. Depression and anxiety, 2013,17(4):226~228.

Giesen-Bloo, J., Dyck, R., Spinhoven, P., Tilburg, W., Dirksen, C., Asselt, T., Arntz, A. Outpatient psychotherapy for borderline personality disorder: randomized trial of schema-focused therapy vs transference-focused psychotherapy[J]. Archives of general psychiatry, archives of general psychiatry,2006.

Gong, J., & Chan, R. Early maladaptive schemas as mediators between childhood maltreatment and later psychological distress among Chinese college students[J]. Psychiatry Research, 2018,259:493~500.

Grassi-Oliveira, R., & Stein, L. Childhood maltreatment associated with PTSD and emotional distress in low-income adults: the burden of neglect[J]. Child abuse & neglect, 2018,32(12):1089~1094.

Grossmann, Karin, Grossmann, Klaus E., Fremmer-Bombik, Elisabeth, Kindler, Heinz, Scheuerer-Englisch, Hermann, & Zimmermann, Peter. The uniqueness of the child-father sttachment relationship: Fathers' sensitive and challenging play as a pivotal variable in a 16-year longitudinal study[J]. Social development, 2002,11(3): 301~337.

Hawke, L., & Provencher, M. The Canadian French Young schema questionnaire: confirmatory factor analysis and validation in clinical and nonclinical samples[J]. Canadian, journal of behavioural science/revue canadienne des sciences du comportement, 2012,44(1):40~49.

Hayashi, Y., Okamoto, Y., Takagaki, K., Okada, G., Toki, S., Inoue, T., Yamawaki, S. Direct and indirect influences of childhood abuse on depression symptoms in patients with major depressive disorder[J]. Bmc psychiatry, 2015,15(1):244.

Higgins, D., & Mccabe, M. Multiple forms of child abuse and neglect: adult retrospective reports[J]. Aggression and violent behavior, 2001,6(6):547~578.

Hillberg, T., Hamilton-Giachritsis, C., & Dixon, L. Review of meta-analyses on the association between child sexual abuse and adult mental health difficulties: a systematic approach[J]. Trauma, violence & abuse, 2011, 12(1):38~49.

Huh, H., Kim, K., Lee, H., & Chae, J. The relationship between childhood trauma and the severity of adulthood depression and anxiety symptoms in a clinical sample: the mediating role of cognitive emotion regulation strategies[J]. Journal of affective disorders, 2017, 213: 44~50.

Jovev, M., & Jackson, H. Early maladaptive schemas in personality disordered individuals[J]. Journal of personality disorders, 2004, 18(5): 467~478.

Karatzias, T., Jowett, S., Begley, A., & Deas, S. Early maladaptive schemas in adult survivors of interpersonal trauma: foundations for a cognitive theory of psychopathology [J]. European journal of psychotraumatology, 2016, 7(1): 30713.

Khosravani, V., Seidisarouei, M., & Alvani, A. Early maladaptive schemas, behavioral inhibition system, behavioral approach system, and defense styles in natural drug abusers[J]. Polish annals of medicine, 2016, 23(1): 6~14.

Khosravani, V., Mohammadzadeh, A., & Sheidaei Oskouyi, L. Early maladaptive schemas in patients with schizophrenia and non-patients with high and low schizotypal traits and their differences based on depression severity[J]. Comprehensive psychiatry, 2019, 88: 1~8.

Kim, Ji Eun, Lee, Sang Won, & Lee, Seung Jae. Relationship between early maladaptive schemas and symptom dimensions in patients with obsessive-compulsive disorder[J]. Psychiatry research, 2014, 215(1): 134~140.

Kriston, L., Schäfer, J., Jacob, G. A., Härter, M., & Hälzel, L. P. Reliability and validity of the German version of the Young schema questionnaire-short Form 3 (YSQ-S3) [J]. European journal of psychological assessment, 2013, 29: 205~212.

Langhinrichsen-Rohling, J., Thompson, K., Selwyn, C., Finnegan, H., & Misra, T. Maladaptive schemas mediate poor parental attachment and suicidality in college students[J]. Death studies, 2017, 41(6): 337~344.

Lumley, M., & Harkness, N. Specificity in the Relations among childhood adversity, early maladaptive schemas, and symptom profiles in adolescent depression[J]. Cognitive therapy and research, 2007,31(5):639~657.

Mason, O., Platts, H., & Tyson, M. Early maladaptive schemas and adult attachment in a UK clinical population [J]. Psychology and psychotherapy: theory research and practice, 2005, 78:549~564.

Mayo, S., & Ryan, Lawrence J. Early maladaptive schemas in depressed women maltreated as children: an exploratory analysis and implications for embodied Analytic therapy[J]. ProQuest dissertations and theses, 2004.

McGinn, L., Cukor, K., & Sanderson, D. The relationship between parenting style, cognitive style, and anxiety and depression: does increased early adversity influence symptom severity through the mediating role of cognitive style? [J]. Cognitive therapy and research, 2005,29(2): 219~242.

Miller, I., Ryan, C., Keitner, G., Bishop, D., & Epstein, N. The mcMaster approach to families: theory, assessment, treatment and research [J]. Journal of family therapy, 2000,22(2):168~189.

Moberly, N., & Watkins, E. Ruminative self-focus, negative life events, and negative affect[J]. Behaviour research and therapy, 2008,46(9):1034~1039.

Mullen, P., Martin, J., Anderson, J., Romans, S., & Herbison, G. The long-term impact of the physical, emotional, and sexual abuse of children: a community study[J]. Child abuse & neglect, 1996,20(1): 7~21.

Noller, P., Feeney, J., & Peterson, C. Personal relationships across the lifespan (International series in social psychology). Philadelphia, Pa.: Psychology Press, 2001.

Oei, T., & Baranoff, J. Young schema questionnaire: review of psychometric and measurement issues[J]. Australian journal of psychology, 2007,59(2):78~86.

Orue, I., Calvete, E., & Padilla, P. Brooding rumination as a mediator in the relation between early maladaptive schemas and symptoms of depression and social anxiety in adolescents[J]. Journal of adolescence, 2014,37(8):1281~1291.

Ozerinjauregui, N. Abuso sexual en la infancia: Consecuencias psicológicas en la edadadulta [Sexual abuse in childhood: Psychological consequences in adulthood] (doctoral dissertation). University of Deusto, Bilbao, Spain, 2015.

Renner, F., Lobbestael, J., Peeters, F., Arntz, A., & Huibers, M. Early maladaptive schemas in depressed patients: stability and relation with depressive symptoms over the course of treatment[J]. Journal of affective disorders, 2012,136(3): 581~590.

Renner, F., Van Goor, M., Huibers, M., Arntz, A., Butz, B., & Bernstein, D. Short-term group schema cognitive-behavioral therapy for young adults with personality disorders and personality disorder features: associations with changes in symptomatic distress, schemas, schema modes and coping styles [J]. Behaviour research and therapy, 2013,51(8): 487~492.

Rijo, D., & Gouveia, P. (2008). A confirmatory factor analysis study of the YSQ-S3 in a large Portuguese sample. Paper Presented at the 3rd Annual International Society of Schema Therapy Meeting, Coimbra, Portugal, October.

Rodgers, C., Lang, A., Laffaye, C., Satz, L., Dresselhaus, T., & Stein, M. The impact of individual forms of childhood maltreatment on health behavior[J]. Child abuse & neglect, 2004, 28(5): 575~586.

Roelofs, J., Lee, C., Ruijten, T., & Lobbestael, J. The mediating role of early maladaptive schemas in the relation between quality of attachment relationships and symptoms of depression in adolescents[J]. Behavioural and cognitive psychotherapy, 2011,39(4): 471~479.

Roelofs, J., Onckels, L., & Muris, P. Attachment quality and psychopathological symptoms in clinically referred adolescents: The mediating role of early maladaptive schema[J]. Journal of child and family studies, 2013,22(3): 377~385.

Saariaho, Tom, Saariaho, Anita, Karila, Irma, & Joukamaa, Matti. The psychometric properties of the finnish Young schema questionnaire in chronic pain patients and a non-clinical sample[J]. Journal of behavior therapy and experimental psychiatry, 2009,40(1):158~168.

Saariaho, Tom, Saariaho, Anita, Karila, Irma, & Joukamaa, Matti. Early maladaptive schema factors, chronic pain and depressiveness: a study with 271 chronic pain patients and 331 control participants[J]. Clinical psychology & psychotherapy, 2012,19(3): 214~223.

Sakulsriprasert, C., Phukao, D., Kanjanawong, S., & Meemon, N. The reliability and factor structure of thai Young schema questionnaire-short form 3[J]. Asian journal of psychiatry, 2016,24: 85~90.

Schmidt, N., Joiner, B., Young, T., & Telch, E. The schema questionnaire: Investigation of psychometric properties and the hierarchical structure of a measure of maladaptive schemas[J]. Cognitive therapy and research, 1995,19(3):295~321.

Schmidt, N. B., & Joiner, T. E., Jr. Global maladaptive schemas, negative life events, and psychological distress [J]. Journal of psychopathology & behavioral assessment, 2004,26(1): 65~72.

Seung Jae Lee, Young Hee Choi, Hyo Deog Rim, Seung Hee Won, Dong Woo Lee. Reliability and validity of the keoran Young schema questionnaire-short form-3 in medical students[J]. Psychiatry investing, 2015,12(3):295~304.

Simard, V., Moss, E., & Pascuzzo, K. Early maladaptive schemas and child amd adult attachment: a 15-year longitudinal study[J]. Psychology and psychotherapy: theory research and practice, 2011,84: 349~366.

Skinner, H., Steinhauer, P., & Sitarenios, G. Family assessment measure (FAM) and process model of family functioning[J]. Journal of family therapy,2000,22(2):190~210.

Soygüt, G., Karaosmanoĝlu, A., & Cakir, Z. Assessment of early maladaptive schemas: a psychometric study of the Turkish young schema questionnaire-short form~3[J]. Turk psikiyatri dergisi = turkish Journal of psychiatry,2009,20(1):75~84.

Sundag, J., Ascone, L., De Matos Marques, A., Moritz, S., & Lincoln, T. Elucidating the role of early maladaptive schemas for psychotic symptomatology[J]. Psychiatry research,2016,238:53~59.

Thompson, A., Nelson, B., Yuen, H., Lin, A., Amminger, G., McGorry, P., Yung, A. Sexual trauma increases the risk of developing psychosis in an ultra high-risk "prodromal" population[J]. Schizophrenia bulletin,2014,40(3):697~706.

Trip, S. The Romanian version of Young schema questionnaire-short form 3 (YSQ-S3)[J]. Journal of cognitive and behavioral psychotherapies,2006,6(2):173~181.

Unoka, Z., Tölgyes, T., Czobor, P., & Simon, L. Eating disorder behavior and early maladaptive schemas in subgroups of eating disorders[J]. The journal of nervous and mental disease,2010,198(6):425~431.

Van Vreeswijk, M. F., & Broersen, J. Schemagerichte therapie in groepen.

cognitieve groepspsychotherapie bij Persoonlijkheidsproblematiek[J]. Handleiding voor therapeuten. Houten: bohn stafleu van loghum,2006.

Vreeswijk, M., Spinhoven, P., Eurelings - Bontekoe, E., & Broersen, J. Changes in symptom Severity, schemas and modes in heterogeneous psychiatric patient groups following short-term schema Cognitive-behavioural group therapy: a naturalistic pre-treatment and post-treatment design in an outpatient clinic [J]. Clinical psychology & psychotherapy,2014,21(1):29~38.

Villarroel, A., Penelo, E., Portell, M., & Raich, R. Childhood sexual and physical abuse in Spanish female undergraduates: does it affect eating disturbances? [J]. European eating disorders review, 2012,20(1): 32~41.

Waller, G., Meyer, C., & Ohanian, V. Psychometric properties of the long and short versions of the Young schema questionnaire: core beliefs among bulimic and comparison women[J]. Cognitive therapy and research, 2001,25(2): 137~147.

Wen M., & Lin D. Child development in rural China: children left behind by their migrant parents and children of nonmigrant families[J]. Child development, 2012,83(1): 120~136.

Wesley, M., & Manjula, M. Early maladaptive schemas and early trauma experiences in depressed and non depressed individuals: an Indian study[J]. Journal of psychosocial research, 2015,10(1): 125~137.

Wright, M., Crawford, E., & Del Castillo, D. Childhood emotional maltreatment and later psychological distress among college students: the mediating role of maladaptive schemas[J]. Child abuse & neglect, 2009,33(1): 59~68.

WU H J,CAI Z Y,YAN Q,et al. The impact of childhood left-behind experience on the mental health of late adolescents: evidence from chinese college freshmen[J]. Int J environ res public health,2021,18(15): 2778.

XIE Z M,FANG Y,MAI Y L,et al. The role of alexithymia in childhood trauma and suicide risk: a multi-group comparison between left-behind experience students and no left-behind experience students[J]. Person individ diff,2021,172(1): 110260.

Young, J. E., Brown. G. Young Schema Questionnaire. New York: Gognitive Therapy Conter of New York,1990.

Young, J. E. (1998). The Young Schema Questionnaire: Short form. Available at http://www.schematherapy.com/id54.htm.

Young, J. E. Cognitive therapy for personality disorders: A schema-focused approach (3rd ed.)[M]. Sarasota: Professional Resource Press/Professional Resource Exchange, 1999.

Young, J. E., Klosko, J. S., & Weishaar, M. E. Schema therapy: A practitioner's guide[M]. New York: Guilford, 2003.

Young, J. Young Schema Questionnaire-3. New York: Cognitive Therapy Center, 2006.

Young, J. E. Early maladaptive schema. Schema therapy institute eBook, 2014.

曹杏田,伯玲,殷波.曾留守大学生积极心理品质发展特点[J].中国健康心理学杂志,2017(7):1093～1097.

曹杏田.曾留守大学生积极心理品质构成与培养[J].铜陵学院学报,2018(4):127--129.

陈博.大学生人际关系困扰与早期适应不良图式、人格特质的关系及干预研究[D].北京:首都师范大学,2009.

陈飞,黄静,张连生.基于两水平Logistic回归模型大学生自我伤害行为相关因素分析[J].中华疾病控制杂志,2017(4):387～390.

陈京军,范兴华,程晓荣,等.农村留守儿童家庭功能与问题行为:自我控制的中介作用[J].中国临床心理学杂志,2014(2):319～323.

陈念.儿童期留守经历对大学生SCL-90各因子的影响路径研究[J].湖南工业职业技术学院学报,2018(6):66～69,98.

陈熔宁,赵静波,赵久波.广州某高校留守经历大学新生心理健康及自杀倾向分析[J].广东医学,2017(18):2844～2846.

陈晓东,吕强.生态系统理论视角下农村留守儿童成长困境及对策研究——以安徽省QM乡为例[J].云南农业大学学报(社会科学),2020(3):49～56.

陈孜,卢溪,何璁,等.早期留守经历对大学生人格的影响[J].中国健康心理学杂志,2012(7):1112～1114.

程云霞,姜俊玲.留守经历大学新生心理健康状况[J].中国健康心理学杂志,2021(2):293～296.

崔丽霞,罗小婧,肖晶.儿童期创伤对特质抑郁和特质焦虑的影响:图式中介特异性研究[J].心理学报,2011(10):1163~1174.

崔丽霞,Tian P. S. Oei,蔺雯雯,等. 大学生亲密恐惧的图式干预研究[J].心理科学,2011(2):476~480.

邓林园,方晓义,伍明明,等.家庭环境、亲子依恋与青少年网络成瘾[J].心理发展与教育,2013(3):305~311.

董辉,张凤莹.从"污名化"视角看待留守儿童[J].开封教育学院学报,2017(7):269~270.

段成荣,周福林.我国留守儿童状况研究[J].人口研究,2005(1):29~36.

杜曦.生命历程理论视角下曾留守大学生的抗逆力研究[D].北京:中国青年政治学院,2014.

范小萍,汪国瑞,葛元骎.留守儿童家庭教育存在的问题及对策探析——基于生态系统理论的视角[J].吉林广播电视大学学报,2014(3):146~147,151.

范兴华.家庭处境不利对农村留守儿童心理适应的影响[M].长沙:湖南师范大学出版社,2012.

付颖.留守经历医学生面众恐惧现状及对策[J].西北医学教育,2016(2):253~256.

干瑜璐,杨盈,张兴利.留守经历与大学生自杀意念的相关研究:安全感的中介效应[J].中国青年研究,2017(8):99~104,77.

顾胡庆.有留守经历大学生的情绪管理研究[D].兰州:兰州大学,2019.

郭冬梅,王义利,刘金虎,等.采用应对方式问卷调查留守经历对入学大学生情绪适应的影响[J].山东大学学报(医学版),2019(6):106~111.

郭寒雪.儿童期虐待对大学生心理健康的影响:应对方式和人际信任的中介作用[D].新乡:新乡医学院,2019.

郭茂林,孙璐,龚福宝,等.留守经历大学生人际信任状况及家庭影响因素分析[J].校园心理,2017(1):7~11.

郭茂林,孙璐,王彩云.留守经历大学生成人依恋现状及影响因素分析[J].校园心理,2018(1):13~15.

韩黎,王洲林,张继华.留守经历大学生负性生活事件与抑郁的关系[J].中国心理卫生杂志,2017(4):326～332.

韩元平,赫中华,韩白玲,等.陕西中医药大学有留守经历的本科新生人格特征与心理健康状况的关系[J].职业与健康,2018(7):972～974,978.

郝振,崔丽娟.留守儿童界定标准探讨[J].中国青年研究,2007(10):40～43.

何冬丽.农村留守经历对大学生成人依恋风格和主观幸福感的影响[J].中国健康心理学杂志,2013(2):280～281.

何玉琼,刘剑波,龚靖波,等.留守经历在儿童期虐待与成年后安全感间的调节作用[J].中国学校卫生,2017(9):1375～1378.

侯艳飞,赵静波,杨雪岭.大学生被父母情感虐待与安全感、焦虑症状及生命意义感的关系[J].中国健康心理学杂志,2010(10):1262～1264.

侯玉娜.父母外出务工对农村留守儿童发展的影响:基于倾向得分匹配方法的实证分析[J].教育与经济,2015(1):59～65.

胡江辉,李潜,赵文健,等.有"留守"经历大学生的心理健康状况分析及对策思考[J].医学教育探索,2008(4):439～440,448.

胡钰雪.有留守经历大学生的应对方式、心理安全感和社交焦虑的关系研究[D].贵阳:贵州师范大学,2017.

黄姗.曾留守大学生择业效能感及其与社会支持、应对方式的关系研究[D].南京:南京师范大学,2013.

黄艳苹,李玲.不同留守类型儿童心理健康状况比较[J].中国心理卫生杂志,2007(10):669～671.

和红,曾巧玲,王和舒琦.留守经历对农村户籍大学生抑郁状况的影响分析[J].中国健康教育,2018(11):973～978.

贾勇宏.留守一代进入大学后:"寒门精英"亟需关爱和帮助[N].中国青年报,2019－08－26(6).

[美]杰弗里.E.杨,珍尼特.S.克洛斯科,马乔里.E.韦夏.图式治疗:实践指南[D].崔丽霞等译.北京:世界图书出版公司,2010.

[德]斯密.纯粹理性批判[M].韦卓民译.武汉:华中师范大学出版社,2006.

赖运成,叶一舵.人际敏感性:概念、测量、影响因素和作用[J].福建师范大学学报(哲学社会科学版),2014(2):157~165.

李兵,吴红梅,周斌.统筹城乡教育视域下有"留守经历"的大学生现状及发展对策研究[J].教育与教学研究,2010(7):9~11.

李翠.大学生成人依恋与主观幸福感的关系研究——留守经历的调节作用[D].南京:东南大学,2018.

励骅,昕彤.安徽省曾留守大学生主观幸福感现状调查[J].滁州学院学报,2016(1):89~92.

李静,晏祥辉.留守经历对大学生心理健康的影响——以安徽省某高职院校为例[J].九江学院学报(自然科学版),2021(2):15~19.

李晟.曾留守大学生的心理弹性、自我效能及社会适应相关性研究[J].海峡科技与产业,2021(5):31~34.

李晓敏,罗静,高文斌,等.有留守经历大学生的负性情绪、应对方式、自尊水平及人际关系研究[J].中国临床心理学杂志,2009(5):620~622.

李晓敏,高文斌,罗静,等.农村留守经历大学生成人依恋及影响因素分析[J].中国公共卫生,2010(6):748~750.

李晓敏,代嘉幸,魏翠娟,等.河北高校农村留守经历大学生的生活事件与抑郁的关系[J].卫生研究,2017(1):57~61,69.

李晓巍,刘艳.父教缺失下农村留守儿童的亲子依恋、师生关系与主观幸福感[J].中国临床心理学杂志,2013(3):493~496.

李雪,蒋园园,袁坤,等.大学生攻击行为自我接纳家庭亲密度与适应性的相关性[J].中国学校卫生,2020(8):1180~1184.

李艳兰,高国华.有留守经历大学生疏离感特征分析[J].宜春学院学报,2015(11):119~124.

李艳兰,蔡水清,罗贵明.留守大学生积极人格品质与自杀意念的关系[J].重庆文理学院学报(社会科学版),2018(4):73~78.

李艳兰,刘丽娟,杨军.有留守经历大学生问题行为与消极情绪和积极人格品质的关系[J].中国心理卫生杂志,2019(4):318~320.

梁洁霜,张珊珊,吴真.有留守经历农村大学生社交焦虑与情感虐待和心理韧性的关系[J].中国心理卫生杂志,2019(1):64～69.

梁业梅.留守经历大学生主观幸福感及影响因素分析——以广西壮族地区为例[J].集美大学学报(教育科学版),2018(4):26～31.

蔺雯雯.大学生早期适应不良图式与亲密恐惧的关系及干预研究[D].北京:首都师范大学,2008.

刘海霞,王玖,林林,等.高校有留守经历大学生心理健康现况调查[J].中国卫生统计,2015(4):636～638,641.

刘红云编著.高级心理统计[M].北京:中国人民大学出版社,2019.

刘慧瀛,王婉.有留守经历大学生家庭教养方式与自杀意念的关系——神经质和人际关系敏感的链式中介作用[J].中国心理卫生杂志,2017(10):830～832.

刘丽娟.有留守经历大学生的角色认同现状分析[J].宜春学院学报,2018(2):113～118.

刘凌,吴蕾.留守经历对亲子关系的历时性影响研究——以湘赣两省为例[J].中国青年社会科学,2023(1):71～81.

刘霞,赵景欣,申继亮,等.农村留守儿童的情绪与行为适应特点[J].中国教育学刊,2007(6):6～8,20.

刘霞,张跃兵,宋爱芹,等.留守儿童心理健康状况的Meta分析[J].中国儿童保健杂志,2013(1):68～70.

刘翔平,郭文静,邓衍鹤.关系图式的理论发展及其实践意义[J].北京师范大学学报(社会科学版),2016(4):12～19.

刘贤臣,刘连启,杨杰,等.青少年生活事件量表的信度效度检验[J].中国临床心理学杂志,1997(1):34～36.

罗静,王薇,高文斌.中国留守儿童研究述评[J].心理科学进展,2009(5):990～995.

罗小婧,崔丽霞,蔺雯雯,等.图式治疗减轻大学生亲密恐惧的个案研究[J].中国心理卫生杂志,2011(8):583～587.

卢欣怡,黄泽娟,陈玉兰.大学生留守经历与心理健康的关系研究[J].成都中医药大学学报(教育科学版),2022(3):109～113.

欧阳敏.受虐待经历、留守经历、依恋与农村高中生攻击行为的相关研究[D].长沙:中南大学,2013.

潘贵霞,李兵,王静,等.有留守经历的大学生儿童期虐待与心理健康状况[J].中华疾病控制杂志,2019(7):840~844.

庞锐,彭娟.我国有留守经历大学生心理健康状况 meta 分析[J].实用预防医学,2018(4):467~469.

彭薇.儿童期创伤经历对中国人抑郁易感人格的影响:早期适应不良图式的中介效应研究[D].武汉:华中师范大学,2017.

彭阳,盘海云.留守儿童亲子依恋、友谊质量对自我意识的影响[J].中国临床心理学杂志,2023(1):218~221.

彭运石,胡昆,王玉龙.亲子分离年龄对留守儿童亲子依恋的影响:家庭功能的调节[J].中国临床心理学杂志,2017(4):731~733,738.

蒲少华,李晓华,卢宁.父亲在位与大学生自尊关系的实证研究[J].教育学术月刊,2016(6):84~88.

齐音,张帆,郭岚宁,等.留守儿童依恋对抑郁的影响:同伴侵害与自我表露的链式中介作用[J].中国健康心理学杂志,2023(9):1307~1311.

秦红霞,许燕,杨颖,等.留守经历大学生儿童期创伤对抑郁的影响——分离和拒绝图式类别与人际关系敏感的链式中介作用[J].中国特殊教育,2019(12):55~62.

全国妇联课题组.全国农村留守儿童 城乡流动儿童状况研究报告[J].中国妇运,2013(6):30~34.

申继亮.流动和留守儿童的发展与环境作用[J].当代青年研究,2008(10):9~16.

申继亮,武岳.留守儿童的心理发展:对环境作用的再思考[J].河南大学学报(社会科学版),2008(1):9~13.

申继亮,刘霞主编.留守儿童与流动儿童心理研究[M].北京:北京师范大学出版社,2015.

石向实.论皮亚杰的图式理论[J].内蒙古社会科学(文史哲版),1994(3):11~16.

石绪亮,李晓萌,蒋丙翀,等.留守儿童心理弹性在不安全依恋与心理健康问题间的纵向中介作用:一项追踪研究[J].中国临床心理学杂志,2023(6):1375~1379.

[苏]苏霍姆林斯基.育人三部曲[M].毕涉芝译.北京:人民教育出版社,1998.

谭杰华.曾为留守儿童的在校大学生与普通在校大学生人格特征比较[J].菏泽医学专科学校学报,2008(4):73~74.

唐凯晴,范方,龙可,等.大学生早期适应不良图式、焦虑与拖延的关系[J].心理发展与教育,2015(3):360~367.

唐有财,符平.亲子分离对留守儿童的影响——基于亲子分离具体化的实证研究[J].人口学刊,2011(5):41~49.

陶然,周敏慧.父母外出务工与农村留守儿童学习成绩——基于安徽、江西两省调查实证分析的新发现与政策含义[J].管理世界,2012(8):68~77.

王丹.留守经历大学生入学适应的追踪研究[D].兰州:西北师范大学,2017.

王凯玉.有留守经历的大一学生心理安全感、自尊与生活满意度的关系研究[D].郑州:河南大学,2017.

王孟成.潜变量建模与 Mplus 应用·基础篇[M].重庆:重庆大学出版社,2014.

王孟成,毕向阳.潜变量建模与 Mplus 应用(进阶篇)[M].重庆:重庆大学出版社,2018.

王敏,程靓.基于学生发展理论视角下的曾留守大学生的人格特征研究[J].学校党建与思想教育,2016(6):41~43,55.

王湃,刘爱书.童年期心理虐待对抑郁的影响:认知灵活性的中介作用[J].中国特殊教育,2017(3):84~90,96.

汪品淳,励骅,姚琼.有留守经历大学生心理资本与主观幸福感的关系——自我价值的调节作用[J].池州学院学报,2016(3):102~105.

王树青,张文新,陈会昌.中学生自我同一性的发展与父母教养方式、亲子沟通的关系[J].心理与行为研究,2006(2):126~132.

王树青,宋尚桂.大学生自我同一性与亲子依恋、因果取向之间的关系[J].心理与行为研究,2012(1):32～37,43.

王玉花.有童年期留守经历的大学生成人依恋、社会支持与主观幸福感关系的研究[D].武汉:华中科技大学,2008.

王玉龙,姚治红,姜金伟.农村留守儿童亲子依恋与情绪调节能力的关系:留守时间的调节作用[J].中国临床心理学杂志,2016(3):550～553.

王玉龙,袁燕,唐卓.留守儿童亲子依恋与情绪健康的关系:情绪调节能力的中介和家庭功能的调节[J].心理科学,2017(4):898～904.

王征宇.症状自评量表(SCL-90)[J].上海精神医学,1984(2):68～70.

温义媛."留守经历"对大学生人格特质的影响[J].赣南师范学院学报,2009(4):86～89.

温义媛,申蘂,严若艺.有留守经历大学生社会适应现状分析[J].科教导刊(上旬刊),2010(21):153,155.

温义媛,曾建国.留守经历对大学生人格及心理健康影响[J].中国公共卫生,2010(2):146～147.

温义媛."留守经历"大学生积极心理品质的质性研究[J].赣南师范学院学报,2011(4):91～94.

温义媛,曾建国.留守经历大学生社会支持、应对方式与社会适应关系[J].中国公共卫生,2012(5):719～720.

吴丹.有留守经历大学生心理安全感和社交焦虑的相关研究[D].南昌:南昌大学,2015.

吴霓.农村留守儿童问题调研报告[J].教育研究,2004(10):15～18,53.

谢其利.农村留守经历大学生社会支持逆境信念与孤独感的相关性[J].中国学校卫生,2015(1):84～86.

谢其利,宛蓉,张睿.农村留守经历大学新生自尊社会支持和应对方式与孤独感的关系[J].中国学校卫生,2015(2):236～238,241.

谢其利.留守流动经历大学生核心自我评价在领悟社会支持和心理健康状况间的中介作用[J].中国学校卫生,2017(3):381～384.

邢利芳.有留守经历的高职新生心理健康状况调查研究[J].哈尔滨职业

技术学院学报,2017(1):23~25.

邢淑芬,梁熙,岳建宏,等.祖辈共同养育背景下多重依恋关系及对幼儿社会－情绪性发展的影响[J].心理学报,2016(5):518~528.

辛秀红,姚树桥.青少年生活事件量表效度与信度的再评价及常模更新[J].中国心理卫生杂志,2015(5):355~360.

熊红星,张璟,叶宝娟,等.共同方法变异的影响及其统计控制途径的模型分析[J].心理科学进展,2012(5):757~769.

熊猛,叶一舵,曾鑫.流动儿童心理健康的干预实验:基于心理健康双因素模型和教育干预的整合取向[J].心理学探新,2016(4):378~384.

许海文.留守、非留守初中生的家庭因素与心理适应研究[D].湘潭:湖南科技大学,2008.

徐建财,邓远平.农村留守儿童生活经历对大学生人格发展的影响[J].长春理工大学学报(社会科学版),2008(6):123~126.

徐隽.教育公平视角下高职留守经历困境生歧视知觉、社会适应性研究[J].中国职业技术教育,2017(30):100~104.

徐礼平,王平.有"留守经历"的大学生自我和谐状况分析[J].新余高专学报,2009(1):114~117.

严虎,陈晋东.农村留守儿童与非留守儿童房树人测验结果比较[J].中国临床心理学杂志,2013(3):417~419.

闫占闻.大学生早期适应不良图式与其抑郁、学校适应性的关系[J].哈尔滨:哈尔滨工程大学,2011.

杨玲,龚良运,杨小青.社交焦虑与缺陷感的关系研究——以有留守经历的大学生为例[J].教育导刊,2016(4):44~47.

杨曙民,李素敏,李建秀,等.某高校留守大学生抑郁症患病率调查[J].中国卫生统计,2008(4):417~418.

杨曙民,李建秀,原冬霞.留守经历大学生生活技能现状及影响因素分析[J].中国卫生统计,2015(5):808~809.

杨微,崔春前,徐慰,等.Young图式问卷在藏族青少年中应用的效度和信度[J].中国临床心理学杂志,2017(1):101~104.

杨小青,许燕.有留守经历高职生主观幸福感与自我价值感关系研究[J].中国特殊教育,2011(7):13～17.

杨雪岭,冯现刚,崔梓天.大学生的留守经历与心理韧性、心理病理症状[J].中国心理卫生杂志,2014(3):227～233.

杨影,蒋祥龙.积极心理学视野下师范院校留守经历学生心理健康现状研究[J].蚌埠医学院学报,2019(1):81～83.

依赛男,张珊珊.有留守经历大学生儿童期虐待与焦虑抑郁的关系——认知情绪调节的中介作用[J].中国健康教育,2018(10):920～923,951.

岳鹏飞,胡汉玉,方媛.留守经历及心理弹性对情绪识别的影响[J].中国特殊教育,2019(6):72～77.

曾晓强.大学生父母依恋及其对学校适应的影响[D].重庆:西南大学,2009.

张春阳,徐慰.儿童期创伤与有留守经历大学生负性情绪:心理韧性的调节作用[J].心理发展与教育,2022(4):584～591.

张莉,薛香娟,赵景欣.歧视知觉、抑郁和农村留守儿童的学业成绩:纵向中介模型[J].心理科学,2019(3):584～590.

张莉华.具有"留守经历"大学生的心理分析.当代青年研究,2006(12):28～30.

张丽霞,冀成君,范宏振,等.Young图式问卷(简版)中文版的信效度[J].中国心理卫生杂志,2012(3):226～229.

张丽霞,冀成君,范宏振,等.图式治疗合用氟伏沙明治疗强迫症的随机对照研究[J].中国心理卫生杂志,2015(10):726～728.

张连生,朱双双,常薇.情绪调节困难和留守时间在大学生自伤行为关系中的中介和调节效应[J].中华疾病控制杂志,2018(4):367～370.

张金健,陈红.江苏高校校园侵害现状及影响因素分析[J].中国学校卫生,2019(11):1745～1748.

张娜.有留守经历高职学生的社会支持、心理资本与主观幸福感的关系研究[J].教育评论,2016(4):93～97.

张娜,胡永松,王伟.有留守经历高职学生主观幸福感的调查研究[J].中国健康心理学杂志,2019(7):1088~1091.

张培宁.曾留守经历大学生心理健康状况及其影响因素的研究[D].广州:南方医科大学,2016.

张秋凌,邹泓.成人依恋研究在促进早期亲子关系中的应用[J].中国心理卫生杂志,2004(5):306~308.

张珊珊,张野.农村高中生亲子依恋、羞耻倾向与网络欺凌关系研究[J].杭州师范大学学报(自然科学版),2020(2):139~144,171.

张迎黎,张亚林,杨峘,等.亲子依恋在儿童期虐待经历与青少年抑郁间的中介作用[J].中国临床心理学杂志,2010(6):760~762.

张艳敏,胡成洋,李凤丽,等.合肥市留守经历大学生学校适应现状分析[J].中国学校卫生,2018(1):83~85,88.

张振宇.留守经历对大学生主观福祉的影响[J].青年探索,2020(1):25~35.

朱贝珍.留守儿童家庭功能、亲子依恋与孤独感的关系[D].长沙:湖南师范大学,2017.

邹涛,姚树桥.抑郁认知易感性应激模式的研究:起源、发展和整合[J].心理科学进展,2006(5):762~768.

邹维兴,谢玲平.自尊负面评价恐惧对有留守经历大学新生孤独感的影响[J].中国学校卫生,2016(11):1716~1719.

赵景欣,刘霞,张文新,同伴拒绝、同伴接纳与农村留守儿童的心理适应:亲子亲合与逆境信念的作用[J].心理学报,2013(7):797~810.

赵景欣,刘霞,农村留守儿童的抑郁和反社会行为:日常积极事件的保护作用[J].心理发展与教育,2010(6):634~640.

赵景欣,刘霞,李悦.日常烦恼与农村留守儿童的偏差行为:亲子亲合的作用[J].心理发展与教育,2013(4):400~406,423.

赵景欣,申继亮.留守烦恼的认知评价与农村留守儿童的抑郁、孤独[J].中国临床心理学杂志,2011(4):515~517.

赵幸福,张亚林,李龙飞,等.中文版儿童期虐待问卷的信度和效度[J].中国临床康复,2005(20):105~107.

詹丽玉,练勤,王芳.留守经历大学新生自我效能感社会支持及心理健康的相关性[J].中国学校卫生,2016(4):614～617.

詹丽玉,阮晓菁."留守经历"大学新生积极心理品质与家庭环境的关系探究[J].校园心理,2017(4):286～288.

詹启生,武艺.留守经历大学生家庭教养方式对情绪调节策略的影响:亲子沟通的中介作用[J].中国特殊教育,2016(10):40～46.

郑明娟.儿童期累积生态风险与有留守经历大学生自杀意念的关系:有调节的中介检验[J].中国特殊教育,2021(11):74～82.

周碧薇,钱志刚.有留守经历大学生正念与社交焦虑的关系:情绪调节自我效能感的中介作用[J].锦州医科大学学报(社会科学版),2019(1):62～65.

周春燕,黄海,刘陈陵,等.留守经历对大学生主观幸福感的影响:父母情感温暖的作用[J].中国临床心理学杂志,2014(5):893～896.

周舟,丁丽霞.农村留守儿童父母-同伴依恋对心理弹性的影响[J].南京晓庄学院学报,2019(5):45～51.

朱智贤.儿童心理学研究中的若干基本问题[J].北京师范大学学报(社会科学版),1979(1):48～53.

附　录

自编基本情况问卷

请在符合你实际情况的题号前画"√"或画"○"。

1. 你的性别：　①男　　②女
2. 你的出生年月：_____年_____月
3. 你的年级：　①大一　　②大二　　③大三　　④大四
4. 你的专业：　①文史　　②理工　　③其他
5. 你的家庭所在地：　①大中城市　　②小城镇　　③农村
6. 你是否为独生子女：①是　　②否
7. 你的家庭结构：①父母离异　②父母一方去世　③父母双方均健在且没有离异　④无父母的孤儿
8. 你是否有过"留守儿童"经历：①有　　②没有

若你有过"留守儿童"经历,请继续完成9~15题,若没有请直接跳过9~15题。

9. 你开始留守的年龄：①3岁以前　② 3~5岁　③6~10岁　④11~16岁
10. 你留守的年龄阶段是从_____岁到_____岁(以16岁为最后计算年龄)
11. 留守过程中,主要是：①只有父亲外出　②只有母亲外出　③父母均外出
12. 留守过程中,谁来照顾你的生活？
　① 留在家乡的父母一方　② 祖辈
　③ 亲戚　④ 邻居　⑤ 独自生活
13. 留守过程中,你和外出父母联系的平均频率是：

①一星期至少一次 ②两星期一次 ③一个月一次 ④一个月以上一次

14.你和外出父母每次联系的平均时长是：

①5分钟以内 ②5～10分钟 ③10～20分钟 ④20分钟以上

15.留守过程中,你和外出父母见面的间隔时长是：

① 半年(六个月) ② 一年 ③ 一年以上

Young 图式问卷第三版(YSQ-S3 中文版)

下面是人们对自己的一些描述。根据这些描述与你符合的程度,用 1~6 打分,1＝完全不符合,2＝大部分不符合,3＝有一点符合,4＝比较符合,5＝大部分符合,6＝完全符合。如果你不太确定,那么请你按照第一感觉作答,不用考虑太多。

1. 从来没有人在情感上给予我关注,与我分享自身的感受,更没有人真正关心发生在我身上的一切。

2. 我总是黏着亲近的人,害怕他们离开我。

3. 我总觉得别人会利用我。

4. 我不合群。

5. 一旦我心仪的人发现我的缺点或缺陷,他们就不会再爱我。

6. 无论是在工作上还是在学习上,我几乎什么事都没别人做得好。

7. 我觉得自己没有能力独自应对每天的生活。

8. 我总是无法摆脱那种"即将有不好的事情发生"的感觉。

9. 我一直不能像同龄人一样和父母分开生活。

10. 我认为如果按照自己的意愿去做事,就是在自找麻烦。

11. 即便我不是心甘情愿的,我也总是会去关心和照顾身边的人。

12. 我总是不好意思向别人表达我对其的正面情感(如我对其的喜欢和在意)。

13. 凡事我都要做到最好,我不能退而求其次。

14. 当我有求于人的时候,我很难接受别人对我说"不"。

15. 我不能约束自己去完成大多数常规性或无聊的工作。

16. 拥有财富、结识重要的人物才会让我觉得自己是有价值的。

17. 即便事情进展顺利,我还是觉得这只是暂时的。

18. 如果我犯了错,就活该受到惩罚。

19. 没有人给予我温暖、支持和关爱。

20. 我非常需要别人,总是担心会失去他们。

21. 我觉得我无法在别人面前放松警惕,感觉一旦放松警惕他们就会蓄意伤害我。

22. 我觉得我与周围的人格格不入。

23. 我喜欢的人一旦了解到真实的我,就不再愿意亲近我。

24. 一谈到成就,我就觉得自己很失败。

25. 我觉得自己是一个需要依赖别人来处理日常事务的人。

26. 我总感觉自己随时有可能遭遇灾难(比如自然灾害和犯罪,或是经济与疾病方面的灾难)。

27. 我和父母都会过度插手彼此的生活,过分干预各自在生活中遇到的烦恼。

28. 我觉得我只能顺从别人的意愿,否则他们就会生气,会以某种方式报复我或排斥我。

29. 我觉得我是一个好人,因为我总是为别人考虑得更多,而为自己考虑得更少。

30. 我发现直接向别人表达我的情感会让我觉得尴尬。

31. 凡事我都要尽力做到最好,我不能仅仅满足于"够好"。

32. 我是特别的,不必遵守针对其他人的那些约束和限制。

33. 如果无法实现目标,我很容易产生挫败感并选择放弃。

34. 取得突出的成绩对我很重要,因为只有这样别人才会注意到我。

35. 我会担心好事发生之后,坏事将出现。

36. 我不全力以赴,遭遇失败就是活该的。

37. 我从未觉得我在某人心中占有特别重要的位置。

38. 我担心与我亲近的人会离开我或抛弃我。

39. 我觉得有些人迟早会背叛我。

40. 我不能融入集体,总是独来独往。

41. 我不值得别人爱我、关注我或者尊重我。

42. 在工作和学业方面,大部分人比我做得好。

43. 我缺乏基本的生活常识。

44. 我总担心别人会对我造成人身伤害。

45. 我和父母之间很难做到互相隐瞒各自私密的事情而不感到背叛或

愧疚。

46. 在人际交往中,我往往会让他人占上风。

47. 我总是为我在乎的人忙前忙后,而给自己留很少的时间。

48. 我很难在别人面前表现得轻松自在。

49. 我该尽的责任,我必须完全尽到。

50. 我讨厌别人限制我或不让我去做我想做的事。

51. 我很难做到为了实现长期的目标而牺牲当下的满足和快乐。

52. 除非得到别人足够多的关注,否则我会觉得自己是不重要的。

53. 无论我怎么小心,我还是担心会在一些事情上出岔子。

54. 如果我没有把工作做好,那么我就活该承受由此带来的后果。

55. 从来没有人真正聆听我的心声,理解我或懂得我真实的需要和感受。

56. 当我感觉我在意的人疏远我或要离开我时,我会感到绝望。

57. 我总是非常怀疑别人对我的动机不纯。

58. 我总感觉自己被人视作另类或被人孤立。

59. 我觉得我是不招人喜欢的。

60. 在工作中,多数人比我有才能。

61. 我对日常事务所作的判断往往是不可靠的。

62. 我总担心我们家会失去所有的钱财而变得穷困。

63. 我时常觉得由于父母的过分干预,我没有属于自己的生活。

64. 我总是让别人给我拿主意,所以我并不知道自己真正想要什么。

65. 任何人向我倾诉烦恼,即便我不情愿,我也会耐心倾听。

66. 在外人面前,我非常克制自己不去表露情感,因此别人都觉得我有些冷淡甚至冷漠。

67. 我觉得我一直有去完成一些事情和实现一些目标的压力。

68. 我觉得我不必像其他人一样去遵守常规和习俗。

69. 即使知道有好处,我也无法强迫自己去做自己不喜欢的事情。

70. 在某次会议上发了言或在某个社交场合被介绍给大家对于我来说很重要,因为这样我才能获得别人的认可和敬仰。

71. 无论我怎么努力工作,我都会担心自己将在经济上陷入困境并失去一切。

72. 当我做错事的时候,我不在意犯错的原因,我只觉得这是自食其果。

73. 在我不知所措的时候,没有一个强大或有智慧的人能给予我指导或给我提出合理的建议。

74. 有时候因为过于担心别人会离开我,我反而会先将他们赶走。

75. 我总是警惕别人对我是否有着不可告人的目的或隐秘的动机。

76. 我总是感觉自己游离于群体之外。

77. 我觉得我根本不会被别人接纳,所以我不会在别人面前表露真实的自己。

78. 无论是在工作上还是在学习上,大多数人比我聪明。

79. 我对自己解决日常生活中的麻烦的能力没有信心。

80. 尽管医生诊断我没有患上任何疾病,但我依然担心自己正身患重病。

81. 我时常觉得自己在父母和伴侣面前没有自我。

82. 我很难做到让别人尊重我的权利或考虑我的感受。

83. 在别人眼里,我总是为他人做得太多,而为自己做得太少。

84. 在别人眼里,我是一个很拘谨的人。

85. 我不允许自己在犯错时,轻易地为自己开脱或找借口。

86. 我觉得在工作中,我一定要比别人作出更多的贡献。

87. 对于决心要做的事情,我很难做到持之以恒。

88. 只有从别人那里获得很多的赞美和恭维,我才会觉得自己是个有价值的人。

89. 我总是担心自己作出的某个错误决定将会带来灾难性的后果。

90. 我觉得自己是个理应受到惩罚的坏人。

人际关系敏感及与此关系密切的早期适应不良图式的团体干预方案

单元一：有缘相识

目标：消除陌生感，培养小组气氛，初步建立信任，确立团体公约。

内容与流程：

1. 活动目的、意义简介(15分钟)

目的：引入主题，说明团体组建的目的和意义。

操作：团体带领者口头介绍本团体活动的目的和意义。

2. 热身活动：握手+滚雪球(35分钟)

目的：认识彼此，建立互动关系。

操作：(1)滚雪球：打破小组的沉寂，将大组分为两个小组(用椅子围成两个圈，留一个开口，带领者一喊"开始"，小组成员在10秒之内选择进入一个圈子，并选择一把椅子坐下，每个圈子只能进6人)。每个小组从其中的一个人开始，每个人用一句话介绍自己(自我介绍包括三个方面的内容：姓名+家乡+兴趣爱好)。当第一个人说完后，第二个人必须从第一个人说起的开始说，即后一个人要重复前面所有人所说的内容。一轮下来以后，反向再进行一次。这样做的目的是使所有成员集中注意力，协助他人完整地表述内容，而且多次的重复不仅有助于组员记忆他人的信息，而且可以不断强化组员对他人的特点的认知，加深印象，使人感觉到自己被关注着。活动结束后分享感受，以小组为单位叙述自己的感受。

(2)两个小组把椅子拉开排成一排，相对而坐，然后站起来，和对方小组的每个人握手，介绍自己的姓名，并尽量让对方准确地记住自己的名字。每个人分享感受，初步体会一下什么是团体。

3. 自制胸卡(或席卡)(20分钟)

目的：扩大交往圈子，拓展相识面。

操作:将一张 A4 纸折成三份制作成席卡,在其中两面上分别写上自己的姓名及自己突出的特点。席卡制作完毕后,每个人用自己的家乡话再介绍一下自己。

4. 天使之翼(10 分钟)

目的:初步建立协作关系。

操作:将写有每个人名字的纸条放在事先准备好并绘有天使之翼的盒子里,然后每个人依次在盒子里抽取一张纸条,如果抽到的纸条上写的是自己的名字,请将纸条放回去。当你抽中一个成员的名字时,请注意不要讲出来,更不要作出泄露姓名秘密的表情动作。这纸条上写的神秘人物就是你的国王,而你是守护他的天使。在接下来的团体活动中,你要鼓励他、帮助他。但是对于这一切你要守口如瓶,要默默地像天使一样守护着你的国王。

注意:成员须遵守规则,不许在活动过程中询问别人或告诉对方你是守护他的天使,答案会在最后一次用一个特殊的仪式来揭晓。

5. 明确团体目标、达成心理契约(20 分钟)

目的:保证团体正常地发挥功能,实现团体领导者与成员间相互尊重和相互帮助,制定团体成员共同遵守的契约和规范。

操作:团体成员阅读团体承诺书,采用开放的形式邀请成员共同讨论团体规范,带领者在讨论的过程中不断地作引导、示范。另外,需要特别强调保密、守时、不可进行人身攻击等规定。鼓励团体成员对于规范提出自己的建议,在达成共识后,请大家用签字笔在承诺书上签下自己的名字。

6. 结束分享(20 分钟)

目的:总结活动内容,整理成员情绪。

操作:总结本次活动,展望后面的活动,提醒下次活动开展的时间。

带领者总结:今天我们了解了我们这个团体辅导的目的和意义,认识了一些和我们有着同样特点的新朋友,了解了人际敏感的表现及影响,达成了团体活动所应遵守的约定,那么最后请每位组员用一句话总结一下自己的感受和现在的心情。

单元二:与"敏"相知

目标:让组员了解人际关系敏感在各自身上的表现及其产生的可能的原因。

内容与流程:

1. 心情报告(15 分钟)

目的:使组员尝试对自己的情绪进行评估,放松心情,专心投入团体活动。

操作:把椅子围成一圈,带领者先请组员给自己这一周的心情打分(0~10 分或 0~100 分),请组员简单说明打分依据,然后对情绪波动大的人给予支持和安慰,缓解其情绪,使其能正常参与接下来的团体活动。

2. 热身活动:抢椅子(20 分钟)

目的:活跃气氛,进一步提高组员之间的熟悉度,引入主题。

操作:把椅子围成一圈(每次椅子的数量比抢椅子的人数少一个),所有组员在椅子围成的圈子里自由走动,带领者播放音乐(舒缓类,如《夜的钢琴曲》系列)。当音乐声停止时,所有人尽快抢到椅子坐下;没有抢到椅子的人,先要再次介绍自己的名字,然后说出自己记得的其他组员的名字和特点。活动结束后,全体组员分享活动过程中的感受。

3. 与"敏"相随(30 分钟)

目的:让组员明确了解导致自己出现人际关系敏感的具体情境和自己人际关系敏感的具体表现,以及人际关系敏感给自己当前的人际交往带来的困扰。同时通过分享让组员知道这些问题不仅自己有,别人也可能有,从而消除其谈及此问题时的心理压力。

操作:将活动桌围成一圈,组员拿出自己的席卡,在自己的名字旁边加上 1~2 条自己认为自己身上最为突出的特点,然后将席卡摆放在自己面前。带领者给每人发一张白纸,让每人匿名在纸上写出让自己人际关系敏感的具体情境和具体表现,以及最想解决的人际困扰,然后将纸放进盒子里,每人再抽取一张,读出纸上的内容,带领者将问题记录在白板上,让组员寻找大家人际关系敏感情境、表现及人际困扰的共性。

4."敏"从哪里来(30分钟)

目的:让组员寻找自己人际关系敏感的来源。

操作:带领者先带领组员做放松练习,然后根据上一环节各自所写的人际关系敏感情境,回忆自己最初出现人际关系敏感的时间和具体场景,最后与他人作分享。在分享环节,带领者根据组员的描述引导其认识人际关系敏感产生的可能的原因。

5.结束分享,布置作业(20分钟)

目的:总结活动内容,整理成员的情绪,布置作业。

操作:总结本次活动的内容,展望后面的活动,提醒下次活动的时间。

带领者总结:今天我们加深了对自己和其他成员的了解,了解了自己人际关系敏感的具体表现及其产生的可能的原因。下次开展活动时,我们将带领大家继续认识自己不合理的人际认知是怎样产生的,并通过活动尝试去改变这些不合理的人际认知。那么最后请每位成员用一句话总结一下今天的感悟、收获和此时此刻的感受(每位组员站起来作总结时首先用家乡话再次介绍一下自己和自己的特点,然后再谈自己的感悟、收获和感受)。

接下来这一周的作业是:尝试认识一个陌生人,简单地了解对方的信息或让对方了解自己的信息。

单元三:与"图"相识

目标:让组员了解自己最突出的三个图式的特点,并对图式的起源有初步的认知。

内容与流程:

1.心情报告+作业回顾(25分钟)

目的:让组员放松心情,专心投入团体活动。

操作:请组员给自己的心情打分(0~10分或0~100分),并请其简单地说明打分的依据。对情绪波动大的人给予支持和安慰,缓解其情绪,使其能正常地参与接下来的团体活动。回顾上周的作业,让组员之间分享自己在和陌生人建立联系过程中的感受。

2. 热身活动:解开千千结(15分钟)

目的:使组员放松心情,活跃气氛,引入主题。

操作:让每个组员戴上眼罩,随着音乐声自由漫步。当音乐声停止的时候,每个人站在原地不动,揭开眼罩,快速地握住自己左右手边的人的手,然后在不松手的情况下,想办法解开大家牵手形成的错综复杂的结,恢复成相邻队员手拉手的状态。最后结束时,带领者询问组员有没有什么感悟需要发表。

带领者总结:我们在生活中与身边的人走得越来越近时,关系往往会变得越来越复杂。有时我们会被这种复杂的关系所困住,但我们静下来,寻找合理的突破口,我们就可以有效地处理这种复杂的关系。

3. 我的图式(30分钟)

目的:识别自己的图式及其具体的表现。

操作:首先将每个组员的图式测量结果反馈给每个组员,并解释每种图式的表现及该图式形成的可能原因,然后典型图式相同的几个人围坐在一起分享各自图式的表现。带领者在每个小组中作适当的停留,听取他们的分享内容并作引导。

4. 图式起源:我的生命线故事(30分钟)

目的:让组员了解图式与自己早期生活经历之间的关系。

操作:将桌子围成一圈,让组员选择一支自己喜欢的彩笔,在白纸上画一条生命线,在生命线上标注出自己认为在成长过程中发生的重要的事及相应的时间节点,分享其中可能与自己图式形成有关的早期经历(带领者选取一位自愿分享自己经历的人,根据其分享内容作图式概念化的示范)。

5. 结束分享,布置作业(20分钟)

目的:总结活动内容,整理成员情绪,布置作业。

操作:总结本次活动的内容,展望后面的活动,提醒下次活动开展的时间。

带领者总结:今天我们了解了各自典型的图式及其具体表现,并尝试初步理解人际关系敏感与图式之间的关系。在接下来的一周里,请你记录或回忆在人际交往中一次不愉快的经历,并尝试理解这一经历与自己的典型图式之间的关系。最后请每位成员用一句话总结一下今天的感悟和此时此刻的感受。

单元四:"敏"的背后

目标:让组员识别人际关系敏感背后不合理的信念与典型图式之间的关系,尝试向人际敏感情境中的不合理信念发起挑战。

内容与流程:

1. 心情报告+作业回顾(25分钟)

目的:让组员尝试对自己的情绪进行评估,放松心情,专心投入团体活动。

操作:将椅子围成一圈。先请组员给自己这一周的心情打分(0~10分或0~100分),请其简单地说明打分的依据,然后对情绪波动大的人给予支持和安慰,缓解其情绪,使其能正常地参与接下来的团体活动。每位组员介绍自己上周作业的完成情况(每人限时1分钟,没完成作业的人要与别人玩"真心话大冒险"游戏,要回答别人提出的任何问题)。

2. 热身活动:爱心传递(15分钟)

目的:活跃气氛,进一步加强组员之间的情感联结,引入主题。

操作:让所有组员围站成圈,按某一方向,后面一个组员的双手搭在前一组员的肩上(提前询问有没有人对肢体接触很敏感,为其安排相对熟悉的人与其做游戏)。在音乐声中,大家相互按摩肩部各半分钟,反复操作两次。在这一过程中可更换相互按摩的人,最后分享感受。

3. 情绪 ABC(30分钟)

目的:让组员认识到情绪与想法之间的关系,初步理解情绪 ABC 理论。

操作:结合上一环节的内容,提出问题。"为什么我们有的同学在与别人(特别是异性和不熟悉的人)有身体接触时会感到尴尬?"进而引出情绪 ABC 理论。发放事先准备好的情绪 ABC 理论的相关材料,让组员自行阅读,提出问题,带领者给予解答。

4. 给我一双慧眼(30分钟)

目的:识别自己在人际交往中的非理性信念,理解自己人际关系敏感情境与非理性信念之间的关系。

操作:结合组员分享的作业内容和上周活动中大家提出的人际关系敏感情境,归纳出四种典型的人际关系敏感情境(第一种:和异性交往——尴尬,难为情;第二种:参加一个陌生人比较多的活动——紧张;第三种:听到别人谈论我——紧张,不自在;第四种:向别人请求帮助,对方拒绝——失落、生气),三人一小组(由带领者指定一人为小组长或组员自己主动申请当小组长,小组长选择其中的一个情境,其他组员自由选择进入哪 组,一组限定二人),选择某一情境,讨论其背后可能存在的不合理信念,最后每个小组将讨论的结果写在白板上,并作适当的解释。

5. 结束分享,布置作业(20分钟)

目的:总结活动内容,整理组员的情绪,布置作业。

操作:总结本次活动的内容,展望后面的活动,提醒下次活动时间。

带领者总结:今天我们学习了情绪ABC理论,初步认识到自己的人际关系敏感背后可能存在的不合理认知,下次活动时我们将带领大家继续了解自己不合理的人际认知是怎样产生的,并通过活动尝试去改变这些不合理的人际认知。那么最后请每位成员用一句话总结一下今天的感悟、收获和此时此刻的感受。

接下来这一周的作业是:记录一次引起自己负面情绪体验的人际互动经历,并尝试识别情绪背后可能存在的不合理认知。

单元五:"敏""图"相会

目标:让组员了解人际关系敏感背后不合理信念与典型图式之间的关系,尝试对人际关系敏感情境中的不合理信念发起挑战。

内容与流程:

1. 心情报告+作业回顾(25分钟)

目的:使组员放松心情,专心投入团体活动。

操作：让组员给自己的心情打分（0~10 分或 0~100 分），并谈谈在过去一周里学习、生活的情况，回顾上周的作业，与他人分享感受。

2. 热身活动：同舟共济（15 分钟）

目的：进一步降低人际关系敏感性，活跃气氛，加强组员的团队合作精神，引入主题。

操作：将 12 人分成两组，每组六人，三男三女，给每组发一张报纸，要求所有组员讨论商量后全部站到报纸上，完成这一任务后将报纸撕去一半，继续完成全部组员站到报纸上去的任务，最后将两组合并，再完成一次任务。任务结束后，分享活动前、活动中、活动后的想法和感受，选择在活动中感觉变化大的组员作分享。

带领者总结：生活中很多事情在做之前，你会觉得自己无法完成这些事情。但只要尝试，并寻找到合理的解决策略，我们总能完成任务，问题能否得到解决的关键可能在于看问题的视角和解决问题的方法。

3. 连连看——图式与人际关系敏感的关系（20 分钟）

目的：初步建立自己图式与当前人际困扰的关系。

操作：让每个人在练习纸上找到自己图式与该图式可能引起的人际困扰之间的关系，并用线将其连起来，最后将结果展示在白板上。带领者根据组员反馈的结果，选取组员分享的某一人际交往情境，尝试分析这一人际交往情境是怎样激活图式，以及被激活的图式又是怎样对我们的言行产生影响的。

4. 合理取代——挑战非理性信念（40 分钟）

目的：学会从更多、更理性的视角来看待人际交往中的不愉快经历。

操作：每人选择一条或几条前一环节中我们列举的人际关系敏感情境中的非理性信念，在练习纸上写出一个更理性的信念，并将其贴在原来写有非理性信念的纸上。

5. 结束分享，布置作业（20 分钟）

目的：总结活动内容，整理成员情绪，布置作业。

操作：总结本次活动的内容，展望后面的活动，提醒下次活动的时间。

带领者总结:今天我们识别了自己人际关系敏感背后僵化的、不合理的认知,并尝试用合理的信念取而代之。在接下来的一周的时间里,请你继续做这项练习,识别你的不合理信念并用合理的信念去取代它(将事先准备好的五栏表发给每个人,每人一份)。最后请每位成员用一句话总结一下今天的感悟和此时此刻的感受。

单元六:换个视角

目标:让组员通过寻找支持和反驳图式的证据,学会转换视角看问题,学会记录图式日记。

内容与流程:

1. 心情报告+作业回顾(25分钟)

目的:使组员放松心情,专心投入团体活动。

操作:请组员给自己的心情打分(0~10分或0~100分),并谈谈在过去一周的时间里的学习、生活情况,回顾上周的家庭作业,分享感受。

2. 热身活动:信任摔倒(15分钟)

目的:活跃气氛,引入主题,增加组员之间的信任。

操作:所有人手拉手围成一圈,圈子尽量小(可以将他们分成两组,每组六人,组成两个圈子),然后选择一个人(或自愿)站到圈子中间,当带领者喊"倒"时,站在圈子中间的那个人选择一个方向身体挺直向后倒,其他成员要平稳地接住他,将其扶正推到圈子的中央。然后这个人再次倒下,其他人再次接住这个人,直到倒下的人感到自己倒下时感觉放松、不紧张为止。换一个人再次做这个游戏,最后分享感受。

带领者总结:如果我们在人际交往中信任他人,那么我们可能就有机会去挑战和完成我们平时不敢或不相信自己可以完成的事情。

3. 证据搜索(30分钟)

目的:帮助组员找到支持和反驳图式的证据。

操作:根据颜色相同的桌子将组员分成三组(或四组),带领者做寻找支持和反驳图式的证据的示范,每位组员从自己适应不良的图式里选取1~2

个得分最高的图式,并从过去的生活经历中寻找支持和反驳现有适应不良图式的证据,将其填写在相应的证据栏里。在寻找不到相应的证据时,小组其他组员可以为其提供帮助。每小组选取一人的练习作业进行展示与分享。

4. 图式日记练习(30分钟)

目的:帮助组员认识到图式对自己当前人际交往的影响。

操作:带领者先作示范,然后让某一组员选取一个自己最为敏感的人际情境,尝试填写图式日记,理解图式激活的过程及图式激活后其对自己情绪、想法、行为的影响。在自己找不到健康的行为时,可以寻求其他组员的帮助。四人一组,小组成员分享各自的感受,每小组选取一人的练习作业进行展示与分享。

5. 结束分享,布置作业(20分钟)

目的:总结活动内容,整理成员情绪,布置作业。

操作:总结本次活动的内容,展望后面的活动,提醒下次活动的时间。

带领者总结:今天我们更清楚地看到了图式对我们人际交往的影响,并练习了怎样去改变图式所带来的适应不良的应对方式。在接下来的一周的时间里,请你们根据前两次的情绪思维记录表练习记录一次图式日记,以加深对自己图式来源及图式对当前生活产生影响的理解。最后请每位成员用一句话总结一下今天的感悟和此时此刻的感受。

单元七:互帮互助

目标:让组员通过图式日记分享和互帮互助环节,进一步理解图式背后的不合理信念及向不合理的信念发起挑战。

内容与流程:

1. 心情报告(15分钟)

目的:使组员放松心情,专心投入团体活动。

操作:请组员给自己的心情打分(0~10分或0~100分),并谈谈在过去一周里的学习、生活情况,分享感受。

2. 热身活动：松鼠与大树(15分钟)

目的：活跃气氛，引入主题，让组员体验人际变化的正常性及融入团体的重要性。

操作：三人一组，两个人双手拉成圈，将第三个人围起来，圈中的人扮演松鼠，围成圈的两个人扮演大树。当团体带领者喊"松鼠"时，所有大树不动，松鼠换位到其他的大树中去；当团体带领者喊"大树"时，所有松鼠不动，两棵大树解体，再和别的大树组合，将新的松鼠围起来；当团体带领者喊"地震"时，所有松鼠和大树变化角色，重新组合，这时会多出来一些松鼠无家可归，带领者可以随机采取一些惩罚措施，或者让多出来的松鼠分享感受，或者让他们决定怎样处理当下的问题。

带领者总结：在人生的不同阶段，我们要面对不同的人生任务，要和不同的人合作，相互陪伴、相互依靠，当我们感觉身边没有可以依靠和相互支持的人时，我们会感到孤单，所以我们在生活中要学会主动地和他人建立关系。

3. 图式日记分享(40分钟)

目的：帮助组员继续练习怎样记录图式日记，并通过记录图式日记更清楚地了解图式的来源及其对自己当前生活的影响。

操作：将各组员上周记录的图式日记投影在大屏幕上，并请每位组员对自己的图式日记进行适当的解释，其他人可以对其图式日记记录得不清楚的地方提问，对不恰当的地方提出建议，最后每个人根据别人的提问和建议修改自己的图式日记并当众大声读一遍。

4. 互帮互助(30分钟)

目的：让组员学会向别人求助，体验帮助别人和接受别人帮助的感受，并获得以多种视角看问题和以多种方式解决问题的策略。

操作：把活动桌围起来，给每个人发一个彩色信封、11张纸条。每个人在信封和纸条上写上自己的名字，在纸条上方(在纸条下方留出足够的空白给别人写建议)写出在日常生活中最困扰自己的人际情境及自己的应对方式(最多不能超过两个情境)，一共写5~6张纸条(每张纸条上的内容基本相同)。然后把纸条和信封放在自己的桌子上，其他组员可以从中挑选自己感兴趣的人际情境并在相应纸条的下方写上自己的建议(从自己的视角出发认为的更为积极的应对方式),写好后将其装入对应的信封里。最后每人根据别人的建议完成图式应对卡的后半段内容的填写。(视时间决定是当场分享还是下次分享)

5. 结束分享,布置作业(20分钟)

目的:总结活动内容,整理成员情绪,布置作业。

操作:总结本次活动的内容,展望后面的活动,提醒下次活动的时间。

带领者总结:今天我们进一步练习了记录图式日记的方法,并通过互帮互助环节了解了可以从多个视角出发来看一件事情,在接下来的一周里,请你们继续练习记录图式日记,加深对图式来源及图式对自己当前生活产生影响的理解。最后请每位成员用一句话总结一下今天的感悟和此时此刻的感受。

单元八:角色扮演

目标:让组员通过角色扮演,学习新的应对方式和应对策略,用更积极、更变通的应对方式来面对人际关系敏感情境。

内容与流程:

1. 心情报告+作业回顾(20分钟)

目的:使组员放松心情,专心投入团体活动。

操作:请组员给自己的心情打分(0~10分或0~100分),并谈谈在过去一周里的学习、生活情况,回顾上周的家庭作业,分享感受。

2. 热身活动:信任之旅(20分钟)

目的:活跃气氛,引入主题,进一步增加组员之间的信任。

准备:带领者事先选择好盲行路线,在路线中设置不同的障碍,准备好眼罩。

操作:让组员自由选择合作者(但要避开最熟悉的人),两人一组,一位做"盲人",一位做帮助盲人的助人者。"盲人"用眼罩蒙上眼睛,原地转三圈,暂时失去方向感,然后在助人者的搀扶下,沿着带领者设定好的路线前行,其间助人者不能讲话,只能用动作帮助"盲人"体验各种感受,然后两人互换角色,再操作一遍。练习结束后两人坐下来交流各自扮演"盲人"和助人者的感受。对于"盲人":你看不见后有什么感觉?这让你想起了什么?你对助人者的帮助是否满意?为什么?你对自己和他人有什么新发现?对于助人者:你怎样理解"盲人"?你是怎样想方设法帮助他的?这使你想起了什么?

带领者总结:生命是一场旅行,在旅行中我们会遇到不同的人,有些人可能成为你人生旅途的引领者,但有些人可能是你人生旅途中的阻碍,相信那些引领你的人,绕过那些阻碍你的人,我们才能不断前进,最终到达生命的彼岸。

3. 图式应对卡(20分钟)

目的:让组员识别自己在人际互动中的应对方式及其对自己的情绪与行为所产生的影响,从而理解图式持久性的原理。

操作:随机分组,选择自己最不愿遇到的人际情境(可从前面几次的作业或生命线故事里选择),填写图式应对卡的前半段,填写完成后在小组内读出自己图式应对卡上的内容(填写过程中如有困难,可以请小组里的其他成员帮助自己),小组讨论画出每个人图式被激活后适应不良的应对策略导致图式得以维持的循环链,即对图式应对卡进行简化,带领者运用图式应对卡中的例子作示范。其内容具体包括什么情境激活你什么样的图式,这一图式背后典型的不合理信念是什么,针对这一不合理信念你采用了什么样的应对方式,这一应对方式导致你有什么样的情绪体验和什么样的行为表现,这样的情绪体验和行为表现又给你带来了什么样的影响,是维持或强化了图式还是削弱了图式,最后各小组分享自己的收获。

4. 角色扮演(40分钟)

目的:通过角色扮演让组员尝试从不同的角度看问题,学习换一种应对方式来解决问题,以及感受其带来的不一样的情绪体验。

操作:根据上一个环节每位组员所填写的图式应对卡中的人际情境,组员两两自由配对,练习在此人际情境下,通过角色扮演来学习不同的应对方式,以及从不同的角度看问题,并体验其带来的不同情绪。练习结束后分享感受和收获。

5. 结束分享,布置作业(20分钟)

目的:总结活动内容,整理成员情绪,布置作业。

操作:总结本次活动的内容,展望后面的活动,提醒下次活动的时间。

带领者总结:今天我们更清楚地了解了图式及由此所发展出的应对方式对我们的行为及行为结果的影响,尝试了寻找更多的应对方式。在接下来的一周里,请你们练习填写图式应对卡,并在别人给你提供的应对方式中选择一种去实践一下,尝试用更有效的应对方式去解决问题。最后请每位成员用一句话总结一下今天的感悟和此时此刻的感受。

单元九:图式应对

目标:让组员进一步练习和巩固在人际情境中学习到的应对方式和行为模式。

内容与流程:

1. 心情报告+作业回顾(25分钟)

目的:使组员放松心情,专心投入团体活动。

操作:请组员给自己的心情打分(0~10分或0~100分),并谈谈在过去一周里的学习、生活情况,回顾上周的作业,分享感受。

2. 热身活动:超人圈(15分钟)

目的:活跃气氛,引入主题,进一步增加组员对相互支持和相互帮助所带来的积极情绪的体验。

操作:全体组员围成圆圈向圆心站好。相隔的成员搭起肩膀,将左右两边与自己相邻的组员架起,被架起的组员必须双脚离地,保持这种姿势不变,整个团体转动一圈,然后互换角色,支撑的组员变为被架起的组员,再次操作一遍。结束后分享感受。

带领者总结:每个人都不是独立的个体,我们的成长和发展都需要借助于他人的力量与帮助,只有学会团结并懂得借助于别人的力量,我们才能让自己获得更好的成长和发展,同时也能让身边的人获得更好的成长和发展。

3. 图式应对练习(60分钟)

目的:通过"健康方"和"图式方"的对话,让组员学会以更有效的应对方式来应对自己所面对的人际互动情境。

准备:让每位组员选取最想改善的人际关系敏感情境,在团体带领者的指导下制作在这一人际关系敏感情境下的图式应对卡,带领者根据各组员提交的材料安排配对练习。

操作:带领者先选取一个人际关系敏感情境(如和异性聊天,在人多的场合中或被人注视的状态下讲话,或与不熟悉的人交流)并和其中一位组员交替扮演"健康方""图式方",两方进行对话。演示结束后,带领者让事先配对好的组员进行"健康方"和"图式方"的互换角色扮演。练习结束后,各组员分享感受和收获(20分钟时间)。

4. 结束分享,布置作业(20分钟)

目的:总结活动内容,整理成员情绪,布置作业。

操作:总结本次活动的内容,展望后面的活动,提醒下次活动的时间。

带领者总结:今天我们更清楚地了解了图式对我们人际交往的影响,并练习了怎样去改变图式所带来的适应不良的应对方式。在接下来的一周里,请你们继续练习制作图式应对卡,尝试自己练习"图式方"与"健康方"的对话,并准备在最后一次活动中对整个活动内容进行总结(自己在整个活动中的收获与感悟,以及自己对整个活动的建议)。如果你想在活动结束后向其他组员赠送礼物,可以提前做好准备。最后请每位组员用一句话总结一下今天的感悟和此时此刻的感受。

单元十:说声"再见"

目标:让组员整理自己在团体活动中的收获,分享自己在团体活动过程中的成长经验,处理离别情绪。

内容与流程:

1. 心情报告+作业回顾(20分钟)

目的:使组员放松心情,专心投入团体活动。

操作:请组员给自己的心情打分(0~10分或0~100分),并谈谈自己在过去一周的时间里的学习、生活情况,回顾上周的作业,分享感受。

2. 热身活动:成长三部曲(20分钟)

目的:活跃气氛,引入主题,让组员感受和体验成长的艰辛。

操作:模拟鸡的成长历程。最初全体组员抱膝蹲在地上,处于"鸡蛋"的状态。在带领者下达开始口令后,组员边抱膝以跳跃的方式移动,边与自己随机遇到的其他"鸡蛋"出石头、剪刀、布分出胜负,负者仍为"鸡蛋"。继续与其他"鸡蛋"比试,胜者成长为"小鸡",姿势变为半蹲,双手翘在背后做尾巴状,跳跃前进,与遇到的其他"小鸡"继续比试分出胜负,负者回到"鸡蛋"状态。继续与其他"小鸡"比试,胜者成长为"大鸡",姿势变为直立,并以跳跃的方式移动,双手仍翘在身后做尾巴状,再寻找同类进行比试,胜者完成自己的成长历程,负者退回到"小鸡"状态,继续寻找同类比试。带领者根据每个组员的成长情况控制活动的时间(20分钟以内)。活动结束后,所有人围坐成一圈,分享自己在活动中的感受。

带领者总结:成长的过程中是充满艰辛的,成长的结果既取决于你的努力,也取决于你的机遇。虽然努力未必能得到你想要的结果,但只要我们坚定信心,不断努力,未来总是充满希望的。更重要的是,我们不要忘了身边还有许多你爱的人和爱你的人,他们会给予你帮助,他们也需要你的帮助。

3. 我的成长与变化(30分钟)

目的:组员分享在整个团体活动中的收获和成长,聆听他人的故事并从中获得益处。

操作:所有组员围坐成一圈,毛线球滚到谁的身边,谁就先作总结性发言。发言者在发言前,带领者要提醒他:"这是最后一次团体聚会,团体马上就要解散了,请你总结一下你在整个团体活动过程中的感受、收获及团体给你带来的改变,同时也非常希望你给以后的团体活动提出一些合理化的建议。"第一位组员发言结束后,攥住毛线球的一端并将毛线球抛向自己希望下一个发言的人身边,下一个发言的人重复操作以上的环节。活动结束时,毛线球会在各组员之间结成一张关系网,寓意着每个人之间的情感联结。

4."天使之翼"揭晓(30分钟)

目的:活跃团体活动气氛,增强团体的信任感和凝聚力,加强团体成员之间的亲密关系。

操作:把椅子围成一圈,组员中年龄最小的站到圈子中间,让他来猜在活动中谁是一直守护自己的天使。如果猜对了,天使则挥动着翅膀飞到他的身边,如果猜错了则继续猜,直到猜对为止。其还需向大家介绍在活动中,令自己印象最深刻的一件事或最打动自己的一件事,对天使在活动中给予自己支持与帮助表示感谢。最后,天使留下,变身为国王,猜想守护自己的天使,继续以上环节。

5. 告别寄语(20分钟)

目的:处理离别情绪,给予彼此祝福与鼓励。

准备:给每人发一张彩色信纸、一个彩色信封。

操作:每人在信纸开头写上致×××,然后请团体其他成员在信纸上写一句祝福的话或建议。